普通高等教育“十一五”国家级规划教材

体育院校通用教材

# 体 育 管 理 学

高雪峰　刘青　主编

全国体育院校教材委员会　审定

人 民 体 育 出 版 社

图书在版编目（CIP）数据

体育管理学 / 高雪峰, 刘青主编. -- 北京 : 人民体育出版社, 2009（2025.2重印）
体育院校通用教材
ISBN 978-7-5009-3738-8

Ⅰ. ①体… Ⅱ. ①高… ②刘… Ⅲ. ①体育－管理学－高等学校－教材 Ⅳ. ①G80-05

中国版本图书馆CIP数据核字(2009)第173924号

*

人 民 体 育 出 版 社 出 版 发 行
环球东方（北京）印务有限公司印刷
新 华 书 店 经 销

*

787 × 960　16开本　19印张　340千字
2009年12月第1版　　2025年2月第16次印刷
印数：98,001—103,000册

*

ISBN 978-7-5009-3738-8
定价：47.00元

社址：北京市东城区体育馆路8号（天坛公园东门）
电话：67151482（发行部）　　邮编：100061
传真：67151483　　邮购：67118491
网址：www.psphpress.com
（购买本社图书，如遇有缺损页可与邮购部联系）

# 编 委 会

# 前　言

作为一门年轻的学科，体育管理学是管理科学应用于体育管理实践的产物。我国体育管理学的研究在20世纪70年代末期以引进、介绍、移植为主，90年代则以注重实际应用为主，对我国体育实践工作起到了很大的推动作用。进入21世纪，随着我国经济转轨、社会转型过程的推进与加速，我国体育管理实践工作的重心、方法和手段发生了本质性的变化，与之相对应的体育管理学教材内容则相对滞后，已经不能适应体育产业化、市场化和社会化的发展趋势。正是在这样的大背景下，我们编写了这本《体育管理学》。

本书是在继承原《体育管理学》教材的基础上重编的，新编《体育管理学》从各个领域、各类组织和不同人群的体育管理活动中提炼出共性规律作为其基础内容，在全面吸收近年来该领域理论和实践的最新成果的基础上，结合管理学领域中的先进管理理论和方法，开创性地将体育管理分为事业和产业两大体系进行编撰，力求动态地反映科学技术和经济社会迅速发展给体育管理带来的变化，为正在从事和即将从事体育管理的人们提供一本具有时效性和实用性的教科书。

本书主要具有以下特点：

1. 强调系统性。全书既包含有以阐述体育管理基础理论为主的基础理论篇，又有结合当前社会背景、总结现有体育管理经验、揭示体育管理理论运用成果的体育事业篇和体育产业篇，体系完整，内容丰富。

2. 注重实践性。为避免理论研究和实践脱节的现象，本书引用了丰富的现实数据和实践案例，深入浅出，循序渐进，帮助学生提高管理实践能力。

3. 体现灵活性。作为一本适用于不同体育专业领域的教材，在充分把握系统性、权威性原则的基础上，每章内容相对独立，便于教师在授课过程中，可根据不同教学对象，自由选择教学内容，赋予其极大的发挥空间。

全书共分为三篇，12章。体育管理基础理论篇，第一章（高雪峰，武汉体育学院）、第二章（罗普磷，西安体育学院）、第三章（王学实，武汉体育学院）；体育事业管理篇，第四章（肖林鹏，天津体育学院）、第五章（何世权，北京体育大学；肖林鹏，天津体育学院）、第六章（刘青，成都体育学院）、第七章（郑宇，成都体育学院）、第八章（于清，吉林体育学院）；体育产业管理篇，第九章（楼小飞，上海体育学院）、第十章（张林，上海体育学院）、第十一章（王莉，北京体育大学）、第十二章（王学实，武汉体育学院；张宏，广州体育学院）。全书由高雪峰、刘青、肖林鹏串编，主要用做体育院校体育教育、运动训练、民族传统体育、社会体育、休闲体育、体育艺术、运动人体科学、体育信息技术等专业学生学习的通用教材，亦可作为体育专业成人教育、体育管理行政干部培训教材，同时也可作为体育教师和体育行政人员的参考用书。

在本书编写过程中，武汉体育学院孙汉超、人民体育出版社史勇及许多同行都曾对本书的编撰与修改提出过十分宝贵的意见，给予了积极的协助与支持，在此谨致衷心的感谢。同时，本书还参考和引用了原有多种版本体育管理学教材及其他相关著作与研究成果，在此谨作说明。

《体育管理学》编写组

2009年3月

# 目　录

## 体育管理基础理论篇

## 体育事业管理篇

# 体育产业管理篇

# 体育管理
# 基础理论篇

# 第一章 绪 论

体育管理学作为一门系统地研究体育领域管理现象、基本规律和一般方法的科学，自它诞生之日起，就得到了人们的普遍重视和越来越深入的发展。进入21世纪，随着体育在世界范围内的快速发展、人们对体育性质与结构的再认识，传统的体育管理观念及其内容受到冲击与挑战；而且随着体育管理领域的不断扩大，人们对不同体育现象的认识日渐深化，出现了众多研究某一体育现象的专门的体育管理分支学科，如学校体育管理、竞技体育管理、运动训练管理、运动竞赛管理、社会体育管理、社区体育管理、职工体育管理、体育科技管理、体育信息管理等。虽然各个领域、各类组织和不同人群的体育管理活动各有其特殊性，但其中却蕴含着体育管理活动的一些共性的内容，这些共性的内容就构成了这本新编《体育管理学》的基础内容。作为面向全国体育院校体育教育、运动训练、民族传统体育、社会体育、休闲体育、体育艺术、运动人体科学、体育信息技术等专业学生的通用教材，新编《体育管理学》力图使学生掌握最基本的体育管理理论、知识和技能。本章的主要目的是帮助学生弄清楚什么是管理与体育管理、体育事业管理与体育产业管理、体育管理学的形成与发展、研究和学习体育管理学的方法与意义等。

## 第一节 体育管理与体育管理学

管理作为人类最重要的一项活动，广泛地存在于现实的社会生活之中，大至国家、军队，小至企业、学校等，只要是由两人以上组成的、有一定活动目的的集体就都离不开管理，管理是一切有组织的活动中必不可少的组成部分。因此，在体育的各个领域中，凡需组织的活动，就有必要了解什么是管理与体育管理，为什么要进行管理活动，体育管理的性质和内容是什么等。

## 一、管理与体育管理

### (一) 管理的概念

作为一种普遍的社会活动，管理的产生有着悠久的历史。但是，管理作为一个科学概念，至今人们仍众说纷纭，尚无统一的认识。其中原因十分简单，即管理科学是一个涉及面广、内涵十分丰富的新兴学科和边缘学科，人们从各个方面进行研究，必然会对管理的概念有不同的认识和不同的概括。其中具有代表性的观点主要有：

"管理就是决策。"（赫伯特·A·西蒙，1978年）

"管理就是计划、组织、控制等活动的过程。"（弗里蒙特·E·卡斯特，1985年）

"管理是由一个或更多的人来协调他人的活动，以便收到个人单独活动所不能收到的效果而进行的活动。"（小詹姆斯·H·唐纳利，1982年）

"管理是筹划、组织和控制一个组织或一组人的工作。"（托尼·布洛克特，1986年）

"管理就是通过他人来完成工作。"（R.M.霍德盖茨，1985年）

我国的一些文献或教科书中也给管理下了定义，如：

"管理是社会组织中，为了实现预期的目标，以人为中心进行的协调活动。"（周三多，1999年）

"管理是指在一定的环境或条件下，管理主体为了达到一定的目的，运用一定的管理职能和手段，对管理客体施加影响和进行控制的过程。"（李兴山，1998年）

上述定义可以说是从不同的侧面和角度揭示了管理的含义或某一方面的属性。综上所述，我们对管理的定义作如下概述：

"管理是指一定组织中的管理者，通过实施计划、组织、协调、控制、创新等职能来协调他人的活动，共同实现既定目标的活动过程。"

### (二) 体育管理的概念

根据管理的含义，体育管理的定义可以表述为：体育组织中的管理者，在一定环境和条件下对管理客体实施计划、组织、协调、控制、创新等职能，共同实现预定目标的活动过程。

这一表述包含了管理活动的五大基本要素：

1. 管理主体。任何一种管理活动，首先要有管理主体，即说明由谁来进行管理的问题。

2. 管理客体。即说明管理的对象或管理什么的问题。

3. 管理目的。即说明为何而进行管理的问题。

4. 管理职能和方法。要真正进行管理活动，还必须运用为达到管理目的的管理职能和管理方法，即解决如何进行管理的问题。

5. 管理环境或条件。即说明在何种背景下进行管理的问题。

### （三）体育管理的特征

#### 1. 体育管理的目的性

体育管理是人们一种有意识、有目的的活动，因此它有着明显的目的性。这种目的性又与体育管理过程中的实施主体、具体职能与方法紧密地联系在一起，是区别体育领域中各种非体育管理活动的重要标志。例如，篮球运动中，十分注重赛场上运动员间的配合意识及技战术组合；田径运动中，中长跑运动员尤其关注体力分配及步频、步幅的调整；武术运动极其强调手眼身法步的高度协调等。这些运动虽然有着明确的目的性，但其运动过程却不能称之为管理活动，而协调、指挥、控制运动员达成预期的训练与比赛目的的过程则是管理活动。多数情况下，体育管理的目的性一般表现为体育组织的共同目的，而不是表现为某个成员或管理者单方面的目的。否则难以形成协作的意愿，也很难进行有效的管理。

在实际管理过程中，体育管理的目的往往具体表现为管理目标，它是体育管理的出发点和归宿点，也是指导和评价体育管理活动的基本依据。为此，任何体育管理活动都必须把制定管理目标作为首要任务。

#### 2. 体育管理的综合性

体育活动涉及社会各个阶层、不同领域的各色人群，所表现出来的广泛性、复杂性和综合性，是其他社会现象所难以比拟的。任何管理活动都要受多种因素的影响，体育管理过程中所表现出来的这种综合性就更为明显和突出。通过综合解决各种复杂的矛盾以达到体育系统目标的实现，就是体育管理的综合性。这种综合性特征体现在管理过程中的方方面面，如分析问题、进行决策时不仅要考虑系统内的各种影响因素，还必须考虑社会各个系统的影响因素；组织实施和进行调节，要综合运用各种管理方法；调动人的积极性，要综合分析各种不同人员的心理和思想状态等。同时，体育管理活动这种综合性特征，也决定了体育管理科学的复杂性和边缘性。因为只有运用包括社会科学和自然科学在内的各种知识，从各个不同角度对各种管理活动进行综合研究，才能正确地认识和把握体育管理规律。

### 3. 体育管理的人本性

任何管理中，人是决定性的因素。以人为中心，把提高人的素质、处理好人际关系和调动人的主动性、积极性、创造性的工作放在首位，就是管理的人本性。而体育运动中的作用对象本身就是人，包含着作用于人的生物性改造和社会性改造，在人的全面发展过程中起着其他任何社会现象都难以替代的作用。因此，就需要体育管理者在管理中贯彻人本原则，在理论研究中把对人的研究作为体育管理理论研究的重要内容。当代管理理论和组织行为学理论多采用从人的假设理论出发，进而进行深入研究的思路和方法，是符合管理的人本性实际的，因而也是值得我们借鉴和效仿的。

### 4. 体育管理的创新性

实践证明，体育管理不仅是实践大体育观、推动现代体育发展的必要条件，而且它本身就是一种劳动，这种劳动不但是组织纷繁复杂体育活动的关键性因素，其自身也参与创新价值的实现。其次，体育管理本身也是一种不断变革、不断创新的社会活动，这也体现了体育管理创新性特征的真正含义。通过体育管理的变革，不但能极大地推动体育事业的发展，在一定的条件下，还可以创造新的生产力。我国向着“大社会、小政府”方向进行的体育行政体制的改革、完成于20世纪末的各个体育运动管理中心的改制、体育产业的从无到有等，都充分体现了体育管理的创新性。

### 5. 体育管理的艺术性

在现代社会里，人们所说的管理，一般都是指科学管理，强调的是管理的科学性，但从另一个角度讲，管理还必须有艺术性。这一点在体育管理中表现得尤为突出。体育管理之所以有艺术性，一是因为影响体育管理的，不仅有确定性的、相对稳定的因素，还有非确定性的、突发和偶然的因素。这种影响因素的复杂多变性，决定了进行体育管理不仅要建立相对稳定的规章制度、制定具有普遍意义的科学原则、运用能解决规律性问题的科学方法，而且还要有随机应变的能力和灵活发挥的艺术。二是因为体育管理学科自身还处在发展之中，与已经较为成熟的其他学科相比较，体育管理学科还显得十分年轻、稚嫩，潜隐于体育运动中的种种管理规律还需要不断去发现和总结。因此，体育管理所具有的艺术性，为管理者搞好体育管理提出了更高的要求。

## 二、体育管理学的性质与内容

### （一）体育管理学的学科性质

#### 1. 体育管理学是一门边缘科学

体育管理学既是现代管理科学在体育领域中的分支，又是体育科学体系中的一个重要组成部分。体育管理学不仅探索体育领域中的管理规律，而且研究体育科学自身发展的规律。它要求综合运用社会科学、自然科学、技术科学等理论与方法，为体育运动的发展提供最优方案和决策。这就必然同许多学科如体育经济学、体育社会学、运动训练学、运动心理学、学校体育学等以及各种体育技术科学发生紧密联系，形成相互交叉和融合。因此，学习和研究体育管理学，不仅需要广泛吸收和掌握现代管理科学的理论与方法，而且需要深入了解和学习与体育管理学相邻的有关学科理论与方法，从而不断提高自身的管理水平，促进体育管理学的发展。

#### 2. 体育管理学是一门应用性科学

体育管理学的理论和方法是建立在总结、归纳体育管理实践经验基础之上的，用以指导和解决体育组织实际管理活动中出现的各类问题，如体育目标与计划的制定、体育场馆的经营与开发、体育人力资源的优化配置、组织成员的指挥与激励等。体育管理学的这一特征，更加突出了学习与研究体育管理学过程中加强理论联系实际的重要性与必要性。

#### 3. 体育管理学的两重性

体育管理学既有反映社会属性的一面，又有反映自然属性的一面，具有两重性。它是由管理的两重性所决定的。马克思在《资本论》中首先提出："凡是直接生产过程具有社会结合过程的形态，而不是表现为独立生产者的孤立劳动的地方，都必然会产生监督劳动和指挥劳动。不过它具有两重性。"马克思所说的社会劳动中需要的"指挥"，反映人们在社会化大生产中相互联系的自然属性，属于生产力范畴，因此没有阶级性，如管理的方法、技术等；马克思所说的“监督劳动”则反映出管理同生产关系、社会制度相联系的社会属性，属生产关系范畴，具有阶级性，如管理意识、制度、体制等。同理，不同社会制度的体育管理，无论在管理观念、管理思想，还是在管理体制和管理制度方面，都必须服从、服务于特定的社会制度和统治阶层，反映了体育管理的社会属性；而运用先进的现代管理技术和方法、科学的计划和组织措施等科学技术规律，来科学、高效地开展各项体育工作，则反映了体育管理的自然属性。认识和区分体育管理学的两重性，对于我们吸收和借鉴国外先进科学技术和管理方法，建设具有中国特色的体育管理学是十分重要的。

### （二）体育管理学的内容

体育管理学的内容与其研究对象关系密切，体育管理学的研究对象直接决定着体育管理学的内容。体育管理学的研究对象是体育这一特定领域中的矛盾的特殊性和特殊规律，即体育领域中的管理现象、基本规律和一般方法。

现代体育运动涉及的范围十分广泛，涉及不同人群、社会各个阶层，几乎触及社会的各个角落；现代体育运动的发展，既包括体育事业的发展，也有促进体育产业现代化的任务；从某种意义上讲，现代体育运动可以说是体育事业与体育产业的复合体。因此，现代体育管理既涵盖了体育事业管理的内容，也要回答体育产业管理的诸多问题。《体育管理学》的内容体系正是以上述思想为指导，以体育管理活动的基本规律和一般方法为依据和基础，结合教材对象具体情况和要求，分别从体育事业管理和体育产业管理两个既相互关联又相互区别的方面，阐明本学科的基本概念，揭示体育管理活动中应遵循的基本原理和方法，了解体育事业管理和体育产业管理的主要内容与过程，概括起来主要分为以下三个部分。

第一部分：体育管理基础理论篇，包括第一、第二、第三章。绪论部分主要阐述了管理与体育管理的概念、体育事业管理与体育产业管理的内涵与外延等。第二章主要阐述了体育管理基本原理（包括系统原理、人本原理、动态原理和效益原理），以及体育管理过程中常用的管理方法（即行政管理方法、法律管理方法、经济管理方法和宣传教育等主要管理方法），并对管理实践中如何进行多种管理方法的综合运用进行了阐述。第三章主要阐述了体育管理的过程与职能。

第二部分：体育事业管理篇，包括第四、第五、第六、第七、第八章，主要从体育事业的性质出发，以体育管理体制及发展战略为切入点，针对社会体育管理（以城市社区体育和农村乡镇体育为重点）与全民健身计划的推行、当前我国体育事业领域中的竞技体育管理（包括后备队伍建设）与奥运争光计划的推行、学校体育管理（以青少年健康管理为重点）及“全国亿万学生阳光体育运动”的开展等进行阐述。

第三部分：体育产业管理篇，包括第九、第十、第十一、第十二章，结合体育市场及其开发的基础理论知识，按照体育俱乐部经营管理、体育赛事经营管理，以及体育场馆经营管理等当前体育产业管理的主要业务展开，进行阐述。

## 三、体育管理学的形成与发展

体育管理学是由管理科学分化出来的一门分支学科，属部门管理学。虽然体育管理的实践历史久远，但作为一门科学，最早始于20世纪30年代美国部分学者的研究；20世纪50年代，美国南佛罗里达大学开设了体育管理课程；截至2003年，美国已有201所大学开设了体育管理专业，33所设有硕士学位，6所设有博士学位。苏联在40年代就着手研究这一学科，50年代末列为体育院校的课程。日本自40年代以来便有许多体育管理专著、教材相继出版。加拿大、澳大利亚、新西兰、希腊、意大利、法国、英国、南非、中国台北等都开设有此类课程。可以说，体育管理学已引起全世界的关注和重视，并得到越来越广泛的推广与普及。

我国正式建立体育管理学是在20世纪80年代初。新中国成立前，从美国引进了《体育行政》，并在我国部分体育系科开课。新中国成立后，从苏联引进了《体育组织学》和《体育理论与方法》。直到20世纪70年代末，我国部分体育理论学者与体育管理工作者开始系统研究和筹建这一学科。1984年，在国家体委科教司的支持下，由武汉体育学院牵头，会同有关体育学院编写出我国第一本《体育管理学》教材。翌年，武汉体育学院、北京体育学院在我国首开体育管理本科专业，标志着体育管理学在中国的初步建立，开启了中国体育管理学科学化发展的历史篇章。目前，全国已有16所体育院校、数十所普通高校开设了体育管理学课程。进入新世纪，亚洲体育管理学会正式成立，我国学者担任该会首轮主席；中国体育管理学学会也由中国体育社会科学分会中分离出来，成为中国体育科学学会下设的二级学会，体育管理学科的学术组织及学术活动在我国得到迅速发展，体育管理学科的国际学术交流也得到广泛开展。

## 第二节　体育事业管理与体育产业管理

体育事业与体育产业概念的提出，是随着我国由计划经济向市场经济的转变、在我国社会变革和经济体制转轨背景下体育领域的快速发展和改革深化所引发出来的。从词义上看，“体育产业”是一个经济学概念，是从经济管理的角度对体育这一社会文化现象的定位；“体育事业”是一个行政学概念，是从行政学的角度所做的定位，指国家按部门隶属关系对体育进行管理。体育领域所包含的体育事业与体育产业两大方面，其性质主要由它们向社会提供的产品的性质所决定。体育事业向社会提供的是公共产品，由政府管理，追求社会效益，具有公益性；体育产业向社会提供的是私人产品，由社会管理，追求经济效益，具有营利性。把握这两者的概念，既是研究和学习体育管理学的基本要求，也是界定和研究两者管理任务、管理特征、管理过程等的基本前提。

### 一、事业、体育事业及其管理

事业，泛指人们所从事的具有一定的目标、规模和系统的对社会发展有影响的经常的活动，具有以生产公共产品为目的、事业单位基本上是政府部门的延伸或附属、资本由国家和社会提供、以寻求社会效益为主要原则等特征。

体育事业是一个带有浓厚中国特色称谓的名词。根据以上解释，体育事业就是为社会和人民提供公共体育服务、满足特定时期国家利益的体育需求、推行社会公共事务的行业的总称。体育事业向社会提供的公共体育物品，如奥运夺冠、为国争光等，充分体现了奥运金牌、中华体育精神等作为公共物品的非排他性；健身路径，老少皆宜，可以免费或只交纳象征性的费用，又反映了健身服务的公益性质。该行业的组织主要包括：由国家财政开支的高水平运动队及后备力量的培训、教育、宣传机构，如国家或地方的专业运动队伍、教育单位、宣传单位等；由国家财政支出的综合性及单项体育运动设施及其组织，如各类公共体育场馆、专供专业运动队训练的体育运动设施等；其他体育事业单位，如体育教育、体育科研、体育医疗卫生单位等。体育事业管理就是体育行政部门及体育事业单位为推行体育公共事务所进行的计划、组织、协调、控制、创新等，以满足社会和公众对公共体育服务要求的活动过程。

## 二、产业、体育产业及其管理

### （一）产业的概念

产业一词最早由重农学派提出，特指农业。在人类迈入资本主义大生产时代后，产业主要指工业。20 世纪 50 年代以后，服务业和各种非生产性产业迅速发展，使产业的内涵发生了变化，产业不再局限于物质产品生产部门，而是指生产同一类产品或提供同一类服务的生产者（企业）的集合。所谓同一类产品或服务，是指具有可替代性的产品或服务。

产业具有以下四个本质特征：

1. 构成产业的基本单元是企业或从事营利性活动的机构，以追求利润、产品的价值补偿和增值为目标。

2. 企业经济活动所提供的产品，既可以是实物产品也可以是劳务服务。

3. 满足企业所提供产品的同类性要求。

4. 并入国民经济系统投入产出链的循环中，在国民经济系统中存在其商品或服务市场，满足某类具有共同特征的市场的需要。

### （二）体育产业及体育产业管理的概念

对体育产业的概念进行界定是一件十分困难的事情。迄今为止，无论是理论界还是实践领域均未形成统一的观点和看法，众多学者和专家依据不同理论，从不同的角度对体育产业的概念进行了不同的解释和界定，如：

“体育产业就是体育事业。”（张岩，1995 年）

“体育产业就是生产和经营体育商品的企业集合体。”（鲍明晓，1999 年）

“体育产业等于体育企业加上体育事业。”（杨年松，2005 年）

“体育产业可以分为广义的体育产业和狭义的体育产业。”等（秦椿林，2004 年）。

虽然众多学者基于不同角度和层面对体育产业作出不同的解释，甚至同一学者随着实践的发展对该概念作出不同的表述，但其对体育产业内涵的理解仍存在着一些共同的基本因素，即从产业经济学的角度来考察、理解和描述体育产业。从这一角度出发，可以将体育产业界定为：为社会生产和提供体育服务产品的同一类经济部门的集合。

体育产业的属性属于第三产业。2003 年 5 月，国家统计局公布了《三次产业划分规定》，对国民经济行业分类进行了重新调整。调整后的分类将体育与娱乐、文化并列升级为第三产业下的第一门类，反映了国家对这一产业发展的关注与重视。在国民经济收入的核算体系中，体育产业已占据一席之地，涵盖体育组织、体育场馆、其他体育三个下属组织和活动分类。主要包括各类高水平的体育竞赛表演、各类体育健身健美服务、各类经营性的运动训练培训、各类体育休闲和娱乐服务、体育所创造的无形资产，以及体育场馆经营开发、体育电视转播开发等。从某种程度上也可以理解为，凡是进入体育市场，以满足社会不同人群的体育需求为目的，按非实物形态存在于社会体育和竞技体育中的各种体育服务和体育相关产品，均属体育产业范畴。

体育产业的产品是一种特殊的商品，它是以运动方式存在而非实物形态存在的服务产品。如健身俱乐部针对消费者个体提供有偿服务，消费者自我消费、占有与使用；职业体育通过出售门票、电视转播、赞助广告等多种手段以获取利润等。很显然，体育产业产品除具有排他性、营利性外，还具有非实物性、非储存性、非转移性、生产与消费的同时性等特征。

所谓体育产业管理，就是以满足社会不同人群的体育需求为目的，为实现经营目标所从事的各种管理工作的总称。

## 三、体育事业与体育产业的关系

从以上分析可以看出，体育事业与体育产业是两个完全不同的概念，当代中国体育实际上即是事业和产业的复合体。因为无论是体育事业还是体育产业，都具有丰富社会文化生活、建设精神文明、强身健体等体育所特有的本质功能，它们在发挥体育的基本功能等方面的作用是一致的。然而，体育事业与体育产业毕竟分属体育中的不同领域，因而具有明显的区别，具体表现如下。

1. 在产品性质上，体育事业从事的是社会公益性事业，属于公共产品，不具备营利性特征；而体育产业则从事的是非公共产品的生产，具有明显的营利性特征。

2. 在运行机制上，体育事业是按照由政府统一规划，各级行政部门和相关组织统一步骤、统一管理的方式进行；而体育产业则是按照“生产—供应—需求”的经济机制运行的。

3. 在目标任务和资金来源上，体育事业主要由公共财政支出，为社会和公众提供公共体育服务，实现国家发展体育运动和为国争光的目标；体育产业则主要面向市场，依法经营，自我积累和自我发展，满足不同人群的不同体育消费需求。

4. 在组织形式上，体育事业是由自上而下且隶属关系清晰的行政组织系统构成的；体育产业则是由分散且又独立（或相对独立）的经济实体构成的。

在社会主义市场经济条件下，处理好体育事业与体育产业之间的关系，有利于满足广大人民群众日益增长的不同体育需求，也有利于实现体育功能的多样化和管理的科学化。既然体育兼有事业与产业的性质，因此在管理方面就应有所不同。无论是群众体育还是竞技体育，凡属于事业部分，如全民健身、奥运争光等内容应以政府管理为主体，由政府通过宏观政策进行调控，向社会提供公益服务，实现社会效益。而体育的产业部分，如社会体育中的营利性体育、竞技体育中的职业体育等则应进入市场，以社会管理为主，由社会向人们提供私人产品，进行有偿服务，实现经济效益。

随着经济发展和社会进步，国家和社会应逐步加大满足广大人民群众对体育的普遍性需求，但国家和政府所提供的体育服务是基本的和基础性的，即便是在当代高福利的发达国家中也是如此。因此，体育产业作为进入市场向社会提供体育服务和体育相关产品的行业，在满足人民群众的多样性和特殊性的体育需求方面将发挥越来越重要的作用。大力发展体育产业，既能推动我国体育事业不断向前发展，又能充分实现体育的多种功能，满足社会多层次的体育需求。

体育事业与体育产业既有明显共性又有不同，既有区别又不相互排斥，而是互相补充、相互促进，在推动体育发展和满足广大人民群众体育需求等方面共同发挥着各自不同的作用。

## 第三节 学习和研究体育管理学的方法与意义

### 一、现代体育管理学的研究方法

任何科学的发展都离不开一定的研究方法。马克思主义的唯物辩证法是关于自然、社会和人的思维发展的普遍规律的科学，也是适合于一切科学研究的方法论基础，对体育管理学的研究有着重要的指导意义。二战后逐步发展起来的系统科学，从不同侧面揭示了客观物质世界新的本质联系和运动规律，对各门学科的研究日益表现出巨大的指导作用，对体育管理学具有重要的指导意义。研究体育管理学的主要方法如下。

### （一）案例研究法

体育管理学所要研究的体育领域中的基本规律和一般方法，需要从大量的个别的管理实践活动中加以抽象和总结。但是这种大量的调查，并非是全部的调查，而是选择、收集一些典型的案例加以分析和概括。这就是案例研究法。在实际研究过程中，该方法可以分为两种：一是选取实际管理活动中的案例进行分析研究；二是通过大量试验，选取试验案例进行分析研究。实践证明，这两种案例研究法，对于揭示管理过程的规律都是行之有效的。在管理科学的发展史中，从古典管理理论到现代管理理论，其中许多已被实践证明确属科学管理原理的结论，如泰罗所提出的定额管理原理、行为科学理论中所得出的“人是社会人”的结论、权变理论中提出的“超Y”理论等，都是通过对大量的实际案例和长期的试验案例的分析研究得出的。因此，案例研究法是体育管理理论研究的一种最基本、最常用的方法。这种方法最大的优点就是能够体现理论联系实际的原则，使体育管理的基本理论和方法建立在大量的实际调查和案例分析的基础之上。

### （二）比较研究法

比较研究法是指对彼此有某种联系的事物加以比较、对照，从而确定它们之间的相同点和差异点的一种研究方法。事物之间的差异性和同一性，是比较研究法的客观基础。由于体育管理学科的发展历史较短，加上我国体育管理学的研究起步较晚，十分需要借鉴管理科学、尤其是发达国家体育管理的先进理论和方法。运用比较研究法，通过对不同国家、不同地区、不同部门、不同单位体育管理活动进行各种比较分析，就能发现它们之间的差异点和共同点，而对其中的共同点加以总结概括，再加以反复验证，就可以总结出带有规律性的管理经验，抽象出体育领域中的管理规律和一般方法。因此，比较研究法也是研究体育管理理论的一种基本方法。

### （三）调查研究法

体育是现代社会生活中迅速发展的一个领域，并随着社会经济的变化与发展而不断变化和发展。反映其管理规律的现代体育管理学要适应这种迅速发展的形势，就必须随时了解、把握和研判发生在体育领域中的各种管理现象及其发展趋势。要做到这一点，就必须进行深入的调查研究，对已经发生变化了的体育管理体制、体育管理内容、体育管理机制和方法等进行分析和总结、归纳和演绎，从成功的经验和失败的教训中，弄清问题的症结，并从大量的事实中概括出体育管理的一般规律及其发展趋势。因此，调查研究法在体育管理学的研究中发挥着特殊重要的作用。

（四）协同研究法

从体育管理的特征中，我们了解到体育管理学具有很强的综合性。因此，对该学科的研究需要运用包括社会科学、自然科学等在内的各种知识和理论，组织体育管理学家、体育社会学家、体育经济学家以及体育实践工作者在内的各方面专家进行协同研究。这就是协同研究法。当然，在实际研究过程中，这种协同研究可以采取不同形式，可以是有组织的，也可以是分散的；既可以是不同学科专家进行协同研究，也可以是科研部门及科研人员与实际管理部门及管理工作者之间的协同攻关，使之能够相互配合、协同作战。只有这样，才能真正做到理论联系实际，保证体育管理理论研究成果的科学性与适用性。

此外，还有历史研究法、观察研究法、归纳演绎法等方法。

## 二、学习和研究体育管理学的意义

科学技术和科学管理是推动体育发展的两个“车轮”，而科学管理又是体育科学技术发展的重要前提。作为一门反映体育领域管理规律的体育管理学也被越来越多的人们所认识、重视和应用。现代体育的大发展，体育国际化趋势的加快，促使体育的规模、范围不断扩大，体育的内容不断增加，体育工作的难度不断加大。为适应形势发展的要求，建立具有中国特色的体育管理学，实现体育管理的科学化、现代化，推进我国体育事业的迅速发展，具有十分重要的意义。学习和研究体育管理学的作用，具体地说，有以下几点。

（一）学习和研究体育管理学，是加快和深化体育改革，进一步开创体育工作新局面的需要。

（二）学习和研究体育管理学，是提高体育管理效率和综合效益，推动和实现《奥运争光计划纲要》与《全民健身计划纲要》目标的需要。

（三）学习和研究体育管理学，是提高决策的质量和效果，避免管理工作的盲目性和随意性的需要。

（四）学习和研究体育管理学，是提高体育管理干部队伍素质，同时，也是有助于非体育管理专业学生掌握与自己将来工作有关的管理知识的需要。

【思考题】

1. 体育管理学的学科性质是什么？体育管理的基本要素有哪些？
2. 如何区分体育事业与体育产业？两者的管理主体、管理对象、管理目的有何异同？
3. 简述体育管理学的历史发展过程。
4. 简述学习和研究体育管理学的意义。

# 第二章　体育管理基本原理与方法

体育管理的基本原理与方法是体育管理活动客观规律的概括和总结，是学习和掌握体育管理科学的基础，对于体育管理的各种实践活动具有普遍的指导意义。本章介绍的体育管理的四个基本原理，是分别针对体育管理的对象、核心、过程以及体育管理的本质提出来的，具有不同的特点和适用领域。同时，从体育管理方法的基本概念入手，介绍行政管理方法、法律管理方法、经济管理方法和宣传教育方法的基本涵义、实质、特点、作用以及如何正确运用，阐述综合运用各种管理方法的基本思路及作用原理。

## 第一节　体育管理的基本原理

管理原理是对现代管理活动的实质及运动规律的概括和总结，是对管理现象的一种抽象，是大量管理实践经验的升华，研究管理原理有助于指导体育管理行为，强化体育管理职能，提高体育管理工作的效率与效益。因此，体育管理原理具有客观性、概括性、稳定性等特征。体育管理原理主要包括反映现代管理对象的系统原理、反映现代管理核心的人本原理、反映现代管理过程的动态原理和反映现代管理目的的效益原理。这四个管理的基本原理在管理实践中相互联系、相互制约，构成了现代管理原理系统。

### 一、系统原理

现代管理不同于过去小生产的管理，它的管理对象总是处在系统的各个层次之中。管理系统的各个要素不是孤立、静止的，而是根据整体目标的要求，按照一定的结构动态地组合在一起。因此，从系统与系统原理的概念入手，有助于正确运用系统原理解决体育管理活动中的相关问题。

### (一) 系统原理的概念

系统是由若干个相互联系、相互作用的要素所构成的具有特定功能的有机整体。系统原理是指为实现系统的目标，运用系统理论，对管理对象进行系统分析的规律的概括。系统原理的理论依据是系统理论，其主要观点有整体性、综合性和整体效应，其中整体效应被看做是系统理论中最重要的观点。系统的整体效应观点认为，系统的整体功能之和可以大于各要素在孤立状态的功能之和。这主要是因为系统的诸要素经过合理的排列组合之后，构成新的有机整体，具有其各个要素在孤立状态中所没有的新质，即系统新的特性、行为及其功能，从而产生了“1+1>2”的效果。因此，一般而言，系统的规模越大，结构越复杂，这种放大的功能就可能越大。而功能的放大与否，主要取决于科学管理成效。

### (二) 系统原理的运用

#### 1. 把握系统的整体性

在管理工作过程中，必须在整体规划的前提下，明确分工，在分工的基础上有效地综合。具体来说，就是从整体上把握系统的目标和所需的条件以及所处的环境，从整体着眼，局部着手，统筹考虑，各方协调，达到整体的相对最优化。

从系统目的性与整体性来说，局部与整体存在着复杂的联系和交叉效应。在一般情况下，局部与整体是一致的，对局部有利的，对整体也会有利。但有时，两者并不完全统一。因此，当局部与整体发生矛盾时，局部利益应当服从整体利益。

从系统功能的整体性来说，系统的功能不能只等于各要素的简单相加，而是应当大于各部分功能之和。这种总体功能的产生是一种量变到质变的过程，它的功能大大超过了各部分功能之和。因此，系统要素的功能必须服从系统整体的功能，否则，就会削弱整体功能，从而丧失系统功能的作用。

#### 2. 应使管理系统内部形成相对封闭的状态

在管理过程中，为保持系统内部与系统外界不断进行的人、财、物、时间、信息等资源的交流，系统与外部环境之间始终呈现出开放状态。然而，为保持系统内部运行与管理的有序和有效，则必须使管理活动做到相对封闭，正如电线一定要形成回路电子才得以运动而产生电流一样。不封闭的管理，就不能形成有效的管理系统，从而难以获得理想的管理功效。在管理活动过程中应在以下几个方面进行封闭。

(1) 管理的组织机构要形成有效的封闭

要形成有效的管理活动，管理的组织内部必须具有健全的决策机构、执行机构、监督机构和反馈机构四个基本部分。决策机构是管理的起点，由此发出指令，其指令一方面发向执行机构，一方面发向监督机构；执行机构的主要任务是贯彻指令；而监督机构的任务则是根据指令去检查与监督执行机构的工作情况，以保证决策机构的指令能够正确地贯彻执行；反馈机构的任务是检查执行结果的情况，并对执行结果进行加工处理，然后反馈回决策机构。决策机构通过对反馈信息进行分析，采取新的措施与对策加以封闭，在此基础上发出新的指令，使管理活动不断接近或实现管理目标。

(2) 管理的法规、制度也必须封闭

对法规、制度进行封闭，实际就是对其不断修正与完善的过程。不仅要有执行法，而且要有监督法和反馈法，还要有在执行过程中解决矛盾的仲裁法和处理法。有了立法，没有司法，出现违法事件，无人审理，这就是不封闭的表现。从系统内部来看，一切规章制度也要形成封闭回路，如实行责任制要以奖惩进行封闭，而晋升制要以考核进行封闭。

(3) 管理中的人也必须是封闭的

管理中人的封闭，集中体现在一层管理一层，一层对一层负责，层层负责，职、责、权、利相一致。各个层次之间要形成相互制约的机制。

此外，其他资源如资金、信息等要素在管理系统内要有效运转，同样需要形成封闭的管理。

## 二、人本原理

现代管理的核心与动力是人和人的积极性，管理者能否充分调动被管理者工作的自觉性、主动性和创造性，是衡量成功管理者的一个重要的标志。

### (一) 人本原理的概念

人本原理是指一切管理活动均应以调动人的积极性、做好人的工作为根本的规律的概括。管理的最终目的是为了不断地满足人们的物质需要和精神需要，实现人的全面发展。从管理是分层次的角度而言，人不仅是管理的主体，也是管理客体中最重要的因素之一，各项管理措施和管理手段的运用，首先是作用于人，再通过人来发挥其主观能动作用，最终协调与其他管理要素的关系。

从管理实践的发展来看，以人为本也是各个管理流派的共识。在管理理论的萌芽阶段，就已出现过“重事轻人”与“重人轻事”两种观点。被西方管理学者誉为“人事管理之父”的罗伯特·欧文，在其管理的企业中，进行了改善工作条件、缩短劳动时间、使工厂具有吸引力的试验。欧文对人的看法，与古典经济学家亚当·斯密的“经济人”的观点有明显的区别，这一分歧很大程度上影响了西方管理理论的形成与发展。许多管理学家认为，“行为科学”管理理论是对“古典管理理论”的发展。古典管理理论主张运用经济刺激手段和严格管理监督来提高管理的效率，一方面促进了生产力的发展，另一方面也暴露出单纯依靠加强对“物”的管理，并不能缓解生产力与生产关系之间的矛盾。因此，强调以人为中心、以人作为管理根本的行为科学管理理论应运而生，并在此基础上形成了许多管理理论学派，并开始探寻“人事并重”的管理方式，从而将社会系统与自然系统、技术系统相结合。这些观点表明，以人为中心的管理思想，不仅是现代管理理论发展的主流，同时也已成为现代管理实践的必然要求。

### （二）人本原理的运用

#### 1. 选人用人应做到能级对应

“能级”是现代物理学的一个概念，表示做功的大小。在现代管理中，机构、法和人都存在不同的能量。能量有大小之分，能量大，表示做功本领强。能量可以分级，分级就是建立一定的秩序、一定的规范和一定的标准。科学的管理就必须建立一个合理的能级，使不同才能的人处于相应的能级中，使其能量与级别相对应，做到人尽其才、物尽其用。要在管理活动中做好能级对应，应从以下三方面入手。

首先，要按能级层次进行管理。管理系统是分层次的，不同的层次之间具有不同的能量。层次越高，能量就越大，对能力的要求也越高。现代管理要求按能力分级，按层次管理。正常、稳定的管理机构应当是呈正三角形，一般可分为决策层、管理层、执行层和操作层。

其次，不同的能级应体现出不同的权力、物质利益和精神荣誉，也就是我们所说的职务、责任、权力和利益的相互统一。如果责任重大，但没有相应的权力和利益，就不能发挥管理者的积极性；如果职务很高、权力很大，但缺乏相应的责任和利益，必然导致滥用职权、瞎指挥；如果权力和责任都很大，但利益却很小，就容易导致以权谋私、权钱交易等腐败行为。所以说，职、责、权、利应有机地结合起来。

最后，各类能级必须动态地对应。用人必须用其所长，量才用人，才能做到人尽其才、各尽所能。管理者必须做到知人善用，用人之长，避人之短。同时，人的能力也是处在不断变化之中，岗位的能级要求也是不断变化的。因此，应当允许人们在不同的能级中进行合理的流动，实现能级的动态对应。只有动态地实现能级对应，才能发挥最佳的管理效能。

#### 2. 要善于综合运用各种动力

在管理过程中必须要有强大的动力，才能推动管理活动持续、有效地进行。因此，在管理过程中必须建立有效的激励机制，以调动各类人员的积极性、主动性和创造性。这里所说的动力，不仅是管理的能源，也是一种制约因素。一般来说，管理活动的进行主要依靠三种基本的动力。

(1) 动力的种类

一是物质动力。由于物质基础决定上层建筑，决定人们的行为、意识，所以物质动力是最基本的动力。它包括工资、奖金、福利等。要有效地发挥物质动力，就要把工作成果与物质利益有机结合起来，按劳分配。但是我们也应当看到，物质动力不是万能的，使用不当也会产生副作用，因此，使用物质动力时，应与其他动力结合使用。

二是精神动力。人都要有一定的精神支柱，总是受一定思想、信仰的支配。因此，一个人的精神状况如何，对其行为影响很大，在一定程度上可以弥补物质动力的不足。精神动力包括诸如建立远大的理想、宗教信仰、爱国主义、受到尊重、组织关心等。

三是信息动力。信息动力包括知识性动力、激发性动力和反馈性动力。知识性动力是最基本的动力。掌握知识越多，越有利于管理工作；激发性动力是最重要的动力，在体育管理的各项工作中，要通过信息交流，不断激发工作的积极性；反馈性动力能使我们随时了解与管理目标的差距，不断地加强控制，以实现管理的目标。

### (二) 各种动力的综合运用

首先，三种动力要综合、协调运用。对任何管理系统来说，三种动力都同时存在，但其比重有所差异。在具体运用过程中，可根据实际情况，有所侧重，即以某种动力为主，结合运用其他动力，以达到优势互补、扬长避短。

其次，要正确认识和处理好个体动力与集体动力之间的关系。个体动力与集体动力在一定程度上是对立的，个体动力得到最大发展，往往集体动力就要受到损失；集体动力得到最大发展，个体动力就要受到抑制。较为理想的是，让个体动力与集体动力在方向基本一致的前提下，得到充分发展，以求获得较大的集体动力。

第三，要掌握好适宜的动力“刺激量”。刺激量的制定应以能调动人们的积极性为标准。刺激量过大，没有必要，对以后的管理工作也不利；刺激量过小，起不到作用。一般来说，刺激量要随着管理环境和管理对象的变化而变化，以便有效地调动人们的积极性。

## 三、动态原理

由于管理是一个活动过程，也就决定了它的动态性特征，而管理对象又是一个复杂的、多因素的系统，各因素内部及各因素之间的关系始终处于不断的发展变化之中，因此，管理者必须从发展和运动的观点来看待客观事物，学会正确运用动态原理。

### （一）动态原理的概念

动态原理是指在管理活动中，注意把握管理对象的变化情况，不断调节各个环节，以实现整体目标的规律的概括。由于人、财、物、时间、信息等管理对象是处于不断变化、发展的过程之中，相应地，计划、组织、协调、控制等各个环节也必须随着管理对象的变化而变化，动态地适应管理对象的变化，这样才能保证管理目标的实现。

### （二）动态原理的运用

#### 1. 运用反馈对管理过程进行有效的控制

反馈是指系统把信息输送出去，又将其作用结果反送回来，并对信息的再输出起到调节控制的作用。反馈控制的原则就是通过信息的反馈，对未来行为进行控制，使行为不断接近或达到管理目标的过程。只有通过不断的反馈，才能促进管理目标的实现。

运用反馈方法进行控制，一般会产生两种不同的效果。一是使系统的输入对输出的影响增大，造成系统偏离目标的运动加剧，导致系统振荡的反馈，我们称之为正反馈；另一种是系统的输入对输出的影响减少，使系统偏离目标的运动收敛，导致系统趋于稳定状态的反馈，我们称之为负反馈。从体育管理实践来看，运用较多的是负反馈。

反馈与控制是密不可分的，反馈是控制的前提，控制是实现管理目标的有效手段。反馈与控制，又都离不开信息，控制的基础是信息，一切信息的传递都是为了控制。运用反馈来达到有效的控制，关键在于反馈必须灵敏、正确和有力。

#### 2. 在管理过程中要保持一定的弹性

由于管理环境的不确定性，在管理过程中必须留有余地，保持一定的弹性，以适应客观事物各种可能的变化，这就是管理的弹性原则。在管理过程中如果弹性较大，其适应能力就较强，就可能较快地适应环境，但相应地其原则性就较差；如果弹性较小，其原则性就较强，但适应能力相对较弱。因此，弹性的大小主要根据不同的管理层次要求、不同的管理对象和不同的管理目标而定，没有一个绝对的标准。

我们在管理工作中，既要注意局部弹性，又要注意整体弹性，要采取遇事“多一手”的积极弹性，避免遇事“留一手”的消极弹性。

## 四、效益原理

任何一个社会系统管理的最终目的都是为了创造更多更好的社会经济效益。为此，现代管理要求管理者在任何系统管理中，都要遵循客观规律，正确运用效益原理，不断提高管理的实效。

### （一）效益原理的概念

管理的目的在于追求效益。效益原理是指管理的各项工作都要紧紧围绕提高效益这个中心，科学有效地使用人、财、物、时间和信息等资源，以创造出最大的社会、经济效益的规律的概括。

效益是有效产出与投入之间的比例关系，可以从社会和经济两个不同的角度去考察。社会效益和经济效益，两者既有联系，又有区别。经济效益是讲求社会效益的基础，而讲求社会效益又是促进经济效益提高的重要条件。两者的区别在于经济效益较社会效益直接、显见；经济效益可以运用若干个经济指标来计算和考核，而社会效益却难以计量，必须借助于其他形式的方法来间接考核。因此，在体育管理过程中，应把讲求经济效益和社会效益有机地结合起来。

### （二）效益原理的依据

效益原理的理论依据是价值工程。价值工程是研究技术经济效益的一门科学。作为提高技术经济效益的有效方法，价值工程既是研究技术，又是研究经济，其目的是使技术与经济有效地结合，使其综合效果达到最佳。进行一项管理活动，既要考虑怎样去做，又要考虑需要多少费用。怎样做是个技术问题，多少费用则是个经济问题。从经营任务来说，第一要提高产品、工作成果的功能，满足社会要求；第二要有效地利用资源，减少各种浪费，降低成本。这是提高技术经济效益的重要环节，也是经营成败的关键。价值工程理论对此用下列公式来表示：

价值（V）= 功能（F）/ 成本（C）

在现代管理中，功能是指管理工作完成目标和任务的效果，是管理活动的整体效能；成本则是一种综合的耗费，它包括物力、财力、智力和时间等的消耗；价值不能单纯用货币来表示，而是一种既包括经济的又包括社会的综合性价值。这种综合性价值集中反映了管理的效益。追求管理工作的效益，就必须研究耗费可带来多大的效能。

### （三）效益的评价

效益的评价可以由不同的主体从不同的角度去进行，因此没有一个绝对的标准。不同的评价标准和方法，得出的结论也会不同，甚至相反。有效的管理首先要求对效益的评价尽可能公正和客观，因为评价的结果直接影响组织对效益的追求。一般来说，领导者或管理者评价有一定的权威性，对全局的把握较好，其结果对组织的影响也较大，但可能不够细致和具体；群众评价一般比较公正，但可能要花费较多的时间和费用，才能获得结果；专家评价，一般比较细致，技术性较强，但可能只注重直接效益而忽视间接效益。显然，不同的评价都有它自身的长处和不足，应综合运用，以求获得客观公正的评价结果。

总之，以上四条基本原理是互相联系、相互制约的，共同构成一个统一整体。系统原理是现代科学管理根本的、总体的指导性原理；人本原理是现代管理的核心和力量的源泉；动态原理是现代管理的基础；效益原理是现代管理的根本目的。在管理过程中，要善于从实际出发，综合运用以上原理，不断提高管理效能，有效地实现预定的管理目标。

## 第二节　体育管理的基本方法

方法，通常是指人们解决问题的手段或途径。而管理方法是在管理活动中实现管理目标的手段和达到管理目标的途径。为此，我们将体育管理方法定义为：在体育管理活动中，为了实现体育管理的目标所采取的各种手段、途径与措施的总称。

管理实践的发展促进了管理学科研究的深化。在吸收和运用多种学科知识的基础上，管理方法已逐渐形成一个相对独立、自成体系的研究领域。可从不同的角度对管理方法进行分类：按照管理对象的范围划分为宏观管理方法、中观管理方法和微观管理方法；按照管理方法的适用普遍程度可划分为一般管理方法和具体管理方法；按照管理对象的性质可划分为人事管理方法、物资管理方法、资金管理方法和信息管理方法；按照所运用方法的量化程度可划分为定性方法和定量方法。由于行政管理方法、法律管理方法、经济管理方法和宣传教育方法广泛地运用于体育管理领域，亦成为指导体育管理实践活动的基本方法。

### 一、行政管理方法

行政管理方法是管理活动中最古老、常用的方法，正确认识与理解行政管理方法的内涵和实质，掌握其基本特点，将有助于正确运用行政管理方法。

#### （一）行政管理方法的含义与实质

行政管理方法，也称行政管理手段，它是指管理者依靠行政组织的权威、运用行政手段、按照行政系统与行政层次的划分来进行管理的方法。行政管理方法实质上是通过行政组织中的职务和职位来进行管理，因此，行政管理方法十分强调职责、职权和职位，而非个人特权。它通常是由行政管理系统采取指示、决定、命令、规定、决议、指令、条例等行政手段来进行有效管理的。

行政管理方法与行政领导方法既有联系又有区别。行政管理方法相对于行政工作的全部内容而言，是一个整体性的概念。行政领导方法则是指某一项或某一类具体的行政工作方法，是一个局部性的概念，显然，它是行政管理方法的特殊形式，它从属于行政管理方法。行政管理方法是行政行为主体发挥作用的中介，对于非行政行为主体而言，无所谓行政管理方法。而行政领导是行政行为的重要主体，它当然是行政管理方法的主要运用者之一。

### (二) 行政管理方法的特点

由于行政管理方法实质是通过行政组织中的职务和职位来进行管理，它包括了行政管理活动中所采用的一切手段与措施，因而具有以下显著特点。

#### 1. 权威性

运用行政方法进行管理，起主要作用的是权威性。行政管理方法的有效性以及所发出指令的接收率，很大程度上取决于管理者的权威。一般而言，行政职位越高、职务越大，其权威就越强，他们所发出的指令接受率相对就越高，所带来的服从度也就越广。但也存在着管理者有一定职位而没有权威的现象，此时，管理者所发出的指示、文件就成为一纸空文，下达的命令不起作用。因此，提高各级领导的权威，是运用行政管理方法进行管理的前提，也是提高行政管理方法有效性的基础。管理者必须努力以自己优良的品质、卓越的才能去增强管理权威，而不能仅仅依靠高职位和高职务所拥有的权力来强化权威。

#### 2. 强制性

行政管理方法的实质是行政主体依法行使其行政权力，它要求被管理者无条件服从，使之置于行政主体的直接指挥、控制和影响之下，以达到行政主体预期的行政目标，这是由于行政权力机构和管理者所发出的命令、指示、规定等从客观上对管理对象具有不同程度的强制性。但是，行政管理方法的强制性与法律方法的强制性具有一定的区别：法律的强制性是通过国家机器和司法机构来执行的，只准许人们可以做什么和不可以做什么；而行政管理的强制性是要求人们在行动的目标上服从统一的意志，是由一系列的行政措施作为保证来执行的。它在行动的原则上高度统一，但它允许特殊情况下的灵活机动，允许方法上的灵活多样。

#### 3. 垂直性

行政管理方法是通过行政系统、行政层次来实施管理活动的。因此，基本上属于纵向垂直管理，从而表现出很强的垂直性和层次性。行政指令一般都是自上而下，通过纵向直线下达的。下级组织和管理人员只接受一个上级的领导和指挥，对横向传来的指令基本上是不予理会的。因此，行政管理方法的运用，必须坚持纵向的自上而下，切忌通过横向传达指令。

#### 4. 针对性

相对于其他方法而言，行政管理方法比较具体，针对性较强。不仅行政指令的内容和对象是具体的，而且在实施过程中的具体方法上也因对象、目的和时间的变化而调整。所以，任何行政指令往往是在某一特殊的时间内对某一特定对象起作用，具有明确的指向性、针对性和时效性。

### （三）行政管理方法的作用

1. 行政管理方法的运用有利于组织内部统一目标、统一意志、统一行动，能够迅速有力地贯彻上级的方针和政策，对全局活动实行有效的控制。尤其是对于需要高度集中和适当保密的领域，更具有独特作用。

2. 行政管理方法是实施其他各种管理方法的必要手段。在管理活动中，经济管理方法、法律管理方法、宣传教育方法要发挥作用，必须通过行政系统这个中介，才能具体地组织与贯彻实施。

3. 行政管理方法可以强化管理作用，便于发挥管理职能，使全局、各部门和各单位密切配合，前后衔接，并不断调整它们之间的进度和相互关系。

4. 行政管理方法便于处理特殊问题。由于行政管理方法时效性强，它能及时针对具体问题发出命令和指示，便于及时、较好地处理特殊问题和管理活动中出现的新情况。

### （四）行政管理方法的正确运用

#### 1. 行政管理方法的运用范围与条件

由于行政管理方法具有垂直性特点，所以它在垂直型系统管理中有着较广的运用范围。凡是要求进行集中统一领导和组织的工作，都需要运用行政管理方法，尤其在体育管理系统内部自上而下的各项工作布置以及处理突发情况时，运用行政管理方法比较有效。

行政管理方法运用条件有二：一是要有一个比较严密的行政组织系统，二是要有具有较高管理水平的干部队伍。前者是运用行政管理方法的基础与条件，后者则直接决定着行政管理方法的运用效果。

### 2. 运用行政管理方法应注意的问题

行政管理方法是实现管理功能的一个重要手段，只有正确科学的运用，在实践中大胆摸索与认真总结，不断克服自身的局限性，才能收到良好的管理效果。

(1) 运用行政管理方法必须建立在客观规律的基础之上。在采用行政管理方法时，必须进行大量的调查研究和必要的分析论证，避免发生主观主义、命令主义、个人意志专断和瞎指挥等现象。

(2) 行政管理方法的效果受到管理者自身水平的制约。由于行政管理方法更多的是人治，而不是法治，因此，实际管理效果常常取决于领导者的管理理念、心理因素以及指挥的艺术水平，同时也取决于领导者和执行者的知识与能力。

(3) 运用行政管理方法必须兼顾行政对象的利益。要努力协调行政主体与行政对象的目标，使其在最大限度上保持一致。尽量避免行政主体的目标与行政对象的目标完全相悖的状况。

(4) 运用行政管理方法必须贯彻精简、统一、效能的原则，树立服务意识。服务是行政管理的根本目的，这是由管理的实质、生产的社会化以及市场经济的基本特征决定的。行政不以服务为目的，必然导致官僚主义、以权谋私、玩忽职守等行为；而如果没有行政管理方法运用的有效性，也就难以实现服务的目的。

(5) 行政管理方法的运用必须与法律、经济管理方法和宣传教育方法相结合，取长补短。这样，可以最大限度地弥补与克服行政管理方法的不足和局限性，提高行政管理的效率。

## 二、法律管理方法

法律管理方法由于其最突出的强制性特征，在现代管理活动中发挥着十分重要的作用，也是推进社会发展与进步，实现制度化、法制化的重要手段和根本保证。

### (一) 法律管理方法的含义与实质

法律是由国家制定或认可的，体现统治阶级意志，以国家强制力保证实施的行为规则的总称。而法律管理方法则是指国家根据广大人民群众的根本利益，通过各种法律、法令、条例和司法、仲裁工作，调整社会经济的总体活动和各企、事业单位在微观活动中所发生的各种关系，以保证和促进社会经济发展的方法。

作为管理手段，法律规范的结构主要包括三大部分："条件"，即任何法规都须首先确定自己适用的范围和条件；"规范"，即规定人们享有的法律权利和承担的法律义务；"制裁"，即指明若违反法律规范要承担何种法律后果，以及如何监督执行、如何进行制裁等。

体育管理的法律方法，是指以法律规范以及具有法律规范性质的各种体育法规为管理手段，调节体育组织内外关系的管理方法。各种体育法规既包括国家正式颁布的法规，也包括各级政府机构和各个管理系统所制定的具有法律效力的各种体育规范，如《学校体育工作条例》《全国体育运动单项竞赛制度》等。

### （二）法律管理方法的特点

#### 1. 严肃性

法律和法规的制订必须严格按照法律规定的程序和规则进行。一旦制定和颁布实施，就具有相对的稳定性。法律和法规不可因人而异，滥加修改，必须保持它的严肃性。司法工作更是严肃的行为，它必须通过严格的执法活动来维护法律的尊严。

#### 2. 规范性

法律和法规是组织、个人行动的统一准则，对他们具有同等的约束力。法律和法规都是用极严格的语言，准确阐明一定的含义，并且只允许对它做出一种意义的解释，不能发生歧义，因为它是作为评价不同人们行为的共同标准。法律与法规之间不允许互相冲突，法规应服从于法律，法律应服从于宪法。

#### 3. 强制性

法律和法规一经制定就要强制执行，各系统、单位以至每个公民都必须毫无例外地遵守。法律管理方法的强制性与行政管理方法的强制性又有所不同，它不仅在制约范围上较行政管理方法广泛，而且要求各个单位乃至每个公民严格执行，具有无条件的强制性。

### （三）法律管理方法的作用

法律管理方法的运用，对于建立和健全科学的管理制度和管理方法，有着十分重要的作用，具体体现在以下几个方面。

#### 1. 保证必要的管理秩序

管理系统内外部存在着各种社会经济关系，只有通过法律管理的方法才能公正、合理、有效地加以调整，及时排除各种不利因素的影响，保证社会经济秩序的正常运行，为管理活动提供良好的外部环境。

#### 2. 调节管理因素之间的关系

根据管理对象的不同特点所承担任务的不同，规定不同管理因素在整个管理活动中各自应尽的义务和应起的作用，这是法律管理方法所具有的特定功能。

#### 3. 使管理活动纳入规范化、制度化轨道

法律管理方法的运用，能够使管理制度和管理方法用法律的形式规范化、客观化、固定化，使人们有章可循。严格执行这些制度和方法，有助于管理系统的正常运转。这样既可保证管理效率，又可减少管理者时间、人力等的投入。

### （四）法律管理方法的正确运用

#### 1. 法律管理方法的运用范围与条件

法律管理方法在体育管理中的运用，主要体现在对体育系统的整体管理上，尤其是在调节和处理体育系统内外关系、强化管理秩序、保持管理系统稳定和处理管理中普遍存在的共性问题上，更能发挥其他方法难以发挥的作用。

法律管理方法运用的条件。首先，需要建立健全各种体育法律、法规，不断完善各种管理制度，这样才能在体育管理活动中“有法可依，有法必依，执法必严，违法必究”。其次，要注重体育法规的监督和执行工作，这是保证发挥体育法规作用的关键。第三，要大力开展体育法律法规宣传工作，加强法制教育，努力增强广大体育工作者的法制观念，为法律管理方法的运用提供可靠保证。

#### 2. 运用法律管理方法应注意的问题

（1）正确认识法律管理方法的双重作用

法律管理方法的使用范围比较广泛，它涉及宏观、中观、微观不同的管理层面，涵盖政治、经济、科学、教育、文化等性质不同的领域，尤其适合于解决那些共性的问题。但由于缺少灵活性和弹性，易使管理僵化，不利于基层单位发挥其主动性和创造性。因此，应当探索运用法律管理方法进行管理的特点与规律，发挥其积极作用。

(2) 注意法律管理方法的有限性

与其他管理方法一样，法律管理方法也有其自身的局限性。不能期望法律管理方法解决所有的问题，它只是在有限的范围之内发生作用。而在法律范围之外，还有各种大量的社会、经济关系，需要不同的方法来管理和调整。所以，运用法律管理方法在处理特殊的、个别的问题时，应该和管理的其他方法相互补充，综合使用，以达到最佳的管理效果。

## 三、经济管理方法

由于现代管理活动中广泛存在着各类经济现象与经济关系，客观上需要管理者学会正确运用经济管理的方法。

### (一) 经济管理方法的含义与实质

经济管理方法是根据客观经济规律和物质利益原则，运用各种不同经济杠杆与经济手段，调节各种不同经济利益之间的关系，以获取较高社会经济效益的管理方法。这里所说的各种经济手段，主要包括工资、奖金、罚款以及经济合同、经济责任制等。不同的经济手段在不同的领域中，可发挥各自不同的作用。

因此，经济管理方法的实质是围绕着物质利益，运用各种经济手段正确处理好国家、集体与劳动者个人三者之间的经济关系，最大限度地调动各方面的积极性、主动性、创造性和责任感，促进经济的发展与社会的进步。

### (二) 经济管理方法的特点

#### 1. 有偿性

经济管理方法是通过利益机制引导被管理者去追求某种利益，间接影响被管理者行为的一种管理方法。与行政管理方法的无偿服从不同，经济管理方法注重等价交换的原则，实行有偿交换，如运动员的代培、科研成果的转让、体育场地的使用等；在对个体的管理上，强调劳动成果与获取报酬之间的关系。

### 2. 间接性

经济管理方法是通过对各方面经济利益的调节来间接控制和干预组织、个体行为的。如体育场馆承包、推行经济责任制、实行物质奖励等经济方法的运用，并不能直接干预人们的行为方式，而是通过对人们的价值取向和行为进行引导、激励，达到调动人们积极性、提高工作效率的目的。

### 3. 关联性

在体育管理活动中运用经济管理方法的范围很广，涉及的因素也较多，不但各种经济利益之间的关系错综复杂，而且每一种经济手段的变化都会引起社会多方面经济关系的连锁反应，如对不同层次体育竞赛中获奖运动员、教练员的奖励问题等。不同的经济手段有时不仅影响当前，而且会波及长远，产生一些难以预料的后果。因此，应当正确把握具体管理对象的特殊性质，注重对未来发展的预测，充分发挥其应有的功能。

## （三）经济管理方法的作用

### 1. 有利于提高管理的经济效益

贯彻社会主义物质利益原则，是运用经济管理方法进行有效管理的基本出发点，它能够有效树立管理的经济效益观，激发人们的工作热情，更好地把国家、集体、个人的利益紧密联系在一起，减少不必要的浪费，不断提高体育工作的社会经济效益。

### 2. 有利于提高管理效率

运用经济管理方法不仅有利于管理组织机构更好地发挥指挥、控制、协调等方面的管理职能，有利于分级、分权管理，促进管理者与被管理者实现真正意义上的职、责、权、利的统一，提高管理的效率。

### 3. 有利于管理的绩效评估

绩效评估是人力资源管理的重要内容，更是科学管理中的重要环节。在体育管理工作中，运用经济管理方法便于通过各项经济指标与经济数据客观地评价被管理者的工作成绩和效果，更好地调动他们的工作热情，充分发挥他们工作的自觉性、主动性和创造性。

## （四）经济管理方法的正确运用

### 1. 经济管理方法的运用范围与条件

经济管理方法运用范围十分广泛，凡是具有经济活动现象和需要处理各种经济关系的体育组织和团体，都可根据自身情况灵活采用。

体育管理中运用经济管理方法的首先条件，是要确立管理工作的社会经济效益观，正确认识体育事业中存在的各种经济活动、经济关系和经济利益，正确处理社会效益与经济效益的关系。其次，要做好组织内的体育管理基础工作，这是有效运用经济管理方法的保证，如标准化工作、定额工作、计量工作、信息工作等。第三，要配合其他管理方法的运用，特别是加强体育经济立法和开展宣传教育，建立完善经济管理制度，杜绝各种经济违法现象的发生。

### 2. 运用经济管理方法应注意的问题

（1）要注意运用范围与限度

经济管理方法的运用必须要以经济利益关系的存在和人们对物质利益的追求为前提，否则就会失效。不但如此，即使在存在上述前提的情况下，经济管理方法的运用也要有一定的限度。例如，利用奖金作为刺激人们积极性的杠杆，虽然从理论上说高额奖金有利于调动人的积极性，但在实际运用中必须有一个限度，超过了一定的限度，就可能产生副作用。又如，运用罚款作为对某些不良行为进行制止的杠杆，就要有一定的强度，如果所罚款额不足以触动其一定的经济利益，那么这种杠杆也就起不到应有的作用。

（2）要注意经济管理方法的导向性与时滞性

各种经济管理手段对于经济利益的供给、需求的调节都具有一定的导向性，因此，在对种种经济手段的运用中，必须准确把握它的调节方向，防止出现“一切向钱看”的拜金主义现象。

经济管理方法是通过利益调节的一种间接管理方法，一般来说，它从政策的制定、执行到产生作用往往有一个较长的时间。通常把这种现象称为“时滞性”。为此，运用经济管理方法一定要搞好预测工作，准确地把握事物发展的基本趋势，同时，也要把握好政策和杠杆运用的适度性，以防产生事过境迁、政策失效或调节过度等副作用。

（3）要注重与其他方法的综合运用

经济管理方法虽然是一种重要的管理方法，但是这种方法毕竟不是万能的。同时，由于它自身的一些局限性，在实际管理中经济方法还要与其他管理方法配合使用，才能发挥更加有效的作用。例如，经济管理方法与行政管理方法结合使用，有利于增强经济管理手段的权威性；经济管理方法与法律管理方法结合使用，有利于增强经济管理方法的规范性和法律效力。

## 四、宣传教育方法

宣传教育方法由于其作用独特而成为管理活动中必不可少的重要手段，它能够有效地调动被管理者的积极性，对其他管理方法实施的效果能够产生积极的影响。

### （一）宣传教育方法的含义与实质

宣传教育方法亦称思想教育方法或思想政治工作，它是指管理者通过对受教育者进行确定、有目的、系统的感化与劝导，使其在身心上养成管理者所希望的思想和品质的方法。宣传教育工作在对象上具有多元性，在方式上具有协调性，在作用上具有宏观的控制性。它可以通过各种不同的途径来实施。

管理的人本原理告诉我们，管理活动中人的因素是第一位的，管理最重要的任务是提高人思想觉悟和素质，充分调动人的积极性、创造性。而人的觉悟与素质是在社会实践和教育中逐步发展、成熟起来的。通过宣传教育的方法，可以不断提高人的思想觉悟、政治素质、文化素质和专业素质，因此，宣传教育通常看做是管理工作中十分重要的任务。

宣传和教育，既互有区别又相互联系。它们虽然在各自的重点、内容、形式上有所不同，但却有着共同的目的，即充分发掘人们的精神动力，调动人们的积极性和主动性，以顺利实现组织目标；有着相似的特点，如先行性、真理性、疏导性、灵活性等；有着相互促进的作用，如宣传效力的发挥，离不开深入细致的思想教育工作，而扩大思想教育的效果，又需要利用各种宣传手段，才能得以实现。因此，宣传与教育，在体育管理中常常是联系在一起的。

### （二）宣传教育方法的特点

宣传教育方法实际上就是做人的思想工作，由于人的思想受到个人生活环境、工作经历、人生观、世界观以及价值观等诸多因素的影响，又是动态和不断变化的，因此，开展宣传教育工作不仅要了解管理对象的思想状况，也有必要充分认识宣传教育方法的基本特点。

#### 1. 先行性

任何一项管理决策的实施，都须向群众进行广泛宣传和教育。通过宣传教育，一方面使群众对其有充分的了解，思考自己如何配合行动，为管理决策的实施打下良好的基础；另一方面，通过事先预测人们可能产生的各种反应，拟定相应的宣传教育措施予以预防，从而强化其正面效应，抑制可能产生的负面效应。

#### 2. 滞后性

这一特点在思想教育中表现得尤为突出。思想教育的大量工作是在事情发生之后或有苗头的时候进行的，这是符合人类的认识规律的，既人们的认识是对客观事物的反映。滞后性特点要求管理者对已发生的问题正确地、实事求是地进行分析，以理服人，这样才能把思想教育工作真正落在实处。

#### 3. 灵活性

人的思想是复杂多变的，引起人思想变化的多种因素又往往交织在一起发生作用。不同的时期和不同的管理对象，其思想基础、性格类型、价值观念和需求等也不同，因此宣传教育工作必须根据不同的时期和不同的管理对象，确定宣传教育的内容和重点、形式和手段，保持灵活性和针对性。

### （三）宣传教育方法的正确运用

#### 1. 宣传教育方法的运用范围与条件

宣传教育方法的运用范围最为广泛，可以说，在发展体育事业、加快体育产业发展进程中的各项管理工作中，宣传教育方法都是一种必不可少的重要方法。宣传教育方法不仅本身是一种有效的管理方法，对其他管理方法的实施也有很大的支持作用。但应指出，宣传教育方法的有效性是相对的，在很大程度上需要与其他管理方法综合运用，尤其在人们的思想觉悟和自觉性还停留在较低程度时，孤立地运用宣传教育方法则难以取得理想的管理效果。

创造一个良好的集体心理氛围是运用宣传教育方法的首要条件。如果一个集体形成了一种蓬勃向上、积极进取的风气，人们能够坦诚地进行自我教育和相互教育，这无疑为宣传教育创造了一个良好的环境。此外，还必须建立一支政治素质高、业务能力强、知识结构合理和具有表率作用的政工干部队伍。

### 2. 运用宣传教育方法应注意的问题

(1) 注重发掘和增强人们的精神动力

人是管理活动中的决定因素，而人的一切行为又受到思想的支配，能否调动被管理者的工作积极性，除了物质利益外，关键要充分挖掘精神资源，增强精神动力。为此，进行宣传教育时，必须把人作为第一要素，坚持以马克思辩证唯物主义观点为指导，努力培养被管理者树立正确的世界观、人生观和价值观，养成良好的道德规范与行为准则，增强事业心和责任感，充分发挥每个人的内在潜力与工作热情，促进管理效益提高。

(2) 不断探索与改进宣传教育方法

宣传教育方法是在管理实践中产生出来的，它具有自身的内在客观规律性，教育的形式也多种多样，而客观环境、受教育对象又是不断变化的，因此，运用宣传教育方法时，应当了解新情况，掌握新信息，努力探索新形势下宣传教育工作的新方法。如在实际管理工作中常用的“情理结合法”“自我教育法”“目标激励法”“奖励激励法”“竞争激励法”等。应避免空洞说教式的教育方式，采用多种形式与途径，有效地激发受教育者工作的自觉性、主动性和创造性。

综上所述，在体育管理基本方法体系中，任何一种方法都不是万能的、十全十美的。学习和掌握体育管理的基本方法，十分重要的就是要能够从整体上把握体育管理方法的精髓，深入地研究各种方法之间的密切联系，有效地提高综合运用各类管理方法的能力，不断提高体育管理工作的效益。

因此，要在充分了解各类基本方法的差异、运用的范围与条件以及内容的基础上，明确它们之间的相互联系、组合及互补性，认真分析客观环境的变化和不同管理对象的特点，创造性地运用各种管理方法，不断提高综合运用各种管理方法的能力与技巧。

**【思考题】**

1. 为什么说系统原理是现代科学管理根本的、总的指导性原理？
2. 如何看待和运用行政管理方法的原则性与灵活性？
3. 法律管理方法与经济管理方法有何作用？
4. 市场经济环境下，如何提高运用宣传教育方法的效果？
5. 在体育管理实践中为什么要综合运用各类管理方法？

# 第三章　体育管理的过程与职能

任何组织的管理起点是确定组织目标和不同时期发展目标，并制定相应计划；不同时期管理的终点则是分析和总结上一时期管理目标执行情况，包括取得的成绩和存在的问题，并进入下一管理循环，从而表现出一个完整的管理过程。同时，在这一过程中，为实现组织目标，就必须通过运用计划、组织、协调、控制和创新等职能，整合和分配组织的资源，以创造最佳的社会效益和经济效益。由此可见，体育管理的过程与职能是体育管理活动中两个紧密联系的组成部分，正确认识和掌握体育管理过程与体育管理职能之间的辩证关系，从全局的角度把握体育管理的完整活动过程，从体育管理的不同职能上深入了解每一职能的基本规律与特点，将对体育管理实践具有重要的指导意义。

## 第一节　体育管理的过程

管理的各种因素并非孤立、静止存在的，而是相互影响、相互依存，处于复杂多变又有秩序的动态活动之中。体育管理的过程，实际上是把管理的各种因素按照一定的规律和准则，为达到一定的目标而进行的有控制的活动程序。

### 一、体育管理过程与职能的辩证关系

体育管理的过程是对体育管理活动总体特征的描述，体育管理的职能则是对某一体育管理活动过程规律的总结。虽然两者的着眼点不一样，研究重点也有差异，但从本质上看，两者都是对体育管理活动规律的总结和描述，甚至在某些环节上的描述都是一样的。例如，体育管理的过程中的第一个环节即为“计划”，而体育管理职能的首要职能也同样是“计划”。再如，体育组织中按照管理职能划分为计划部、人力资源部、财务部和技术开发部等部门，这些部门单独或与其他部门合作共同承担管理的某些职能，但不同职能部门在实现自身职能过程中，依然遵循着“计划、实施、检查、处理”的管理循环过程。从

某种意义上讲，管理职能是管理过程的具体化，而管理过程既是各种管理职能的集合，又存在于不同管理职能之中。因此，两者之间是一种密不可分、紧密相联的关系，甚至在某些教科书中直接将其合二为一进行描述。

然而，体育管理的过程与体育管理的职能依然存在着差异，具体表现在：

1. 体育管理的过程重在对管理活动程序的描述，而体育管理的职能则重在对某一职能规律的总结。

2. 体育管理的过程强调从全局的角度或某一活动全过程的角度来完整把握体育管理的基本程序，而体育管理的职能则十分强调某一职能的功能和作用的发挥。

3. 对于不同层次的管理者而言，对体育管理过程和职能的关注度不一。例如，负责某一职能部门的管理者，要求在把握体育管理全过程的基础上，重点了解和精通实现该职能的种种技术、方法、特点和规律；而对于一个组织的领导者而言，则要求在了解不同管理职能的基础上，重点研究和掌握实现该组织目标的全过程及其规律。这一特点同时也表明，任一管理者均须首先了解体育管理的基本过程与步骤。

## 二、体育管理的具体过程

关于管理过程，美国统计学家戴明把它依次分为“计划（PLANNING）”“实施（DOING）”“检查（CHECKING）”和“处理（ACTION）”四个阶段。其中，“计划（PLANNING）”阶段指制定管理方针、目标、活动计划、标准、管理项目的阶段；“实施（DOING）”指根据“计划（PLANNING）”阶段确定的工作项目、方法等标准进行实施的阶段；“检查（CHECKING）”阶段是检查实施是否按标准进行，其结果是否达到标准要求的阶段；而“处理（ACTION）”阶段则是根据检查结果，采取相应的措施，巩固成绩，把成功的经验尽可能纳入标准，进行标准化，遗留问题则转入下一个PDCA循环去解决。它包括两个步骤：巩固措施和下一步的打算。该理论称之为“PDCA循环”理论。根据这一理论，管理全过程又可进一步划分为八个小阶段（图3–1）。

管理过程的四个阶段，既具有各自的相对独立性，又具有紧密的连续性，他们之间互相联系、互相促进，自始至终围绕着如何实现目标运行，并且总是按照基本固定的次序，连接成一个周而复始的封闭循环。在管理的过程中，计划是依据，实施是为了计划的实现，检查是对实施的监督和检验，处理是对计划实施的总结，最终目的是为了实现目标。因此，计划要着眼于方向（把握目

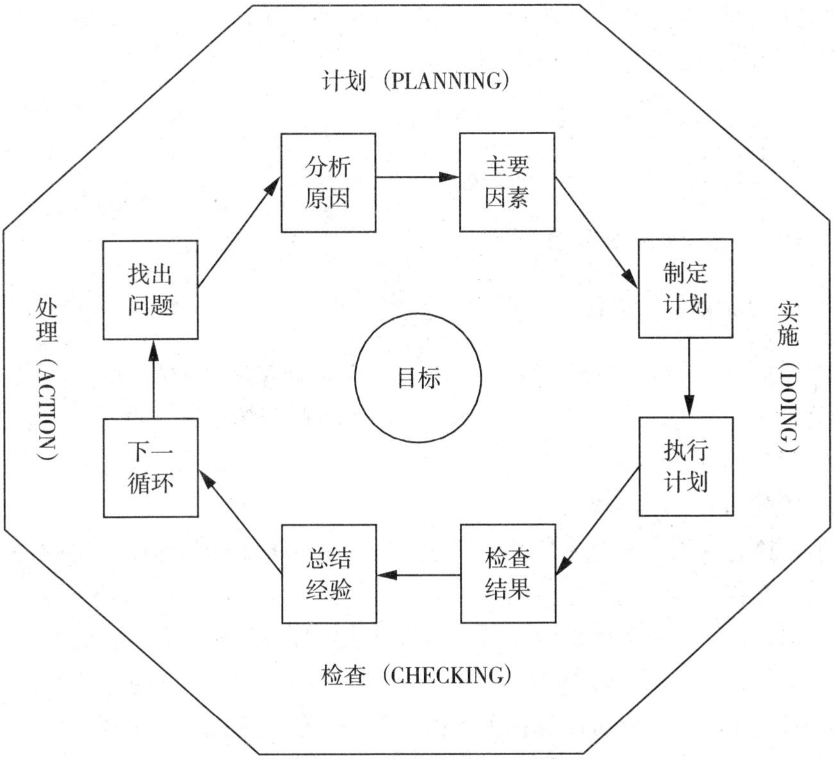


**图 3–1　体育管理过程示意图**

标），实施要着眼于计划（紧扣计划），检查要着眼于推动（促进工作），处理要着眼于提高（总结经验教训）。

# 第二节　体育管理的职能

“职能”的含义，一般指人、事物或机构具有的作用和功能。所谓管理职能，是指管理自身所固有的、根据社会分工和管理活动专业化过程划分的作用和功能性活动。职能与职责这两个概念既有联系又有区别，二者虽然都是管理自身所具有的作用和功能，但在程度上却有所不同。职能比较概括而职责比较具体，因而可以把职责理解为职能的具体化。20 世纪初期，法国管理学家亨利·法约尔首先提出了在管理过程中要履行五种职能，既计划、组织、指挥、协调和控制。其后，又有许多管理学者提出了有关管理过程中管理职能的不同看法。通过对不同学派观点的分析比较，我们认为体育管理的基本职能主要包括计划、组织、协调、控制和创新五项管理职能。

## 一、计划

### （一）计划的概念和作用

#### 1. 计划的概念

“计划”一词的原始意义，是指用刀把计谋刻在平面物如竹片或木板上，供以后记忆、参考之用。计划是体育管理活动中的起始环节，也是各项职能中首要的和最基本的职能，其含义是指管理者确定目标、预测未来、制定实现这些目标的行动方案的过程。

所谓体育计划，是指体育部门为达成一项具体的工作目标所制定的最经济有效的工作程序与行动方案。

一般来说，一项完整、健全的计划应该规定任务的性质和目标，必须使计划执行者了解、接受和支持这项计划。但是目标的确定并不能保证目标的实现，而且实现一个目标可能有各种各样不同的方法。因此，必须通过计划的编制、执行和检查，同时合理利用组织的人力、物力和财力来安排组织的各项管理活动，才能有效地实现组织目标。简而言之，完整而有效的计划必须能回答以下六个方面的问题：WHY，为什么要做？原因和目的；WHAT，做什么？活动和内容；WHO，谁去做？人员安排；WHERE，在什么地方做？空间定位；WHEN，在什么时候做？时间定位；HOW，怎样做？手段和方法，即“5W1H”。

#### 2. 计划的作用

计划职能具有三个特点，即首位性、指向性和超前性，并表现出以下三方面的作用。

(1) 计划使决策目标具体化

计划是围绕决策目标，依据现实条件而设计的一个具体行动方案。决策目标正是通过计划，使之具体化，既便于操作又易于控制，从而有实现的可能。

(2) 计划是组织实施的纲领

现代社会的任何一项工程、一项任务，都有着复杂的过程、精细的分工和高度协作的关系，周密的计划就是组织诸环节共同行动的指南和纲领，没有计划，则寸步难行。

(3) 计划是控制和协调的标准

计划是依据决策目标制定的，并将目标分解为若干子目标，制定相应的衡量目标、是否实现的具体指标以及措施、步骤、方法，如果没有计划，就没有标准，也就无法控制和协调。

## (二) 计划的类型

计划的种类很多，常见的分类主要如下。

### 1. 按时间分类

这是一种最常见的分类，它包括长期计划、中期计划和短期计划。

长期计划，是一种“目标”计划，亦称“规划”。发展体育事业的长期计划，一般是指为期 5 至 10 年及 10 年以上的长远计划，它主要规定体育事业在比较长的时期内的发展方向、发展规模、发展水平和长远目标。

中期计划，是一种“发展”计划，一般指为期 1 年以上 5 年以下的计划。它是根据长期计划编制的，是长期计划所规定的战略目标和任务分阶段的具体化，明确具体的任务和措施。

短期计划，是一种“营运”计划，一般为 1 年或 1 年以下的计划。它是根据长期计划和中期计划编制的。短期计划的内容和指标具体而细致，长期计划和中期计划的实现最终取决于短期计划的落实。

### 2. 按形式分类

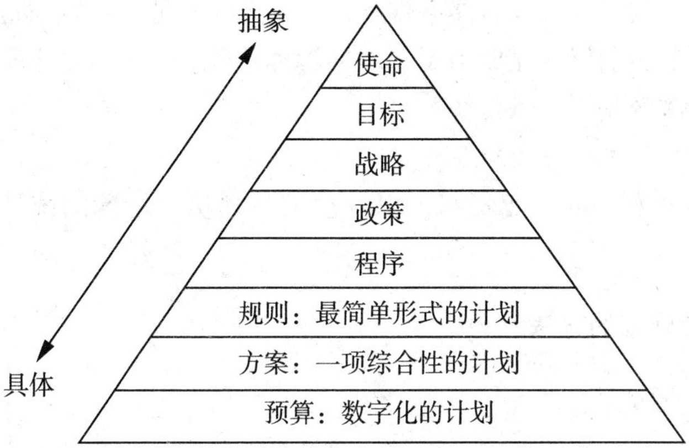


**图 3-2 计划的层次体系**

一个计划包含组织将来行动的目标和方式。“面向未来和面向行动是计划的两大显著特征”，认识这一点，我们能够理解计划是多种多样的。哈罗德·孔茨和海因·韦里克从抽象到具体把计划分为一种层次体系：（1）目的或使命；（2）目标；（3）战略；（4）政策；（5）程序；（6）规则；（7）方案；（8）预算。如图3–2所示。

## （三）体育计划的制定

### 1. 制定体育计划的依据

编制一个正确的体育计划，必须有充分的科学依据。没有科学依据的计划，只是一纸空文，毫无用处。制定体育计划的依据主要有：

⑴ 遵循客观规律

如社会主义市场经济发展规律、体育发展的基本规律和体育科学技术发展的规律。

⑵ 依据党和国家的大政方针

包括各个时期党和国家及地方党政领导机关提出的路线、方针和政策。

⑶ 依据体育的目的、任务和上级的体育工作计划

计划项目和指标须与上级体育计划配套衔接，基层体育工作计划以保证地方体育工作计划的完成为前提，而地方体育计划则应以国家体育工作计划的完成为前提。

⑷ 依据本地区、本单位的实际

一是要从本地区、本单位外部环境的实际出发，即要充分考虑本地区的政治、经济、文化发展水平以及自然条件等；二是要从本地区、本单位内部条件的实际出发，包括前期计划完成情况、内部管理基础、员工素质水平、各种资源条件以及现有体育基础与条件等。

⑸ 参考借鉴各种统计资料

包括体育事业发展的历史资料，以及前期计划执行情况的统计分析资料等。

### 2. 制定体育计划的方法

⑴ 现状调查法

现状调查法要求首先拟定调查提纲，通过实际调查，弄清楚调查对象系统内部结构和外部环境的现状。调查所得的情况应当系统而全面，并尽可能表现

为精确的数据。对调查所得到的材料必须认真进行分析研究，力求达到对现状有一个综合、本质的了解。

(2) 历史比较法

计划要根据现状，又要借鉴历史情况。要把同类问题在不同时期、不同地点所呈现的不同情况加以对比。不但要比较优劣得失，还要比较产生差别的主客观条件。要防止只看一点不看其余，或只作机械类比不顾情况变化，或只为主观设想寻找个别根据等错误倾向。

(3) 未来预测法

按照对象的客观规律，预测其发展的趋势和可能出现的情况，是制定计划的一个重要依据。预测未来要根据对象特性和预测要求选用具体的预测方法，力求预测具有最大的可靠性。但是，预测毕竟只能了解事物发展的基本趋势和大致轮廓，因此对预测结果应持审慎态度。

(4) 整体综合法

对历史情况、现实状况和未来发展进行比较、调查和预测，目的是为制定计划提供所需的资料和依据。要使这些资料和依据成为一个计划的有机部分，就必须采用整体综合方法，从大局着眼，整体把握，统筹兼顾，综合平衡，在系统分析的基础上进行系统的综合。

(5) 优选决断法

制定计划的关键在于优选。在决断过程中，要以严谨的态度，对计划的内容作出全面的、科学的论证和评价，从不同的方案中进行优选，选取那些得利最大、弊失最小和可靠性大、风险性小，而且有应变预防措施的最优方案。

### 3. 制定体育计划的步骤

(1) 确定目标

正确决策，确定目标，是制定计划的前提。体育计划目标是多目标的集合体，应把目标划分为不同的等级并使众多目标形成一个有机的网络。

(2) 分析环境

在计划目标确定之后，必须对客观环境条件进行认真的分析，只有通过分析了解了计划实施的假设条件，才能充分利用一切可能的有利条件，发挥自身优势。

(3) 提出方案

计划工作的第三步是探索和准备可供选择的行动方案。一个计划制定前，必须有几个合适的方案拿出来以供选择，而不能搞“单打一”，只准备一个方案。

(4) 确定方案

几个可行的备选方案提出来以后，接着就要根据计划目标和可能的环境条件，权衡各种计划因素，评价比较各个备选方案，最后从中择出公认的最优方案，或从中综合补充修订出最优方案。

(5) 编报计划

方案确定后就可以正式编制计划（草案），然后逐级上报主管部门，主管部门对计划进行综合平衡和汇总后，报请有关决策机关审定、批准，再作为正式计划文件下达各部门、各地区和基层单位贯彻实施。

## 二、组织

### (一) 组织的概念

“组织”既是动词又是名词。作为名词的“组织”是指为了达到共同的目标，有关人员按一定的程序组成的有机的整体，它表现为可见的组织结构和不可见的人与人之间的责权关系。对于正式组织，这种关系是指人们正式的、有意形成的职务和职位结构。首先，组织的形成和建立源于实现组织目标的需要；其次，在组织中共同工作的人们，必须承担某种职务；第三，必须对人们承担的职务进行设计和规范，以保证各项活动有人去完成，并使之协调一致。

作为动词的“组织”是将组织中各种资源进行有效配置，实现组织目标的动态运作过程。首先，管理者要根据工作的需要，对组织结构进行精心设计，明确每个岗位的任务、权力、责任和相互关系以及信息沟通的渠道，使人们在实现目标的过程中，能发挥出系统的整体效应；其次，合理的组织结构只是为了达到目标提供了一个前提，要有效地完成组织的任务，还需要各层管理者能动地、合理地协调人力、物力、财力和信息，使组织结构得以高效地运行；第三，随着竞争的日益加剧，组织所处的环境发生了变化，为了与变化的环境相适应，管理者要对组织结构进行改革、优化和创新。

作为一项体育管理职能，“组织”的含义是指为了有效地实现体育组织的既定目标，通过建立体育组织机构，确定工作职责、权限，协调相互关系，使体育管理诸要素合理有效地配合，形成一个有机整体的活动过程。它主要包括两个方面，即体育组织设计与体育组织实施。

### （二）体育组织设计

#### 1. 体育组织设计的任务

体育组织设计的任务是提供组织结构图和编制职位说明书。体育组织结构图通常由方框、箭线组成。方框表示各种管理职位或相应部门，箭线表示权力的指向。通过箭线将各方框联接，表明了各种管理职位或部门在组织结构中的地位以及相互关系。职位说明书是根据职位分析的结果，将不同职位的要求规范化，制定出书面文件。职位说明书要求能简明扼要地指出该管理职位的工作内容、职责与权利、与组织中其他部门或职位的关系以及工作应具备的条件等，以此作为配备人才、指导工作、考核成绩的标准。

#### 2. 体育组织设计的原则

进行体育组织设计，必须遵循以下原则。

（1）因事设职原则

组织设计的根本目的是为了保证组织目标的实现，是使目标活动的每项内容都落实到具体的岗位和部门，即“事事有人做”，而非“人人有事做”。但这并不意味着组织设计中可以忽视人的因素，组织设计过程中必须重视人的因素。这是因为在现实情况中，我们遇到的更多的是组织的再设计问题。再设计时不能不考虑组织现有成员的特点，组织设计的目的不仅要保证“事事有人做”，还要保证“有能力的人有机会去做他们真正胜任的工作”，而且我们还要考虑到人们之所以参加组织，不仅希望满足某种客观的要求，同时也希望通过工作来提高能力、展现才华、实现人生价值。

（2）权责对等原则

没有明确的权力，或权力的应用范围小于工作的要求，则可能使责任无法履行，任务无法完成。当然，对等的权责也意味着赋予某个部门或岗位的权力不能超过其应有的职责。权力大于工作的要求，虽能保证任务的完成，但会导致不负责任地滥用权力。

（3）命令统一原则

体育组织机构的设置应该保证命令的统一和指挥的统一，使组织真正成为上下贯通协调的统一整体。统一指挥要做到：组织中从最上层到最下层的管理“等级链”不能中断；任何下级只能有一个上级，不允许多头领导；不允许越级指挥；职能（参谋）机构不应直接干预直线指挥系统下属的工作；统一指挥与分级管理相结合，集权与分权相结合。

(4) 控制跨度原则

控制跨度亦称管理跨度，指一个管理者能直接、有效地指挥的下级机构和人员的数量。由于每一个人的能力和精力都是有限的，所以一个上级领导能够直接、有效地指挥的下级机构和人员的数量都是有一定限度的。影响控制跨度的实际因素十分复杂，主要有管理层次的数量、管理问题的困难复杂程度、管理者与被管理者的素质水平、管理对象的分散程度、工作内容的相似程度、标准化管理的水平、管理者的授权程度等。

### 3. 体育组织结构的基本形式

体育组织结构的基本形式主要有直线式、职能式、直线职能式、矩阵式等。

(1) 直线式

直线式是最早出现也是最简单的一种组织形式。它的特点是组织各级行政单位从上到下实行垂直领导，下属部门只接受一个上级的指令，各级主管负责人对所属单位的一切问题负责。直线式组织结构的优点是：结构比较简单，责任分明，命令统一。缺点是：它要求组织负责人通晓多种知识和技能，亲自处理各种业务，在组织规模较大、任务繁杂时，常常难以应付。这种组织结构适合于小型的体育企事业单位。

(2) 职能式

职能式组织结构，是各级行政单位除主管负责人外，还相应地设立一些职能机构。这种机构要求行政主管把相应的管理职责和权力交给相关的职能机构，而各职能机构有权在自己的业务范围内向下级各单位下达指示和命令。它的优点是：有助于发挥各职能机构的专业管理作用，减少主管领导的负担，使管理的业务联系更加直接和具体，这对管理工作效率的提高有一定的促进作用。它的缺点是：由于多头领导，命令不统一，容易造成各自为政，使下级单位无所适从。这种组织结构一般适用于管理工作复杂、面广且管理分工比较细致的单位。

(3) 直线职能式

这是直线式与职能式结构的产物。它将组织中的机构和人员分为两套系统，即直线指挥系统和职能系统。但职能管理人员不再被赋于指挥权力，而是担任直线指挥人员的参谋，只能对下级进行业务指导。这种组织结构的优点表现为：命令统一，指挥权集中，便于调配人力、财力、物力；能够发挥职能机构和参谋人员的“外脑”功能，避免了“多头领导”。其不足表现为：权力高度集中，下级缺乏必要的自主权，应变力弱；部门之间沟通少，信息传递路线长、层次多，直线部门与职能部门易产生矛盾，导致高层领导协调工作量增大等。这种组织结构广泛应用于我国各类体育企事业组织之中。

(4) 矩阵式

在组织结构上，我们把既有按职能划分的垂直领导系统，又有按产品（项目）划分的横向领导关系的结构，称为矩阵式组织结构。

矩阵式组织是为了改进直线职能制横向联系差、缺乏弹性的缺点而形成的一种组织形式。它的优点是：机动、灵活，可随项目的开始与结束进行组织或解散，而且这种结构是根据项目进行组织的，任务清楚，目的明确，各方面有专长的人聚集在一起，为攻克难关、解决问题提供了很好的基础。它的缺点是：项目负责人的责任大于权力，因为参加项目的成员都来自不同的部门，隶属关系仍在原单位，只是为“会战”而来，所以项目负责人对他们管理困难，没有足够的激励手段与惩治手段，这种人员上的双重管理是矩阵式的先天缺陷。矩阵式结构比较适用于一些创造性的工作，同时也适用于那些涉及面广、临时性、复杂的工程项目。

### （三）体育组织实施

组织目标确定以后，随着计划职能的完成，体育管理者不仅要从结构和程序上明了组织设计的基本内容和一般原理，更需要把“组织”作为一种实施体育计划的动态活动过程来看待，从运行和操作的角度加以分析研究，有条不紊地完成建立机构、分配任务、安排力量、授权分权和总体指挥等项组织工作，最终实现既定的组织目标。

#### 1. 建立机构

建立机构是组织运行的首要工作，即根据体育计划所规定的目标与任务，按照组织设计程序与原则，选择合适的组织结构类型，建立一个高效运转的工作机构。通过建立机构，从组织上明确各项工作任务到底是由哪些部门、哪些单位负责执行，哪些是主要执行机构或部门，哪些是协助机构或部门。一个科学、合理、高效的工作机构应该符合以下标准：部门设置少而精，职责权限简而明，管理关系短程化，人力、财力、物力尽其用，信息畅通指挥灵。

一般而言，根据目标与计划进行组织实施过程中，如无特殊要求，大多是在现有的组织机构基础上，按照计划任务的业务性质、工作难易程度、时间进度要求等进行统筹安排，而对于一些临时性、应急性或难度大的工作任务，则需要考虑设置临时性或超常规的组织机构，以满足计划任务的特殊要求。

### 2. 分配任务

实现体育目标与计划，是组织实施的根本任务。它需要整个组织的不同部门与机构乃至全体人员的通力协作和全力实施，才能达成组织目标。因此，必须在整体把握的前提下对总任务进行科学的分解，在此基础上进行合理的分工，使各执行部门、单位和个人各自明确“干什么”，各司其职、各负其责，并在此基础上形成严密有效的协作。

为了使体育计划的各级执行单位和人员都明了自己的工作任务，使计划目标真正落在实处，可以运用目标管理、岗位责任制等有效方法。

### 3. 安排力量

安排力量是指对已具备的保证体育计划得以实施的人力、物力和财力等资源，按承担计划任务的轻重缓急，将其合理配置于各执行部门、单位和个人，为计划目标的实施提供一切可能条件。安排力量最主要的工作是配备人员和运筹资源。其中，人员配备的总体要求是：从目标任务出发，充分考虑需要与可能，择优选用，能级对应，精简经济。运筹资源则需要做到财尽其力、物尽其用、时尽其效，切实保证各方面工作均衡发展。

### 4. 授权分权

为了确保接受计划任务的体育部门和个人能够顺利完成任务，必须进行权力分配，即通过授权分权，使他们拥有相应的实施计划、执行任务的职权。

授权与分权都是一种由上级对其部属分配职权的工作程序，以使部属在一定监督控制之下，拥有相当的自主权和行动权。其中，授权是指上级把权力委任给下级的过程，而分权则是职权的分散化，亦即把权力分散于组织的各职能部门或执行部门及人员。授权究其实质仍是分权。

在实际管理过程中，授权与分权必须遵循权责对等、责任绝对，以及边界原则和控制原则，防止出现授权与分权不当，或侵权、越权及滥用权力等现象。

### 5. 总体指挥

所谓总体指挥，是对组织运行全过程，包括从建立机构到授权分权等所有具体的组织工作进行领导和指导。正确有效的总体指挥，对组织运行具有重要作用。一方面，体育工作的种类业务，讲究精细严密的分工协作，各项工作一环紧扣一环，任何一环的活动不协调，就会影响全过程的正常运行，只有建立起高度集中统一的指挥，才能使计划任务迅速而有效地完成。另一方面，指挥不但能有效地部署人力，调集财力和物力，而且具有指示人们行动方向的功能，合理地、有效地利用人、财、物去使计划方案得以实施，并把整个实施活动从静态推向动态，朝着既定的目标任务运行。正确有效的总体指挥，是进行科学的组织实施必不可少的重要一环。

## 三、协调

### （一）协调的概念与意义

作为体育管理职能的“协调”，有广义和狭义之分。广义的协调不仅包括组织内部的协调，同时包括组织外部的协调。就体育组织而言，内部协调就是个人与集体之间、各部门之间在运行过程中，按照组织的规章制度进行控制，以达到相互和谐配合的效果；外部协调则主要是指通过增强政策法规观念、尊重利益相关者权益、重视沟通理解等方法，达到组织目标与环境的和谐统一。

组织目标能否实现，组织运行是否顺利，在很大程度上取决于组织的内外关系是否协调。在体育管理的实践活动中，随着我国体育体制的改革和创新，只有充分认识到协调工作的重要性，并努力探索协调工作的新方法，减少体育组织系统中的内部和外部的摩擦，才能保证我国的体育组织系统能够不断提高自身的运行效率，促进体育事业和产业的发展。

### （二）协调的内容

协调作为一项重要的管理职能，在体育管理过程中起着极其重要的作用。要做好管理协调工作，必须从以下几方面入手。

#### 1. 体育事业与体育产业间的协调

随着我国社会主义市场经济的快速发展，体育不仅仅提供“为国争光”和“全民健身”等公共服务和产品，还必须提供休闲娱乐服务等私人服务和产品，因此，具备事业和产业的双重属性。由于不同体育产品由不同的体育组织提供，生产的效率是不同的，因此，体育行政部门、体育事业单位和体育产业组织三者之间要理顺管理关系，划清职权范围。例如，由于体育涉及文化、娱乐、健康、教育等多种领域，现阶段体育体制改革过程中就出现了“多头领导”或管理真空的现象；又由于体育同时具备事业和产业的双重属性，体育行政管理部门出现了行政权力干预市场运作，或是市场失灵又缺乏体育行政干预的现象。因此，在处理体育管理实务的时候，必须认清管理客体的性质，理清业务流程，充分沟通、交换信息，通过明确地划分管理权限，制定合理的组织结构，加强横向和纵向的协调，尽量减少上述现象的发生。

**2. 体育系统与环境间的协调**

体育系统与周围环境间的协调可进一步具体化为三种协调：一是体育事业和体育产业发展与经济发展之间的协调。体育受经济发展制约，但又不是消极被动地适应经济的发展，而是积极主动地为经济建设服务，促进经济的发展。因此，发展体育运动必须注意与国情、国力相适应，与经济水平、财政状况、基础条件相协调。二是体育与科学、教育、卫生、文艺等事业之间的协调。体育与科学、教育、卫生、文艺等文化事业，是大文化统一体中互相关联、互相影响的不同组成部分，脱离其他事业的支持与帮助，体育的“一支独秀”是不现实也不能持久的。因此，体育部门需要协调与教育部门的关系，共同抓好学校体育工作；需要协调与卫生部门的关系，抓好群众保健体育工作；协调与文化部门的关系，抓好文化娱乐体育工作；协调与共青团的关系，抓好青年体育工作；协调与工会的关系，抓好职工体育工作等。三是与社会公共关系的协调。加强体育系统和外部环境的联系沟通，通过为社会创造价值来获得各方面的支持，有利于体育组织适应社会发展的需要。我国还将长期处在社会主义初级阶段，我国的体育事业和产业组织在相当长的一段时间内可能还要依靠外部资源的流入保持其发展，因此加强公共关系协调，取得社会各方面的支持尤为重要。体育系统应该积极与其他社会部门联系，争取资金上、技术上和智力上的支持。

**3. 体育系统内部的协调**

体育系统内部的协调既包括系统内不同层次之间、同一层次不同单位与部门之间、同一单位和部门不同人员之间的协调，也包括体育系统内体育事业与体育产业之间的协调，以及竞技体育与群众体育之间的协调、竞技体育中的业余训练与专业训练间的协调、群众体育中的城市体育与农村体育间的协调等。在这众多的协调关系中，以下三个方面是处理众多关系中需要重点把握的内容。

(1) 目标协调

目标协调是协调工作的根本内容，也是协调工作的最终目的。在体育管理实践中，角色各异的人群组成了复杂的系统组织。组织与组织之间的目标协调、组织中不同部门间的目标协调、长远目标与眼前目标间的协调、一般目标与重点目标间的协调等是做好协调工作需要重点把握的问题。同时，不同的人对待同一事物可能存在不同理解，不同的文化、认知水平和利益诉求等都有可能影响到他们对组织目标的理解。不同的人参与到体育组织中来的动机也不尽相同。只有经过协调统一，使员工将个人的目标统一到组织的目标方向，才能减少系统内部不必要的消耗，集中精力，提高效率。

(2) 资源协调

体育系统的资源是有限的，而体育系统又是由许多不同的部门组成的系统。有的部门负责调配资源，有的部门使用资源，如果协调不好，必然有的部门会因资源不足导致无法有效运作，而有的部门会因资源过多造成浪费，部门之间还可能会因为争夺有限的体育资源发生矛盾，这就降低了整个系统的运行效率。因此，协调好组织内部不同部门和人员在分配、占有、使用有限资源的关系，既是一件难度很大的工作，又是决定组织目标能否顺利达成的重要因素。

(3) 信息协调

信息协调包括两个方面的内容，即整体工作进展情报信息的沟通和组织成员之间工作信息的沟通。信息沟通包括信息的传递和对所传递信息的理解。它对管理起着不可低估的作用，既是组织及个人对目标任务和问题求得共识的过程和程序，也是传播交流新思想、新经验，促进改革、形成良好人际关系和保持组织统一的纽带。如果一个组织内部信息不灵，不仅直接影响到良好人际关系的保持，影响到不同部门之间的合作，更将直接影响到组织整体效能的发挥。

### (三) 协调的方法

#### 1. 信息沟通的方法

沟通在这里指的是组织内部人与人之间的交流、传递信息和思想的过程。信息的交流使得组织各个部门和个人成为一个有机的整体。

沟通的方式按照组织的性质划分，可以分为正式沟通和非正式沟通。

(1) 正式沟通

正式沟通是根据组织内部的规章制度规定的方式进行的一系列沟通活动。它包括纵向沟通和横向沟通。纵向沟通又可以分为下行沟通和上行沟通。下行沟通指上级向下级发布命令和指示，使下级明确工作目标，调整工作状态；上行沟通指下级向上级表明建议、意见和态度等，这样可以使上级及时了解基层状况，了解下级的思想动态，增进上下级的理解。横向沟通指组织内部同一层次的人员或部门之间工作情况和意见的交流。

在体育管理的实务中，上行沟通和下行沟通往往不是孤立存在的，下行沟通必定伴随着上行沟通，双方互动，积极反馈上下级的信息才能真正做好组织内部纵向的协调工作。同时，平行的双方只有充分交换信息才不致于在工作中出现相互掣肘的局面。

⑵ 非正式沟通

非正式沟通是指使用非正式的渠道进行沟通的方式。这种沟通形式是建立在人的社会交往的基础上，它有两个特点：一是沟通形式灵活多变，信息传递容易；二是信息在这种方式下传递容易失真。正确地利用非正式沟通的手段可以弥补正式沟通的不足，也可以满足组织成员的情感诉求，但是如果对非正式沟通的手段把握不好则非常容易造成不良风气，影响组织的和谐。

### 2. 部门之间的协调方法

在实际管理工作中，部门之间除了加强横向联系之外，还可以采用以下方法进行协调。

⑴ 建立专门的协调机构或安排专门的协调人员，赋予其协调的权力与职责。

⑵ 精简部门，减少沟通频次，减少信息沟通的障碍。

⑶ 成立工作小组或召开协调会议集中力量解决复杂问题。

⑷ 加强审核监督，及时了解各部门的情况。

⑸ 加强制度建设，严明组织纪律，既保持部门的相对独立性，又保证必要的协作和配合。

### 3. 人际关系的协调方法

⑴ 运用各种激励手段，使员工目标统一到组织目标上来。

⑵ 努力构建优秀、和谐的组织文化，提高员工的凝聚力和向心力。

⑶ 重视情感微细的作用，实现人性化管理。

⑷ 创造良好的人际关系环境为人员的成长和发展创造条件。

### 4. 组织公共关系协调方法

⑴ 积极运用宣传教育的方法，在社会公众面前树立组织的良好形象。

(2) 响应大众化的体育需求，全心全意为人民提供体育服务。
(3) 提高内部人员素质，增强公关意识。
(4) 与媒体搞好关系，争取媒体的信任和帮助。

## 四、控制

### (一) 控制的概念

控制是体育管理的重要职能之一，它是指为保证体育组织的活动与计划目标保持一致而采取的一系列管理活动。它通过不断地接收和交换体育系统内外的一切信息，根据体育管理活动既定的目标、指标与标准，监督、检查计划的执行情况，发现偏差，找出原因，并根据环境及条件的变化，采取调节措施，使组织的活动依照预定计划进行，确保计划目标的实现。

### (二) 控制的意义

亨利·西斯克指出："如果计划从来不需要修改，而且是在一个全能的领导人的指导下，由一个完全均衡的组织完美无缺地来执行的话，那就没有控制的必要了。"但是，这种理想状态在现实管理中是根本不存在的。体育管理活动是一个动态的过程，在这个过程中会出现这样或那样与计划不一致的情况，这个时候只有通过控制，及时发现并修正问题，采取调节措施，才能确保管理目标的实现。体育管理过程中控制的意义主要体现在以下三个方面。

#### 1. 控制是完成体育组织计划和目标的有力保障

计划的制定和执行，都必须依靠控制所得的信息以及采取相应的措施才能顺利进行。同时，控制以组织计划为依据和标准，目的是为了实现组织的目标。计划虽然经过全面周密的安排，但在执行的过程中难免会出现一些与计划不符的情况，通过控制，才能及时纠正偏差，使活动依计划进行。

#### 2. 控制是改进体育工作、提高体育工作效率的有效手段

控制的实质是对实际工作情况的反馈所做出的反应。通过这种反馈，管理者才有可能知道实际的工作偏离了组织的目标，从而可以通过控制，纠正工作偏差，不断改进工作。同时，有效的控制，能使体育管理的各个环节、各个方面都做到"令行禁止"，可以有效减少资源的消耗，提高工作效率，保质保量地实现组织的目标。

### 3. 控制增强了体育组织对环境的应变能力

在计划实施的过程中，难免会出现各种各样无法预知的情况，通过不断地控制活动，不仅可以改进组织系统中不合理的因素，总结经验和教训，使管理工作少走弯路。同时，有效的控制要求管理者必须做好对各种可能发生的风险进行预测和预防，制定有效规避各种风险的应急方案，从而增强组织对环境的应变能力。

## （三）控制的要求及原则

### 1. 控制的要求

为了充分发挥控制职能的功效，必须注意以下四个方面。

⑴ 控制应以组织目标为中心

因为管理者只有首先明确自己管理的总体目标是什么，才能有的放矢地进行管理工作。如果管理者连组织应该完成的任务都不清楚，就根本无法检查整个单位的工作，也谈不上了解全体工作人员表现的好坏，也就无法进行控制。对目标错误的理解，也同样会导致错误的控制。管理目标与管理控制的关系是：目标决定控制内容，控制工作为实现目标服务，控制要时刻以目标为中心。

⑵ 控制要以计划为依据

控制是以计划为具体考核标准的，计划越明确、细致、全面，控制工作的效果就可能越好。没有计划，控制就无从着手。同时，控制工作自身也须拟定计划，确立控制工作的目标、重点、要求、进度以及各种控制形式的正确使用和各种控制手段运用上的协调一致等，以保证控制工作的顺利进行。

⑶ 控制要有组织机构作保证

它包含两个方面的内容：一是要有专门履行控制职能的组织机构，即明确由何部门、何职位、何人来负责控制工作；二是要做好体育管理控制中的组织和协调，明确各级组织及管理人员的职责。

⑷ 控制要保证信息畅通

要想取得良好的控制效果，管理者必须及时、真实、全面地掌握在计划的执行过程中实际情况与计划之间不符的信息，继而进行有效的控制工作。

### 2. 控制的原则

除了以上四方面的要求，为了实现有效的控制，体育管理人员还应遵循以下原则。

(1) 控制的适应性

进行控制工作一定要从实际出发，要考虑到管理工作中的不同情况，制定出的控制方式、方法要与被控制系统的计划、工作特点及人员状况相适应，不能按自己的主观意愿来选择控制方法，否则就会失去控制的作用。

(2) 控制的准确性

控制的目的是纠偏，控制不准确不仅影响工作进度，而且会挫伤工作人员的积极性和工作热情，因此控制务必要准确。

(3) 控制的及时性

控制要选择好控制的时间。情况在不断变化，从发现问题到采取措施本身就是一个过程。一方面要及时地传递信息，采取措施，避免时过境迁而失去控制应有的效果；另一方面要估计可能发生的情况，使采取的措施与已变化的情况相适应。

(4) 控制的经济性

控制是一项需要投入大量人力、物力和财力的经济行为，因此，必须要考虑控制活动的经济性。首先，要根据组织规模的大小、所要控制问题的重要程度等设计控制系统；其次，要选择控制技术和方法。其中，控制的重点应放在关键问题上，以达到一定的经济效益。

### (四) 控制的一般过程与类型

#### 1. 控制的一般过程

体育管理过程中的控制一般包括四个步骤，即制定标准、发现偏差、分析偏差和纠正偏差。如图 3–3 所示。

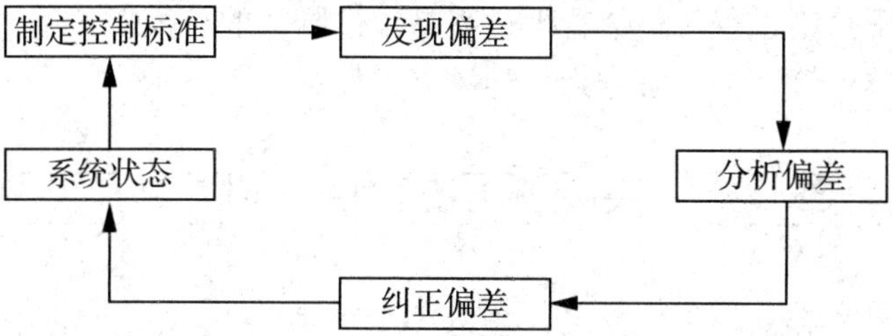


**图 3–3　控制的一般过程**

⑴ 制定标准

控制的基本前提是确立控制标准。控制标准的确立要以计划为依据，同时要考虑具体工作的实际情况。标准尽可能是定量的，不能定量化的标准也应该提出定性的标准。控制标准可分为时间标准、数量标准、质量标准和成本标准等。无论是何种控制标准都应该做到明确、实用、稳定、公正、合理。

⑵ 发现偏差

把控制对象运行的现实情况同制定的控制标准对比，就是发现偏差的过程。发现偏差的过程伴随对信息的收集、处理与传递等一系列活动。控制系统的有效性在很大程度上取决于信息的收集、处理与传递的及时性、有效性和可靠性。

⑶ 分析偏差

分析偏差是为了了解系统运行中产生偏差的原因以及明确工作的责任。首先，在明确了偏差问题后要对产生偏差的原因进行分析。在原因分析中往往包括主观的、客观的原因以及可控的和不可控的因素。其次，还应进行责任分析。责任分析就是追究工作发生偏差应担负主要责任的部门和个人。如果原来并没有明确的责任规定而发生了偏差，就必须在责任分析的基础上进一步明确后期工作责任，以保证后续控制工作的顺利进行。

⑷ 纠正偏差

纠正偏差是在分析偏差的基础上，对偏离目标的偏差进行及时纠正，即通过了解偏差产生的原因而采取相应的措施。为使纠正偏差行之有效，必须明确对控制工作负责的部门和人员的责任与权力。

经过上述四个过程，管理系统就进入了一个新的“系统状态”，完成了一个阶段控制的全过程。事实上，为了管理系统的发展与完善的需要，系统需要不断进行新的控制循环。每经过一轮控制，系统就会上升到一个新的水平。

## 2. 控制的类型

体育管理控制过程与整个管理过程是紧密联系的。根据管理过程的不同阶段的划分，体育管理控制可分为三种类型，如图 3–4 所示。

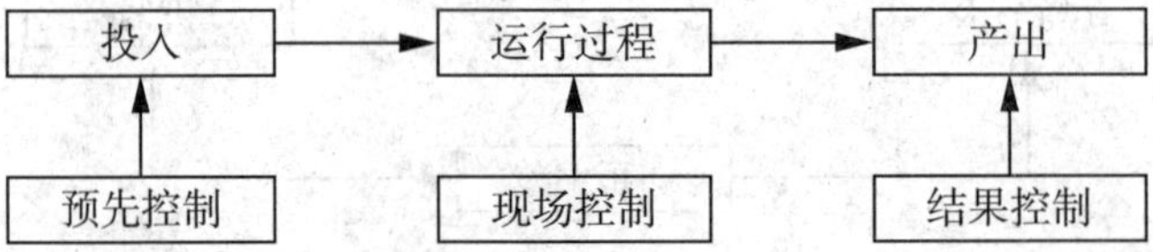


图 3–4　控制的类型

(1) 预先控制

在工作开始之前进行的控制称预先控制，也称前馈控制。预先控制也可理解为决策之前的预测工作。在制定计划之前，通过对情况的观察、规律的掌握、信息的获得、趋势的分析等，预测可能发生的问题，在其未发生之前加以防止。

(2) 现场控制

工作进行中实行控制，称现场控制。它包括两方面的工作：一是指导下级按照正确的方法和程序进行工作；二是监督下级的工作过程以保证工作取得预期的效果。现场控制大多是对非业务性工作进行指导和监督，而业务性工作指导主要集中在基层。

(3) 结果控制

也称事后控制。它是用工作的结果与原计划标准进行比较，作为今后工作的借鉴。它是未来决策工作的一个组成部分，为今后计划目标的制定提供经验和教训，以便少出偏差，实现控制工作良性循环，提高控制效果。

### （五）控制的方法

体育管理控制过程中常见的控制方法有以下几种。

#### 1. 计划控制

这是最基本也是最主要的控制方法之一，一般分三部分进行：第一步，确定总目标及反映总目标的各项指标或标准；第二步，预测在实现目标过程中会产生的影响因素；第三步，根据现有条件及未来可能受到的影响制定出保证目标实现的措施及办法。

#### 2. 目标控制

即采用目标管理方法进行控制，制定目标体系，规定各体育管理层次的目标并按照目标达成的程度进行控制。为使各管理层次达到规定的目标，必须采取有效措施，促使执行者按照预定目标进行活动，运用正确的方法和手段接近目标和最终实现目标。尤其是在体育管理系统中实行目标管理的部门，若实行目标控制，可使控制职能更加有效地发挥，对提高体育管理效果起到重要作用。

#### 3. 预算控制

预算控制是以制定的费用预算为依据，对体育组织工作的各项费用支出和成本费用总额进行有效的检查和监督，并通过预算计划目标与预算执行结果的对比分析，及时发现和纠正偏差，确保预算目标的实现。

#### 4. 定额控制

在体育管理系统的运营活动中，对人、财、物的使用上应实行严格的定额管理。通过对人员数量、工作量、物质消耗量及经费额度等进行定编、定量、定额管理，可以有效地控制人、财、物的占用与消耗，使各项资源更加合理地组合和有效地利用，这对节约开支、提高效益具有非常重要的作用，因此是一种十分重要的控制方法。

#### 5. 规章制度控制

这是一种常见的控制方法，即在体育管理过程中通过规章制度达到控制的目的，如通过规定和实施岗位责任制、财务管理制度等，把各项工作纳入规范化、科学化轨道，使控制工作得以有序、有效地进行。

除上述各种控制方法外，还有关键点控制、进度控制等方法。

## 五、创新

我国著名学者周三多认为：决策、组织、领导、控制和创新这五项职能是一切管理活动最基本的职能。因为在瞬息万变、日益复杂的社会经济活动中，管理者无时无刻不在遇到新情况、新问题。如果因循守旧，就无法应对新形势的挑战，因此一个好的管理者需要在管理的过程中不断创新，才能体会管理“通百科，解万难”的真谛。各项职能之间相互交叉、相互渗透，是一个循环的过程。创新在这个管理循环之中处于轴心地位，成为推动管理循环前进的原动力。

### （一）创新职能的意义

#### 1. 创新体现管理真谛

管理是一项系统的、复杂的工程，其目的是为了实现组织的预期目标。在这一复杂的工程中，实现目标的手段可以千变万化，但追求的最佳状态是“以最少的投入获得最大的收益”的原则，创新给了这一原则可以实现的机遇。

### 2. 创新激活管理工作

管理的本质内容包括“维持”和“创新”，有效的管理在于“适度维持”与“适度创新”的组合。计划、组织、协调、控制等作为传统的管理职能，其作用是维持管理的过程和系统的存在。只有严格地按照预定的计划来监视和修正管理过程中的每个步骤，避免摩擦，减少内耗，才能维持管理的有序性。“维持”对于管理生命的延续固然至关重要，但管理不能只停留在维持的阶段，尤其是对组织而言，必须在竞争激烈的内外部环境中，走出一条不同于他人的兴盛之路，因此，必须创新，只有创新才是真正激活管理的因素。

### 3. 创新是社会的灵魂

最早提出创新理论的著名经济学家约瑟夫·A·熊彼特曾深刻指出：经济和社会发展的本质在于创新。管理也从最初的古典管理理论走到今天的现代管理理论，其走过的每一步无不是一个扬弃的过程，一个创新的过程。这个过程见证了知识体系不断丰富完善的过程。在知识经济时代，管理创新则更加成为了经济全球化发展的要求、人类和经济可持续发展的要求，是社会进步的灵魂。

## （二）创新职能的基本内容

### 1. 目标创新

体育组织是在一定环境中运行的社会组织，特定的环境要求体育组织在不同的历史时期提供特定的产品。体育组织在不同的历史时期制定的具体发展目标，则要根据当时的社会需要和消费特点以及变化趋势加以整合，每一次调整都是一种创新。现阶段，体育组织目标创新的焦点在于如何更好地适应我国社会主义市场经济的转型和人民生活水平快速提高带来的新的体育需求。

### 2. 技术创新

技术创新是一个新的技术思想从提出到首次付诸实施并取得实际效益的非连续性过程。从新的技术思想的产生到成功的实际应用，一个完整的技术创新过程必然要经过技术观念的创新（新的技术思想产生和形成）、新技术内容的形成和完善、成功地实际应用与扩散这三个基本阶段。技术创新都必须通过一定的物质载体和利用这些载体的方法来实现，因此，体育组织的技术创新主要表现为要素创新、要素组合创新以及产品创新。

### 3. 制度创新

制度创新是从社会经济角度来分析体育组织成员间的正式关系的调整和变革来重新确立组织运行方式的原则规定。体育组织的制度创新主要从三个方面进行，即产权制度、经营制度和管理制度。体育组织的制度创新是不断调整和优化所有者、经营者和劳动者三者之间的关系，使各方面的权力和利益得到充分的体现，使组织的各类成员的作用得到充分的发挥。

### 4. 组织结构和机构创新

从组织理论的角度来看，体育组织是由不同的成员担任的不同职务和岗位的结合体，这个结合体可以从结构和机构两个不同的层次进行考察。所谓机构是以横向分工作为标准，将类似的或为实现同一目标有密切联系的职务和岗位并到一起，形成不同的管理部门，主要涉及的是劳动分工的问题。而结构主要涉及的是管理的层次问题，也就是我们常说的集权和分权问题。组织机构和结构的创新在于更合理地组织管理人员的努力，提高组织的管理劳动效率。

### 5. 环境创新

环境是体育组织生存的空间，是其经济运行的场所，同时也制约着体育组织的发展。体育组织与环境的关系，不仅是单纯地去适应，而是在适应的同时去改造、去引导，甚至去创造体育组织所需要的环境。例如，通过体育组织的公共关系活动，影响行政部门的政策制定；通过经营方式和产品的改变去诱发、强化体育消费者的购买动机等。

**【思考题】**

1. 试述体育管理过程与职能的关系。
2. 简述制定体育计划的基本依据和步骤。
3. 常见的组织结构形式有哪些？各有哪些优缺点？
4. 常见的协调包括哪些方面的协调？
5. 体育管理控制的过程包括哪几个主要环节？创新的基本内容有哪些？

【案例 1】

# 管理概念的困惑

周业涛刚刚进入某体育学院公共事业管理专业学习。第一天上“管理学概论”课程，教授就布置了一个作业，题目是“你认为什么是管理？根据是什么？”，并要求每个人都要做好第二次课的课堂发言准备。

课后，周业涛急忙跑到学校图书馆，查阅有关管理方面的文献资料，看看世界上管理大师们是怎么说的，从中获得最令人信服的答案。首先映入眼帘的是科学管理之父泰勒的代表作《科学管理原理》，泰勒认为“管理是一门艺术，这种艺术就是要知道人们去做什么，并注意他们用最好、最经济的方法去干。”很显然，泰勒强调的是追求管理效率和效益，寻求最经济的方法和途径，换句话讲，他把管理的概念直接引入到他最关心的问题——提高劳动生产率。

然而，当周业涛找到另一个与泰勒并驾齐驱的管理学先驱、古典管理理论创始人之一——法约尔的《工业管理与一般管理》之后，却感到问题并非像自己原先想象的那么简单了。法约尔认为：“管理不同于经营，管理就是实行计划、组织、指挥、协调和控制。”他好像不大强调生产率，而是强调管理过程。

那么，到底孰是孰非呢？继续查阅下去，周业涛又从行为科学家们那里得到另外一个看法：管理就是通过别人努力，来把事情做好。而 1978 年获诺贝尔经济学奖的西蒙却又把管理归纳为“管理就是决策”。另外一些管理大师，如唐纳利认为：“管理就是一个或者更多的人来协调他人的活动，以便收到个人单独活动所不能收到的效果而进行的活动。”而系统理论派的卡斯特认为：“管理是一个社会过程，组织是一个社会系统，通过它，大量互无关系的资源得以结合成为一个实现预定目标的总体。”

原本还有一些想法的周业涛越来越困惑了。怎么办，为了第二次课的任务，他仍然奋力在众多说法中理出一个头绪来，并在最后的发言稿中写到：“管理是指一定组织中的管理者，通过实施计划、组织、人员配备、指导与领导、控制等职能来协调他人的活动，使别人同自己一起实现既定目标的活动过程。”但是，对这个说法，他自己仍然感到不满意，因为很难说是根据什么而得到这个说法的。

【思考题】

1. 试结合管理大师们对管理的表述，说明为什么会形成如此众说纷纭的现象?
2. 古典管理学派与行为科学学派对管理内涵的认识有何不同?
3. 周业涛是从哪些方面出发来研究管理活动的? 你认为他对管理所下的定义全面吗? 请说明理由。
4. 请结合管理大师们对管理的表述，给出你自己对“管理”一词较为全面的定义。

【案例2】

## 七个编制八个官

某省体育局局长在谈到机构改革之前的事时，十分感慨地说：“那时候真是人浮于事、扯皮不断、效率极低!”

他说省体育局下面有个体育中心，“脚趾粗过腿”。强调年轻化时提拔了一批干部；后来强调文凭时，又提拔了一批领导；对于那些没文凭、年龄大又没到退休年龄的，或到退休年龄还不想退的，再加上总不能老让“儿子”比“爸”大，就安排了一批处级调研员，结果一个中心里七个编制居然有八个官。

既然是个官儿，自然就不会满足于“一杯茶一支烟，一张报纸泡一天”，就总想找点儿事管管，揽点儿权用用。这样，有权点头摇头的多了，有权画圈的多了，不仅容易“政出多门”，而且也很容易“一政多门”，自然扯皮的事儿多了起来。一做官，对坐什么车、住几间房、用什么样的写字台，都认真得不能再认真；而对于应当尽什么责任、尽不到责该怎么办等，对不起，一谈到这样的问题时，就你看着我、我瞪着你，最后不了了之。

【思考题】

1. 案例中所描述的“脚趾粗过腿”现象，你认为应如何“消肿”?
2. 官多于兵、人浮于事的主要症结何在?

3. 许多教科书中将管理者的权力、责任、利益用等边三角形的关系来形容。但也有人认为，该三角形的大小取决于三角形的高，能力就是该三角形的高，且略小于责任。这样使得工作富于挑战性，使人感到能力不足，这种压力会迫使其自觉地获取知识，使用权力时会慎重些，获得利益时会产生更大的动力，把工作做得更好。但能力也不可太小，以免形成“挑不起”责任的后果。你同意这种观点吗？请说明理由。
4. 法约尔曾说过，权力与责任是一对孪生物，人们对权力的喜爱恰似对责任的畏惧。你认为现实工作中真如法约尔所言吗？

【案例 3】

## ××大学体育教研室关于贯彻实施阳光体育锻炼活动的计划

健康的体魄是青少年为祖国和人民服务的基本前提，是中华民族旺盛生命力的体现。学校教育要贯彻“一切为了学生，健康第一”的可持续发展的理念，切实加强体育工作，让每一个学生都能感受到运动的快乐。为了丰富校园生活，促进学生身心健康和谐发展，共同打造和谐的××大学，特制定本计划。

一、指导思想

贯彻落实全国学校体育工作会议精神和教育部、国家体育总局、共青团中央关于开展全国亿万学生阳光体育运动的决定。积极贯彻“健康第一”“每天锻炼一小时，健康工作五十年，幸福生活一辈子”的现代健康理念，以全面实施《学生体质健康标准》、大力推进体育大课间活动为重点，蓬勃开展“阳光体育运动”。同时把迎奥运活动与促进和谐校园等紧密结合，培养学生积极主动的体育锻炼习惯，提高学生的身体健康素质和体育文化素养，推进校园体育文化建设。

二、活动目标

保证学生每天有一小时的体育活动时间；力争使 100%的学生在本学年学生体质健康标准测试中达到及格以上；在国内大学体育比赛上取得较好名次。

三、组织机构：

组　长：××

副组长：×× ×××

成　员：全体教师

四、活动主题

每天锻炼一小时，健康工作五十年，幸福生活一辈子；

我运动，我健康，我阳光，我快乐；

阳光点燃生命，运动成就未来；

超越极限，超越自我；

生命不息，运动不止；

拥抱阳光，达标争优，强健体魄；

扬体育精神，展青春风采；

走向操场，走进自然，走到阳光下。

五、具体实施方案

1. 保质保量地完成每天的课间操、眼保健操。

2. 按课表正常开展常规体育课，落实太极拳及长拳的教授工作。

3. 按课表坚持开展落实体育活动课，保障学生每天一小时的活动时间。

4. 专人负责开展丰富多彩的课外活动、游戏活动，调动学生积极性。

5. 传统体育项目的训练：每周一、三、五足球专项训练，二、四乒乓球专项训练各一小时。

6. 每年定期举行冬季运动会，给学生一个展示自我的平台。

7. 每年春季举行各种班级对抗赛（田径、棋类、足球、乒乓球等）。

××大学体育教研室

2009年×月×日

**【思考题】**

1. 一份完整的体育计划书需要包括哪些内容？

2. 该案例中的计划属于什么类型的计划？

# 体育事业管理篇

# 第四章　体育管理体制与发展战略

体育管理体制是实现体育总目标的组织保证。体育事业的发展离不开体育发展战略的科学制定，更离不开对体育发展战略的正确贯彻与实施。本章主要介绍体育管理体制的概念、类型、影响因素及其改革，分析举国体制的内涵、形成背景，以及如何客观评价举国体制。阐述体育发展战略的概念、特点、要素以及体育发展战略的制定程序等内容。并对《全民健身计划纲要》和《奥运争光计划纲要》的颁行背景、意义及主要内容进行分析介绍。

## 第一节　体育管理体制

一个国家或地区的体育管理体制是实现体育总目标的组织基础。没有合理的体育管理体制，就无法进行正确而有效的管理，也就无法保证体育总目标的实现。体育管理体制与国家经济、政治体制，国民经济发展程度，民族文化传统及体育的性质和发展水平等因素有着密切联系。在中国社会和世界体育发生着剧烈变革的今天，中国的体育管理体制正在进行着一场深刻的改革。

### 一、体育管理体制的概念与类型

#### （一）体育管理体制的概念

一般地说，所谓体制是指社会组织系统的机构设置和管理权限划分的制度，其核心是社会组织系统中通过职能分工设计所形成的权力架构。我国学界普遍认为，体育管理体制是指体育管理的机构设置、权限划分、运行机制等方面的体系和制度的总称。

现代社会中，体育领域内的权利和利益通常归由政府或社会所有，或由它们分享。权力和利益的归属决定了体育管理体制的性质和形态。由于一个国家的体育总目标总是反映着某些社会集团或者是大多数社会集团权力和利益分配的结果，因而一个国家的体育管理体制不仅是实现该国体育总目标的组织基础，而且是某些社会集团在体育领域内权力和利益的保障。没有体育管理体制的正常运转，任何体育目标的实现、体育制度的落实、体育规章的执行以及权力、利益的保障都是难以完成的。

体育组织的管理体制决定着体育组织的运行机制。体育组织的运行机制是体育管理体制的实质性反映，在不同体育管理体制下，体育组织的运行机制有着根本区别。在政府享有主要的支配权力时，体育的发展倾向于以政治和社会福利为目标，主要由政府集中统一决策，强调上下级间的纵向信息沟通，以行政组织为主要约束方式，基本动力则来自于对社会共同利益的追求。当社会体育组织享有主要的支配权力时，体育的发展则以经济和市场消费为主要目标，各体育组织和个人分散决策，侧重于各利益主体间的横向信息沟通，主要以经济与法律为主要约束手段，以组织或个人追求自身利益为主要激励方式。正因为不同体育管理体制下的运行机制不同，使得体育组织活动的各构成要素之间的联系方式、作用关系及其调控方式产生本质的区别。

### （二）体育管理体制的类型

根据体育系统中社会集团权利和利益的归属，体育管理体制可分为政府管理型、社会管理型以及介于两者之间的结合型三种基本类型。

#### 1. 政府管理型

政府管理型也称集权型、集中型。政府管理型体制的主要特点是由政府设立专门的机构管理体育。在政府型体育管理体制下，政府的权利高度集中，计划机制起主导作用。体育工作主要采用计划、行政的方式进行从宏观到微观各个层面的管理。各种社会体育组织不具备实质性的管理功能。

政府管理型体制的优势：一是能够充分体现国家意志，能代表大多数社会集团的利益；二是有利于政府宏观调控，便于整合社会资源，使之服从和服务于政府体育总目标的实现；三是有利于推动公共体育服务的供给，这是由公共体育服务的混合产品性质所决定的，在公共体育服务的提供过程中，政府应该发挥主导作用。政府型管理体制的不足之处是容易抑制社会对体育的参与和支持，因而会在很大程度上限制社会体育的发展。

政府管理型体制主要存在于实行高度计划经济体制的社会主义国家，如前苏联、东欧各国、古巴及朝鲜等。1954 年中华人民共和国体育运动委员会（国家体委）成立后，“国家体委在国务院领导下，负责统一领导和监督全国体育事业”。各省、区、市都设立了体育行政机构，全国的体育活动统统归由体育行政部门管理，体育系统初步形成了体委一统天下的政府管理型体制。新中国成立50多年来，中国体育管理体制虽然随着中国经济体制的变革发生着变化，但仍基本上属于政府管理型体制。

### 2. 社会管理型

社会管理型也称分权型、分散型。社会管理型体制的主要特点是体育主要由各种社会组织进行管理，政府一般不设立专门的体育管理机构，对体育事务很少介入和干预，即使在介入和干预时，也通常运用市场机制的法律和经济手段来间接进行管理。

在社会型体育管理体制中，权力分散于各社会组织中，各社会组织可以根据环境信息和自身的利益做出决策。政府对于各社会组织的管理主要是通过法律、经济、政策和教育的手段来引导和协调。

社会管理型体制的优点：一是利于调动社会力量参与和支持体育的积极性、主动性，使体育的发展能得到广泛的社会支持；二是有利于促进体育产业的发展，社会管理型体制利用市场机制调控体育资源，能够依据体育市场的需求将体育资源进行合理配置，从而促进体育产业的发展；三是在决策中体现了高度民主，利于公民权利的实现；四是在社会管理型体制中，管理工作主要由非营利组织承担，这有助于公民社会的形成以及公民奉献精神的培养。社会型管理体制的不足之处在于，由于存在各社会组织间的利益冲突，在市场发生波动和混乱时，体育的发展往往缺乏有力的协调和统一。

采用社会管理型体制的国家一般属于市场经济发育较好的国家，这些国家往往具有良好的社会基础和体育基础。以美国为例，其政府中不设管理体育运动的专门机构，只以“总统健康与运动委员会”的名义过问体育的发展事宜，而这一机构仅是一个促进社会体育（或称大众体育）的咨询机构而已，整个国家体育的发展主要是由各种社会团体来承担与推动。

### 3. 结合型管理体制

结合型管理体制是介于前两种体育管理体制之间的体制类型，也称混合型、中间型。结合型体育管理体制的主要特点是由政府和社会组织共同管理体育。政府设有专门的体育管理机构，或指派几个有关部门负责管理体育，对体育实行宏观管理，即制定规划与方针政策，发挥领导、监督与协调作用。社会组织在政府的宏观管理下负责具体事务与微观操作，如制订运动项目发展规划、各种规章制度，组织活动和比赛等。

结合型体育管理体制的优点是，有利于在发挥政府主导作用的同时激发社会参与、支持体育的积极性和主动性。其不足之处在于，政府部门和社会组织往往会在权限划分和利益分配方面存在一定冲突。

结合型体育管理体制目前逐渐为大多数国家所采用，如德国、英国、法国、韩国和加拿大等。在这些国家政府中一般都设有专门的体育管理部门对体育进行宏观管理，负责协调各体育社会团体之间的关系。同时，整个体育的发动、领导和组织往往由各级体育联合会和遍布全国的体育俱乐部具体实施。体育社会团体和体育俱乐部与政府之间只存在财政补助与监督方面的关系，其内部实行民主管理，不受政府制约。

计划经济时期我国体育管理体制基本属于政府管理型体制。目前，我国体育管理体制尚处于一个由政府管理型向结合型管理体制过渡的类型。

## 二、体育管理体制的影响因素

### （一）国家经济与政治体制

一个国家的经济与政治体制对体育管理体制的形成、发展起着决定性作用。首先，国家经济与政治体制的上位性决定了体育管理体制的性质。体育管理体制是国家经济、政治体制在体育领域中的具体体现和延伸，它具有同国家经济、政治体制同样的社会性质。其次，国家经济、政治体制所决定的权利与利益的分配方式决定了体育管理体制的组织架构、权限划分、管理制度和利益分配的形式。第三，体育管理体制是否与国家经济、政治体制相吻合、相适应，是衡量体育管理体制合理性、科学性的基本标准。当国家的经济、政治体制发生变化时，体育管理体制也会随之与其相协调适应。

当前，我国初步实现由计划经济体制向社会主义市场经济体制的转轨，在小政府大社会的经济管理模式下，社会主义市场经济正在逐步建立和完善。体育正由上层建筑领域中走向经济基础领域，从单纯由国家财政提供的公益性产品转变为市场中的一个产业。这无疑使得我国体育管理体制必须向适应于市场经济体制发展的方向进行变革。

### （二）国民经济发展水平

经济是体育发展的基础，经济状况制约体育的发展。国民经济发展的水平对体育管理体制的形成发展有着深刻影响。在不同的历史时期，国民经济发展水平不仅影响着体育的发展程度与规模，也影响着体育管理体制的表现形式和改革方向。

一个国家或地区往往根据国民经济的发展程度，调整和改变对体育的投资模式，进而对体育管理体制的形态进行调整。同时，国民经济的发展离不开社会对体育的投入和居民的体育消费，在这一过程中，社会力量也必然要求得到相应的权利和利益，这势必影响到体育管理体制类型的选择。此外，体育的发展过程中也有其发挥经济功能的要求，但这种经济功能的实现必须以国家经济发展水平为前提和基础。当国民经济发展水平较低、规模较小时，体育管理体制往往以政府管理型为主；而当国民经济发展水平较高时，体育的经济功能被放大，体育产业化程度加快，权利和利益将得以重新分配和调整，这时则有利于形成以社会管理型为主的体育管理体制。

### （三）民族文化与传统

民族文化与传统是一个国家或地区精神文化的历史沉淀。民族文化与传统影响着国民的世界观、价值观、认知观及思维模式和行为方式，也在根本上影响着体育管理体制的形态及发展方向。通常在民族传统与文化相对浓厚的国家或地区，体育管理体制改革的进程相对落后于以现代文化为中心的国家或地区。

我国有几千年中央集权统治的传统，这种民族文化和传统使人们对政府的权威具有文化意义上的认同，其他组织都不具有这种权威和号召力。从这一点来看，我国的体育改革搞突变式变革，完全取消政府部门对体育的管理是不现实的，渐进式的改革方式应该是当前我国体育管理体制改革的合理选择。

### （四）体育的性质和发展水平

在一定时期国家经济体制的影响下，体育的性质及其表现往往不同。体育的公益性或市场化程度不仅是国家经济体制的反映，还影响到体育管理体制的选择。不论是作为事业形态发展还是作为产业形态发展，任何一方面的变化都会导致体育管理体制的形态发生改变。

体育发展水平影响体育管理体制改革的广度与深度。社会化、市场化发展程度是体育发展水平的重要标志。随着体育社会化、市场化程度的提高，社会力量进一步增强，使得社会成为支持和管理体育的重要力量，这势必引起体育管理体制向适应于体育发展水平的状态演变。

## 三、体育管理体制的改革

### (一) 我国体育管理体制存在的主要问题

我国计划经济体制下形成的高度集中的体育管理体制存在一些深层次的问题和矛盾，主要表现在以下方面。

#### 1. 体育管理方式单一

计划经济体制下国家扮演了“全能型政府”的角色，凡是涉及体育的所有事务均由政府出面解决。政府对体育事业发展承担着绝大部分义务，也掌握着几乎全部权力。计划成为管理体育、协调体育行为的主要依据和方式，而行政手段成为即便不是唯一的也是最主要的管理手段。在传统的计划经济体制下，由于全民所有制在所有制结构中占绝对优势，导致从制度安排上抑制甚至禁止了私人及其他社会团体兴办体育事业的可能性。随着社会主义市场经济体制的建立与完善，尽管我国体育管理体制正在向着社会化、产业化方向发展，但以政府为主导、以体育行政部门为主体、以国家财政为主要支撑、以行政方法为主要手段的基本格局并没有发生质的变化，因此，体育管理方式仍带有较浓厚的单一行政色彩。

#### 2. 体育经费来源渠道单一

在传统的计划经济体制下，体育经费依靠财政拨款，国家承担绝大部分经济义务。我国发展体育事业所需的一切经费，绝大部分依靠国家财政拨款。在这一时期，国家不得不支付日益增长的绝大部分体育事业费用。在竞技体育方面，国家负担着从中、小学校运动队，各级体校直至国家优秀运动队的一切费用。在群众体育方面，国家不仅直接下拨经费，而且通过各全民所有制企事业单位间接地支持着所有职工的体育活动。

#### 3. 体育功能单一

在传统的计划经济体制下，体育被看成纯“福利型”的事业，不承认其产业价值。对体育的非生产性的定位导致体育活动性质的政治化，造成体育活动与经济活动的分离，乃至将体育看成是上层建筑的组成部分，甚至被当成阶级斗争的工具。由于排斥了体育的产业价值，使得体育的经济功能难以体现。

#### 4. 社会办体育的积极性低

在发展体育事业的过程中，由于过分依赖国家力量，政府垄断了体育事业，从而忽视了管理体育事业的社会组织的作用，抑制了社会办体育的积极性，阻塞了体育寻求社会支持的渠道。

#### 5. 可持续发展的能力低

体育属于社会系统中的“随动系统”，在经济社会发展形势以及国内外体育发展态势的多重影响下，由于存在体制缺陷，我国体育开始遭遇自我完善、自我发展的瓶颈性问题，对环境的适应力低，最终使我国体育管理体制的可持续发展能力受到制约。

### （二）世界各国体育管理体制改革的总体趋向

由于对体育管理体制的分类没有精确的划分标准，因此，实际上并不存在绝对的政府管理型体制和绝对的社会管理型体制。在实行政府管理型体制的国家中，民间自发的体育组织和活动也是存在的。在实行社会管理型的国家中，政府也或多或少地以不同方式参与并介入体育的管理。结合型是一个大体处于中间状态的类型，它们之中有的偏重于政府管理型，有的偏重于社会管理型，因此，它们之间也存在着一定差异。

目前，世界各国在体育管理体制的形态选择上存在着一种由两极向中间集中的趋势。一些过去采用政府管理型体制的国家，开始鼓励社会组织与政府共同管理体育；而一些过去采用社会管理型体制的国家，政府逐渐介入体育事务，并设立体育管理机构，从而使其管理体制成为结合型体育管理体制。

### （三）我国体育管理体制改革面临的形势

#### 1. 社会主义市场经济体制的建立和发展

中国确定建立社会主义市场经济体制以来，中国体育管理体制的外部环境发生了巨大变化。中国的改革开放大潮和计划经济向市场经济转变的进程，已从根本上动摇了中国体育管理体制的基础与存在依据。社会主义市场经济改革目标的建立，必然要求中国体育管理体制以自身的创新为基础，构建与社会主义市场经济体制相适应的管理体制。

2. 行政体制改革和深化

随着社会主义市场经济体制的建立，市场日渐成为社会资源配置的主导方式。与此相适应，我国正努力构建现代政府制度与现代事业制度。改革开放以来，我国政府先后进行了四次大的机构改革，以适应社会主义市场经济的要求。政府行政管理体制与事业单位管理体制的改革，致使体育事业不能继续按照传统的计划经济体制运行，必须寻求改革的新思路。

3. 社会利益群体的分化

改革开放以来，我国总体社会结构正在逐步调整，国家与社会各方面在体育领域内的责任、利益和权力正在重新分配，直至在共同利益的基础上取得平衡。新的利益群体正在逐步形成和发展，单一靠国家办体育的局面不断改善。社区体育的出现，标志着群众体育的“单位体制”逐渐解体。高等学校和工厂企业办高水平运动队所形成的行业体育正逐渐壮大。随着我国经济的飞速发展，社会上积累了大量可供发展体育事业的资金。体育产业与市场开始壮大，这为体育的发展开辟了广阔的前景。社会利益群体的分化，使得政府管理型体制受到严峻挑战。

4. 社会体育需求的快速增长

改革开放以来，随着经济改革的不断深入发展，人民生活水平的提高，广大人民群众体育需求的内容日益丰富、需求的层次日益改善，但体育需求与政府的体育供给能力之间的矛盾也日益突出。我国属于发展中国家，短时间内不可能拿出更多的人力、物力、财力来发展体育事业，这迫使体育管理体制向更易于满足群众体育需求的方向调整。

5. 国际体育管理体制的发展态势

结合型体育管理体制是目前国际体育管理体制发展的趋势。这种体制利于实现国家对体育的宏观控制和社会自治管理的有机结合，可以体育协会、体育俱乐部、学校体育、社区体育等为基本活动单位开展各种形式的体育活动，能根据体育商品的价值和体育服务的性质来确定和配置体育资源。中国体育作为世界体育的一个重要组成部分，只有尊重世界体育的发展规律和潮流，才会获得可持续发展的动力与能力。

### 6. 现代体育功能的拓展

长期以来，中国体育的功能单一，政治功能往往被摆在突出位置。改革开放以来，中国体育作为政治整合工具的功能开始逐渐淡化，体育功能开始呈现多元化特征，体育已由单纯为政治服务转为为政治、经济、社会和满足人民大众基本的健身娱乐消遣等需要和目标服务。政府型体育管理体制难以为继，这就迫使体育管理体制寻求改革之路。

# 第二节　举国体制

自20世纪50年代以来形成的中国竞技体育管理体制被称为举国体制。这一体制一直沿用至今。举国体制对中国体育的发展产生了深远的影响，随着中国经济与政治体制改革的逐步深入，举国体制也需要不断完善和发展。

## 一、举国体制的概念和形成背景

### （一）举国体制的概念

举国体制是指我国政府为提高竞技体育水平及其国际竞争实力，实现奥运战略目标，采取行政手段整合全国体育资源而形成的体系和制度的总称。

社会主义初级阶段的基本国情是我国竞技体育实行举国体制的理论基础。"全国一盘棋""国内练兵、一致对外"是我国竞技体育实行举国体制的基本设计思想。以国家专业队为"龙头"，以省、区、市专业运动队为中坚力量的多级"条块"结合的训练体制是提高我国竞技体育国际竞争综合实力的主要措施和组织手段。以奥运会、亚运会、全运会等大型综合性运动会为平台的各级各类竞技体育竞赛是我国竞技体育实施举国体制的基本调控手段和政策杠杆。社会主义制度和政治体制优势是我国竞技体育举国体制能够得到贯彻落实的坚强保证。

我国竞技体育举国体制的基本框架包括体育行政、运动训练、运动竞赛和财政支持四大体系。此外还有优秀后备人才培养体系、运动员文化知识教育体系、运动训练基地体系、奖励激励体系、科技与信息服务体系、反兴奋剂体系、运动员保障体系、对外联络体系和政策法规、体育宣传等多个辅助体系。

### （二）举国体制形成的背景

我国竞技体育举国体制是在新中国成立60年的实践中，特别是在改革开放30年发展竞技体育的实践过程中逐渐形成、发展和完善起来的，它是我国社会主义初级阶段的政治、经济、文化和体育等诸多要求在竞技体育领域的直接产物，与中国经济社会发展的水平和实际状况相适应。

我国竞技体育的举国体制发端于20世纪50年代，它的确立与新中国成立后的国际政治大环境、国内政治和经济环境、文化传统、竞技体育的发展基础、奥林匹克运动发展现实和当代竞技体育的激烈国际竞争等多种因素具有紧密关系。1979年，我国恢复了与国际奥委会的正式关系，重返奥林匹克大家庭后，中国体育成为世界奥林匹克运动的重要组成部分。面临这种新的机遇与挑战，国家体委及时调整和采取了一系列措施，通过突出奥运战略，集中力量，把有限的人、财、物用在最需要的地方，并通过各级政府和社会组织，将全国上下凝聚为一个联系十分紧密的社会群体，充分发挥了举国体制的优势。到20世纪80年代，中国竞技体育加快了与世界体育交融的步伐，通过调整战略部署，制定和实施了以奥运会为核心的竞技体育“优先发展”战略，举国体制得到强化，其对竞技体育发展的作用日益凸显。

计划经济体制下建立的举国体制对中国体育发展产生了深刻影响，最终使中国体育取得了“超常规”的跨越式发展。进入21世纪，新一轮“奥运争光计划”的制定实施，再次确定了坚持和完善举国体制的发展方针。

## 二、举国体制与奥运战略

奥运战略是对我国竞技体育发展战略的高度概括和集中体现。举国体制则是为了实现以奥运为核心的竞技体育发展战略目标所进行的有选择的一整套制度设计和发展方式，是实现奥运战略的具体行动纲领。二者之间是目标与手段的关系，相互依存、相得益彰。

20世纪80年代以来，奥林匹克运动的影响力在世界范围内不断扩大，奥运会不但成为了世界上规模最大、影响最大的体育盛事，也成为世界各国人民和运动员团结、交流、竞争、合作的重要场所，其重要意义已经远远超出了竞技体育本身的范畴，体现出强烈的政治、经济、文化、民族、外交、教育和体育等方面多重的功能和价值，引起了全世界很多国家政府和人民的空前重视。

1979年2月，在北京召开的体育工作会议上，制定了“在本世纪内成为世界上体育最发达的国家之一”的奋斗目标，并对参加奥运会提出了非常具体的目标和任务。1984年在全国体育发展战略、体育改革会议上正式提出奥运战略，把在奥运会上名列前茅作为发展目标，要求“各级体委都立足本地区，面向全世界，为奥运会作贡献，把运动技术水平作为体育强国的主要标志”。在奥运战略指导下，从20世纪80年代开始，中国竞技体育围绕奥运会进行了一系列改革与调整：将“文革”中遭受破坏的中央、省市和县级所属三级体校“一条龙”训练体制重新恢复起来，对运动项目的布局进行调整，集中优势，突出重点，优化结构，分类管理，以发挥制度优势；按照“全国一盘棋”的精神，由国家体委组建代表国家最高水平的国家队，由各省市组建“体工队”；从1980年起，按4年一个周期制定赶超世界先进水平的指标，培养能在奥运会上争金夺银的选手；在强调“国内练兵，一致对外”的原则下，国家体委调整了全运会项目设置，与奥运会接轨，如第5届全运会所设22个项目中奥运项目占了20项。通过上述举措，中国竞技体育强化了“举国体制”，有力促进了竞技体育奥运战略的实施。

1995年，我国正式颁布了第一部《奥运争光计划纲要》全面规划和设计了到2000年奥运会我国竞技体育的发展目标、指导思想、发展方式、发展手段、项目布局和各种有关政策措施。为了保证举国体制全面贯彻落实，《中共中央国务院关于进一步加强和改进新时期体育工作的意见》（中发〔2002〕8号），对我国竞技体育的发展目标和方式进行了更加明确和详细的规划。在该文件中要求制定新时期奥运争光计划，以新世纪我国在奥运会等重大国际比赛中取得优异成绩为目标，进一步发挥社会主义制度的优越性，坚持和完善举国体制，全面提升我国在国际体坛的竞争实力。2002年，国家体育总局根据中共中央和国务院的精神又制定和发布了《2001—2010年奥运争光行动纲要》，各种与举国体制相关的配套措施和政策相继出台。

综上所述，举国体制与我国的奥运战略始终密不可分、相辅相成，举国体制对我国奥运战略的顺利贯彻实施发挥了不可替代的重要作用。

## 三、举国体制的客观评价

### （一）举国体制的历史贡献

竞技体育是衡量一个国家或地区体育发达程度的重要标志之一，也是展示一个国家或地区经济、文化、科技等综合实力的重要窗口。脱胎于计划经济时期的举国体制对于改变解放初期我国体育一穷二白的面貌，对于迅速提高中国整体竞技体育水平的贡献不可磨灭。举国体制对于中国体育的重要意义在于把中国竞技体育纳入了世界体育体系之中，使之成为世界体育和奥林匹克运动的一部分。

到20世纪末，中国竞技体育金牌总数已经跃居世界前列。2008年在北京举行的第29届奥运会上，中国体育健儿创造了金牌总数世界第一的辉煌。在十几年的时间内我国竞技体育跻身金牌总数第一，充分证明了举国体制对我国竞技体育发展的积极作用。多年的实践表明，竞技体育举国体制适应了我国改革开放、竞技体育走向世界、积极参与国际竞争、社会主义现代化建设和市场经济改革与发展的多重需要，适应了当代国际竞技体育激烈竞争的内在要求，提高了我国竞技体育的综合实力，促进了我国体育事业的全面发展和社会的全面进步。

### （二）举国体制面临的问题

随着社会主义市场经济的建立，过去那种主要依靠国家拨款和主要以行政手段办体育的高度集中的管理模式，已阻碍了体育的发展。一方面，在举国体制的体育管理体制下，国家承担绝大部分的体育费用，随着体育事业不断的发展，国家日渐不堪重负。由于原有体制过度强化了政府的权力，因而抑制了社会参与体育的积极性，造成体育社会团体极度萎缩，阻塞了寻求社会支持的渠道。另一方面，由于政府的体育管理机构陷入微观管理事务中，举国体制的计划经济与行政色彩使体育无法按照自身规律正常发展。在实际运行中，举国体制过分追求竞技体育的政治效应，造成了竞技体育和社会体育之间的比例失调。由于过分地依附于政府，使体育带有很强的行政色彩，在相当长的时间内甚至把体育划入上层建筑，因而使它丧失了自我完善和自我发展的机制。当今世界体育的国际化，使得国际体育中的职业化、商业化的浪潮加倍猛烈地冲击着中国举国体制。

20世纪80年代以来，中国经济正在经历着两个具有全局意义的根本转变，即由计划经济体制向市场经济体制转变和由粗放型向集约型经济增长方式的转变。中国选择了社会主义市场经济，原本属于上层建筑范畴的体育事业必然要随之变革。因此，体育体制从传统的计划经济体制转变到与社会主义市场经济相适应的轨道上来，体育事业的发展从粗放型转变到集约型道路上来，是体育事业发展的必由之路，也是举国体制变革的方向。

### （三）举国体制的完善和发展

举国体制是我国在特定历史时期，针对竞技体育的超常规发展而进行的一系列制度设计，其存在与发展均具有极强的现实基础。自20世纪80年代起，我国开始进入了社会转型期，政治、经济、文化等各个领域都发生了深刻的变革，体育事业自然也不例外。《2001—2010年体育改革与发展纲要》提出我国要在新世纪进一步完善举国体制的目标。为此，计划经济时期形成的举国体制必须按照市场经济的要求进行改革，走体育社会化、产业化道路。但同时还要考虑到中国现实国情，要承袭原有举国体制的优势，防止搞突变式变革可能引起的国有资产流失。因此，竞技体育的举国体制仍然会在一段历史时期内存在，在不断完善的基础上，还需要在新时期被赋予新的发展内涵。

举国体制的完善和发展，其前提是在现有体育管理体制基础之上，进一步重视竞技体育、学校体育、群众体育三者协调发展的问题，在统筹竞技体育与其他体育事业协调发展的同时，还要处理好促进体育功能实现过程中更大程度满足人民群众体育需要的问题，只有扩大举国体制受益对象的数量，才能在更大程度上赢得社会对举国体制的理解与支持。

# 第三节　体育发展战略

在现代社会中，发展战略是各行各业所面临的重大课题，也是体育运动发展所面临的重大课题。体育运动的发展越来越要求人们以全局的观点、发展的眼光，从战略的高度去认识和考察体育现象，逐步探索并把握体育运动发展的客观规律，制定和实施科学的体育发展战略，促进体育运动不断向前发展。

## 一、体育发展战略概述

### （一）体育发展战略的概念

“发展战略”一词，首次出现在1958年美国发展经济学家阿尔伯特·赫希曼所著的《经济发展战略》一书中。联合国从20世纪60年代开始，先后制定了60年代、70年代、80年代三个十年的“国际发展战略”，更是使“发展战略”这一概念权威化、规范化，成为国际上普遍认同的概念。我国在20世纪70年代引入“发展战略”一词。现在，它不仅成为理论工作者的发展研究工具，而且已经成为社会生活中决策活动的规范化概念被广泛使用。

发展战略是对经济社会的整体或局部的长期发展所作的全局谋划。体育发展战略属于发展战略的一种，人们通常简称其为体育战略。所谓体育发展战略是指对未来体育运动的发展所作的谋划。不同的体育战略主体（指研究制定体育战略的行政组织、企事业单位、社会团体以及体育行政区域、行业系统等）均要规划实施发展战略，体育事业的发展离不开体育发展战略的科学制定，更离不开对体育发展战略的正确贯彻与实施。

### （二）体育发展战略的特点

#### 1. 全局性

体育发展战略是关于体育运动整体发展的总体构想，它主要研究那些事关全局的重大问题的指导规律，那些只涉及局部的问题则不在战略研究的范围之内。因此，在研究和制定体育发展战略时，必须从全局出发，确立系统的观念，运用系统分析的方法。

#### 2. 层次性

发展战略的层次性主要源于战略全局性的相对性。发展战略虽然是研究全局性的问题，但全局和局部则是相对的。与我国社会主义经济建设的总战略相比，体育发展战略属于低一层次的子战略。同时，体育运动本身也包含着自己的内部层次，体育发展战略又可分为社会体育发展战略、学校体育发展战略、竞技体育发展战略等。

#### 3. 长期性

体育发展战略是对未来发展的一种长远筹划，它在总结过去经验、仔细考察现在的基础上，把着眼点放在对未来较长时期的谋划上，因而要求在战略目标、战略重点、战略措施及其实施步骤上，必须按照一定的时间步骤进行系统分析。发展战略必须立足于当前，但更要着眼于未来，妥善处理当前和未来的关系，是发展战略考虑的要点。

#### 4. 阶段性

由于体育发展战略是在较长一段时间内实施的，而任何一段时间均可被分解为更小的时间段。因此，体育发展战略又具有遵循规律渐进的阶段性或时序性。它要求把发展战略的实施看做一个动态的过程，依据不同发展阶段确定相应的具体任务、方针和策略，自觉组织战略阶段的转换，使体育事业能够循序渐进地发展。

## 二、体育发展战略的制定

体育发展战略的制定，是一个运用已有的科学原理与方法有效解决实际发展问题的过程。在整个制定过程中，它以对战略资料进行充分而科学的分析论证为起点，以确定战略目标为核心，以恰当的战略模式、战略重点、战略阶段和战略对策作为战略目标实现的具体安排。

### （一）战略分析

体育战略分析是指通过对制定体育战略具有关键影响作用的因素进行分析，以概括出影响、决定和制约体育战略主体的主要矛盾，形成符合自身实际、独具特色的体育发展思路和战略方针。

一般而言，体育战略分析的基本内容涉及历史回顾、现状分析、未来预测、借鉴左右、形成方针等几个方面。在具体分析过程中，既要对过去的得失成败进行认真总结（历史回顾），又要对现实中的有利和不利条件进行深入剖析（现状分析），还要对未来经济社会发展给以科学展望（未来预测），更要通过与相关体育战略主体的差异比较，明确自身的战略定位（借鉴左右）。经过以上的分析比较之后，还应进一步概括出影响、决定和制约体育战略主体的主要矛盾，形成符合自身实际、独具特色的发展思路和战略方针（形成方针）。

### （二）目标确定

战略目标是战略主体在一个较长时期内，谋图发展的全局性奋斗目标，是未来发展预期达到的总要求和总水平，也是一定战略时期内的总任务。战略目标决定战略重点、阶段和对策，没有战略目标，也就无所谓战略重点、阶段和对策，所以战略目标是发展战略的核心。

确定体育发展战略目标需要考虑的基本原则。一是超前性。制定战略就是要改变现实，因而战略目标是超现实的，这就要求战略目标必须具有先进性。但只强调战略目标的先进性是不全面的，还要考虑可能性，先进性和可行性必须统一起来。二是完整性。主要是指战略目标的确定要具有整体性和综合性，指标不能过于单一。三是衔接性。应当使本战略期和下一战略期的发展目标相衔接。四是协调性。一个战略主体的战略目标应当服从和服务于上一层次的总体战略，同时还应使本战略主体的发展目标和相关区域或部门的战略相协调。

体育发展战略目标的确定是体育发展战略研究的关键。一般来说，体育战略目标的确定需要经过整理资料、拟定方案、评价论证、目标抉择四个具体步骤。要实现战略目标所确定的任务和要求，必须站在全局的高度，充分考虑战略主体的实际情况和实际能力，遵循“有所为、有所不为”的原则，找出影响发展的关键问题，选择和确定相应的发展战略重点。

### （三）战略重点选择

战略重点是指对于实现战略目标具有关键意义而又有发展优势或发展比较薄弱需要特别加强的部门、组织、环境、区域或项目。战略重点是投入的重点，也是人力、物力和财力等资源配给比较集中的方面，战略重点还是决策机关对事业发展实行战略指导的重点。体育事业的发展之所以要有重点，是因为体育的发展本身总是不平衡的，有相对发达和薄弱之分，因此，为了实现体育的战略目标，必须要保证重点，而不能一刀切。

确定战略重点时要遵循以下原则：一是紧密联系实际。确定战略重点不是由人们的主观意志随意决定的，而是必须要有充分的理论和实际依据。二是选准关键环节。战略的制定者还应权衡主次，分清轻重缓急，审慎找准能够带动全局的根本性环节，将其确定为战略重点。三是注重发挥优势。具有优势的区域、部门、组织、环节、要素或项目，都可以作为战略重点。四是致力消除瓶颈。战略重点还应是战略主体发展中比较薄弱的环节、部门或区域等。

### （四）战略阶段划分

战略阶段是指在一个战略期中，由于各个时期战略任务的不同所划分的不同阶段。正确地划分战略阶段是为了有步骤地实现战略目标，所以战略阶段也可以称为战略步骤。划分战略阶段也是一种实现战略目标的对策，但它比具体的对策具有更重要的意义，所以成为一个独立的战略要素。

要实现大的经过长期努力才能实现的战略目标，必然要经过准备、发展和最终实现的过程，这一过程的每个阶段都有根据当时条件确定的阶段性的战略任务，通过完成一个又一个阶段性的战略任务，就可以达到整个战略阶段的总目标。

### （五）战略对策制定

战略对策是指为实现战略指导思想和战略目标而采取的措施与手段。对于体育事业的发展来讲，战略的目的是取得长远的全局的发展，战略对策是战略体系的一部分，它以战略指导思想为依据，并为实现战略目标服务。战略对策包含的内容比较广泛，从经济、政治、科技、文化、教育、管理到政策、体制、法律等都可以作为体育战略对策的内容。

体育战略对策是根据发展战略目标，针对体育发展中的重大问题提出的解决这些问题的方针、政策和措施。由于战略对策直接关系到战略目标的实现，所以需对战略对策进行深入细致的讨论和广泛的咨询，以使对策紧扣奋斗目标和规划指标，并且落在实处。

## 三、体育发展战略的实施

20世纪90年代以来，我国体育管理体制改革的步伐逐步走向深入。顺应这一趋势，我国体育发展战略进行了调整与设计。在群众体育领域实施的《全民健身计划纲要》和竞技体育领域实施的《奥运争光计划纲要》成为体育发展战略实施的具体体现。

### （一）《全民健身计划纲要》

#### 1.《全民健身计划纲要》颁行的背景

随着我国改革和发展进程的不断加快，社会主义现代化建设事业对国民的整体素质提出了更高要求。为进一步加快我国社会体育的全面发展，以适应经济建设和社会发展的需要，国家体委在1993年《关于深化体育改革的意见》中提出了制定全民健身计划的思路和任务。

新中国成立四十多年来，我国体育事业取得了很大成就。全民健身工作日益受到社会的重视和支持，体育在提高国民整体素质、促进社会主义精神文明和物质文明建设方面发挥着越来越显著的作用，但全民健身工作的现状还不能适应社会主义现代化建设的需要。为进一步增强人民体质，适应我国社会主义现代化建设的需要，必须采取切实有效的措施，推行全民健身计划，发展群众体育。

经过科学的社会调查，并最终确定了全民健身计划的形式及内容。1995年6月20日，国务院颁发了《全民健身计划纲要》（以下简称《纲要》），对以推行全民健身计划为主要形式的社会体育工作进行了全面规划和部署。

#### 2.《纲要》颁行的意义

全民健身计划是一项国家领导、社会支持、全民参与的体育健身活动，是与实现社会主义现代化目标相配套的社会系统工程和面向21世纪的体育发展战略规划。《纲要》颁行的意义主要体现在以下方面。

(1) 引导我国社会体育管理体制改革走向深化。我国在实行市场经济体制后，福利体育的体制、公费医疗的制度都在进行深刻的变化，广大群众的价值观念也在变化。实施《纲要》打破了传统的群众体育活动全部靠国家的观念，充分调动社会各界的积极性，最终有利于建立新的适应市场经济的新的群众体育管理模式。

(2) 《纲要》的颁布，使社会体育工作成为了社会的一项系统工程，并将群众体育工作推向了一个有目标、有计划、有步骤、可持续发展的新阶段，从而全面提高了社会体育工作的水平和效果，使社会体育工作由原来的经验型向科学型转变，由主要举办一些群体的活动向全民健身体系的建设转变。

(3) 《纲要》的实施满足了广大人民群众日益增长的健身需求和社会发展的需要。同时，能够促进国民科学地进行体育锻炼，不断提高国民的体育意识，增强对各种披着“健身、防病祛病”外衣的伪科学、封建迷信活动的抵御能力。

(4) 《纲要》的实行，使社会体育工作正式列入各级政府的议事日程，成为社会各级政府发展计划的重要内容和社会主义精神文明建设的重要载体，使社会各级政府加大对社会体育重视的程度与支持的力度，确切地履行了政府在提高全民素质和提供公共体育服务这两方面所应当承担的责任和义务。

(5) 《纲要》拓宽了社会体育工作的覆盖面，并且使工作的目标、对象以及思路清晰化，从而使全国上下统一思想认识，形成了全国上下协同一致、各方相互配合的工作局面，充分动员和整合了社会资源，使其投入到全民健身工作中来。

(6) 《纲要》使社会体育工作有了一个非常响亮的品牌。“全民健身”四个字言简意赅、主题鲜明，具有强大的亲和力、号召力和影响力。经过多年的发展，这四个字已经家喻户晓、深入人心，从而使社会体育工作更加得到了社会各个方面的关注、重视和支持。

(7) 《纲要》使我国的社会体育工作与国际接轨，与世界同步。该《纲要》的制定，实际上学习、引进并借鉴了世界其他国家开展大众体育的先进理念、方法与手段，促进了我国社会体育工作由计划经济时期的方法手段向与市场经济相适应的方法手段的转变，从而提升了我国群众体育工作的水平。

(8) 《纲要》的颁行使社会体育工作真正体现了党和政府“执政为民”的理念、“以人为本”“全面、持续、协调的科学发展观”等重要思想，促进了社会体育与社会经济发展相适应、群众体育与竞技体育发展相协调，使我国体育能够快速、健康、可持续发展。

### 3.《纲要》的基本内容

《纲要》采取整体规划、逐步实施的方式，分成两期工程。第一期工程1995—2000年，目标是到20世纪末，建立起具有中国特色的全民健身体系的基本框架，共分为三个阶段：1995—1996年为第一阶段，进行宣传发动和改革试点，初步掀起一个全民健身活动热潮；1997—1998年为第二阶段，通过重点实施、逐步推进，形成崇尚健身、参与健身的社会环境和社会风气；1999—2000年为第三阶段，全面展开全民健身计划的各项工作并普遍取得成效，建立具有中国特色的全民健身体系的基本框架。第二期工程2001—2010年，目标是经过10年的努力，把全民健身工作提高到一个新的水平，基本建成具有中国特色的全民健身体系，共分为两个阶段：2001—2005年为第一阶段，经过5年的努力，初步建成面向群众的多元化体育服务体系；2006—2010年为第二阶段，圆满完成《纲要》确定的各项任务，普遍增强国民体质，确保以体育服务体系为重点的全民健身体系的基本建成。每一期工程每个阶段在新的经验和基础上提出新的任务与措施，及时制定并颁布阶段性的工作方案，来保证阶段任务的完成和《纲要》有计划地顺利实施，最终实现奋斗目标。

《纲要》作为20世纪末和21世纪初期发展我国全民健身事业的纲领性文件，全文共分五部分，二十六条。《纲要》开宗明义地提出："为了更广泛地开展群众性体育活动，增强人民体质，推动我国社会主义现代化建设事业的发展，特制定本纲要"，指明了制定纲要的目的。

第一部分：面临的形势，共三条，阐述了我国全民健身事业取得的成就和存在的问题，强调了推行全民健身计划的必要性。

第二部分：目标和任务，共三条，分别确定了全民健身事业到2010年和20世纪末的奋斗目标。《纲要》确定了到2000年全民健身事业的发展目标是："经济、社会和体育发展程度不同的各类地区，经常参加体育活动的人数都应有所增长，人民体质明显增强，群众参加体育活动的时间、体育消费额等逐步加大，社会众体育健身活动的环境和条件有较大的改善。"这一目标的核心就是积极发展全民健身事业，充实人民小康生活，提高生活质量。《纲要》指出，到2010年的全民健身的奋斗目标是："努力实现与国民经济和社会事业的协调发展，全面提高中华民族的体质与健康水平，基本建成具有我国特色的全民健身体系。"

第三部分：对象和重点，共九条，确定了实施“全民健身计划”的主要工作内容。

第四部分：对策和措施。

第五部分：实施步骤，共两条，确定了“全民健身计划”的阶段划分和工作重点，明确了领导体制和要求。

### （二）《奥运争光计划纲要》

#### 1.《奥运争光计划纲要》颁行的背景

根据我国的实际，借鉴苏联及东欧国家的经验，20 世纪 50 年代我国竞技体育提出了“全国一盘棋”“国内练兵，一致对外”等指导思想，初步形成了“举国体制”的雏形。1984 年洛杉矶奥运会以后，国际体坛格局发生较大变化，其主要特征之一就是各国都把参加奥运会作为竞技体育的战略重点，奥运会的竞争日趋白热化。

20 世纪 90 年代初以后，我国体育管理体制改革逐步走向深化。1993 年，国家体委颁布了《关于深化体育改革的意见》，确立了体育体制改革的基本思路。中国竞技体育则围绕奥运会进行了一系列改革与调整，进一步强化了举国体制。我国为适应国内经济建设和改革开放形势，国际竞技体育的发展趋势及规律，以及深化体育体制改革的需要，把参加奥运会作为竞技体育战略重点。

1995 年 7 月，国家体委发布的《奥运争光计划纲要》（以下简称《纲要》），实际上是我国举国体制的目标化和具体化。2000 年悉尼奥运会后，这一《纲要》已经完成了其历史使命，2002 年 7 月 22 日下发的《中共中央国务院关于进一步加强和改进新时期体育工作的意见》中，明确提出了“制定新时期奥运争光计划”的要求，并首次将“坚持和完善举国体制”作为制定新的奥运争光计划的基本要求之一。2002 年 11 月，国家体育总局发布的新一轮《纲要》（2001—2010 年）开始正式实施。

#### 2.《纲要》颁行的意义

(1) 引导我国竞技体育管理体制改革走向深化。长期以来，我国竞技体育的投入单一，投资效益低下。随着社会主义市场经济的发展，社会对竞技体育的投入逐渐增长。《纲要》的实施，要求加速竞技体育与经济联姻，建立体育产业管理机构，制订体育市场的管理办法。这样进一步调动了社会各方面的积极性，为实现奥运争光计划的战略目标多方积累资金，有利于形成新的适应市场经济的竞技体育管理模式。

(2) 提高了我国社会文明程度。随着《纲要》的实施，我国高水平竞技体育取得了快速发展，同时竞技体育愈发引起世人广泛关注。高水平竞技体育对丰富人们的文化生活，弘扬集体主义、爱国主义精神，增强国家和民族的向心力、凝聚力，都有着不可缺少的作用。我国体育健儿在奥运会和世界性大赛中表现出来的拼搏精神，激发了全国人民的爱国热情和民族自豪感，鼓舞了我国人民战胜困难，奋发向上的精神，有利于社会文明程度的提高。

(3) 增强了中国竞技体育的可持续发展能力。制订和实施《纲要》的目的是为了适应社会主义市场经济的发展，顺应国际竞技体育发展趋势和规律，对我国竞技体育发展目标、规模、重点、质量及措施实施全方位、多层次、全过程的系统管理与控制，使竞技体育高效、快速、健康发展，夺取更大成绩，赢得更大荣誉。《纲要》的实施对有效配置体育资源，促进竞技体育的全面、协调、可持续发展具有十分重要的意义和作用。

(4) 提高了中国竞技体育水平。自《纲要》提出以后，竞技体育发展快速，在世界体坛已经拥有一批优势项目，总体实力处于国际体坛的前列。体育设施显著改善，部分场馆达到国际标准。体育产业发展逐步加快，体育市场正在形成。体育国际交往日益扩大，我国在国际体育事务中的作用不断提升。体育体制和运行机制在改革中渐显活力，体育发展势头渐趋强劲，我国的体育事业取得了举世瞩目的成绩。在2004年雅典奥运会上，我国代表团获得金牌32枚，首次超过俄罗斯，位居金牌榜第二。2008年的北京奥运会，我国体育代表团再次实现突破，以51枚金牌的骄人成绩首次跃居金牌榜首位。

### 3.《纲要》的基本内容

《纲要》分析了我国竞技体育面临的形势和任务，提出了争当体育强国的目标和实施指导原则，制订了实现《纲要》的战略措施、实施步骤和方法。

《纲要》(1995—2000年)的目标体系，主要依据“改革与发展”的思路，由体制、机制改革目标，基础实力目标和实力表现目标构成。《纲要》(2001—2010年)提出的我国竞技体育的总体目标是:继续保持亚洲领先和奥运会上金牌数排名前列地位，力争在2008年奥运会有所突破；充分发挥竞技体育多元功能，形成与社会主义市场经济体制相适应的具有中国特色的竞技体育管理体制和运行机制。通过改革与发展，竞技体育整体实力稳步提高，运动项目和运动队伍结构更加合理，竞技运动人才的综合素质进一步提高，竞技成绩中科技含量显著增加，基础设施和条件明显改善。同时还提出了竞技运动水平发展目标和可持续发展的具体目标。

《纲要》（1995—2000年）的战略措施主要包括：调整奥林匹克运动项目发展的总体布局；建立集中与分散相结合、多强对抗的国家队体制；加强科学训练，向管理和科技要成绩；培养、造就一支高水平的教练员队伍；实施2000年后备人才工程；建立效益投资体系；充分发挥竞赛的杠杆作用；扩大开放，加强国际交往；普及和宣传奥林匹克精神，扩大竞技体育的社会影响。

《纲要》（2001—2010年）的战略措施主要包括：坚持和完善举国体制，深化竞技体育体制改革；扩大规模，突出重点，全面参与奥运会的竞争；优化项目布局结构，拓展新的"金牌增长点"；改革完善竞赛制度，充分发挥竞赛杠杆作用；坚持科学训练，加大体育科技投入，提高训练效益；培养和造就一支水平高、作风硬的运动员和教练员队伍；建立健全法律法规，加强体育道德建设；实施2010年后备人才工程；完善竞技体育的效益投资体系；加强国际交往，宣传和普及奥林匹克精神，扩大竞技体育的社会影响。

**【思考题】**

1. 什么是体育管理体制？它包含哪几种类型？发展趋势怎样？
2. 影响体育管理体制的因素包括哪些内容？简述体育管理体制和发展战略的关系。
3. 我国体育管理体制改革的原因是什么？目标如何定位？改革的趋势如何？
4. 举国体制是如何形成的？你对举国体制是如何评价的？
5. 体育发展战略的概念和特点是什么？包括哪些因素？制定程序是怎样的？

# 第五章 社会体育管理

社会体育是我国体育事业的重要组成部分，是人们社会文化生活中不可缺少的内容。随着社会经济的发展和人民生活水平的提高，社会体育得到广泛、迅速的发展。为了不断提高社会体育普及率，顺利实现“全民健身计划”宏伟目标，使其更好地为社会进步和人类健康服务，必须加强社会体育管理。本章从社会体育管理的概念与基本特征出发，对我国社会体育管理的主要目标、管理体制，以及城市社区体育和农村乡镇体育管理的基本内容、组织管理体系及工作方式等内容进行分析与阐述。

## 第一节 社会体育管理概述

新中国成立之初，党和政府就十分重视开展全民性体育活动，国家制定和实施了一系列发展社会体育的政策与措施，在各级政府和各级组织中建立了体育领导机构，以确保社会体育的健康发展。改革开放以来，社会体育发展进入了一个新的发展阶段。1995年6月20日，国务院颁布了《全民健身计划纲要》这一社会体育发展的纲领性文献。经过多年的发展，我国社会体育发展成效显著，人们的体育参与意识日益增强，参与人口不断提高，参与方式与活动内容丰富多彩，各种类型的社会体育组织日益发展壮大，形成了以社区体育、农村体育为重点的社会体育发展新格局。

### 一、社会体育管理的概念与特点

#### （一）社会体育管理的概念

社会体育是指在闲暇时间里公民自愿参加的，以增强体质、愉悦身心、增加交往为主要目的的自主性体育活动。不同时期和不同环境，社会体育呈现出不同的形式和特征，表现为不同的社会结构与功能。这种特征不仅体现在社会体育管理思想与管理观念上，也体现在管理目标、管理原则、管理方式、管理体制等诸多方面。

所谓社会体育管理是指社会体育组织中的管理者通过一定方式整合资源，为实现社会体育发展目标所进行的计划、组织、协调、控制和创新的综合活动过程。社会体育组织是指在各级各类组织中专门承担开展体育活动的专门机构。一般来说，我国社会体育组织不仅包括各种政府行政部门的专门、非专门组织，还包括各种非政府部门的社会体育管理组织。社会体育组织中的管理者是指在社会体育活动中起支配作用的团队或个人。

社会体育管理是以社会体育目标作为出发点。对于不同层次的社会体育组织而言，其组织目标存在着一定的差异性，同一个组织不同时期目标也可能不同，但是作为管理活动，都需要采取一系列管理方法、管理措施整合人、财、物、时间、信息等资源，其实现既定社会体育发展目标都是相同的。

### （二）社会体育管理特点

社会体育是一种涵盖面十分广泛、层次极其丰富、影响因素众多的大众社会文化形式，它与学校体育、竞技体育相比，具有一些较明显的不同之处，因而社会体育管理也表现出某些独特的特点。

#### 1. 管理目标的多样性

社会体育管理主体的多元性，以及活动形式和内容的多样性，客观上决定了社会体育管理目标的多样特征。一般而言，社会体育工作目标包括提高国民体质及健康水平，发展体育人口和扩大体育参加比率，筹措社会体育经费，创建社会体育活动场地设施，培训社会体育干部、社会体育指导员以及骨干力量，组建社会体育组织，开展各种类型的社会体育活动等。因此，各级各类社会体育组织的管理目标也应遵从以上社会体育工作目标来确定。

#### 2. 管理边界的模糊性

社会体育活动过程中，常常涉及多个部门、多种组织、多个行动主体的合作与配合。社会体育管理者需要协调各级各类组织之间的目标与行动，需要沟通和协调各个行动主体的认识与行为。在实践中，社会体育组织经常与文化、教育、娱乐、旅游、公安等组织发生联系，与这些社会系统的管理活动交叉在一起，难以划清它们的组织边界。

### 3. 管理系统的复杂性

由于社会体育是一项涉及全社会的事业，在社会体育管理中，既有专门、正式的政府体育部门，也有非正式的社会体育组织；既有各行业单位的体育机构，也有分散在社会各界的社会体育指导员。同时，参与者的分布地域、职业性质、社会地位、活动目的等差异较大，进一步增大了社会体育管理的复杂性。

### 4. 管理主体的多元化

随着我国体育体制改革不断深化，体育行政职能不断规范化，长期以来政府包办社会体育发展的基本格局被打破，社会力量以多种形式进入体育领域，这决定了我国社会体育管理主体呈现为多元化特征。同时，社会体育的管理资源大多来源于社会，受到多种社会因素的影响，这也进一步增强了社会体育管理主体的多元属性。

### 5. 管理体制呈社会化趋势

社会体育管理体制是在各级政府管理下，以社会体育组织为主体，广泛依托社会开展管理工作。社会体育管理体制的社会化趋势要求管理者必须从实际出发，采取灵活的管理形式，以分散管理为主，更多地调动民间社团管理职能。

## 二、社会体育管理的目标与任务

### （一）社会体育管理的目标

目标是任何管理活动的出发点与落脚点，在我国社会体育管理实践中，管理目标的多样性与管理主体的多元性之间构成了我国社会体育管理活动的基本特征。比如提高体育参与率，增强人民体质、提高人们的健康水平，创建和谐向上的团队氛围，推广某项运动，刺激人们的体育消费等，构成了不同主体实施社会体育管理的不同目标。同时，这些目标还可以进一步分割为一系列子目标。但从社会体育发展规律和社会体育管理的内涵看，社会体育管理目标的内容可以大致归纳为：

1. 提高社会中经常参加体育活动的人数或体育人口占社会人口的比例；
2. 动员社会力量增加社会体育的经费投入；
3. 以行政立法的形式在城乡规划和建设过程中规定新建居民社区的体育场地面积和体育设施的数量，鼓励社会和学校的体育场地设施在条件允许的情况下免费向公众开放；

4. 壮大社会体育管理和指导员队伍，增强社会体育服务功能；

5. 定期开展公民体质监测和全民健身活动状况调查，促进国民体制发展水平。

### （二）社会体育管理的任务

任务是目标的具体化。当前，我国社会体育管理的基本任务如下。

#### 1. 壮大体育参与人群

改善与提高人们的健康水平是社会体育的根本目标，而将这一目标落实到社会体育管理工作中则需要广泛开展形式多样、健康文明的社会体育活动，动员更多的人参与社会体育活动。所谓使更多的人参与，一是要使正在参与的人坚持下去；二是要使中断参与的人重新参与；三是使尚未参与的人尽快参与。

#### 2. 改善人们健身活动的环境

为了使更多的人参与体育健身活动，不仅需要营造一定的舆论氛围，还需要提供一定的物质保障条件。要通过各种宣传活动，引导激励人们崇尚体育健身、积极参与体育健身、科学健身的理念，使全民健身成为社会的普遍共识；要为人们参与健身活动创造更好的条件，不断建设和完善体育设施、体育组织、社会体育指导员队伍和法规制度等组成的多元化体育服务体系，以支持、吸引、动员更多的人参与全民健身活动。

#### 3. 引导人们的健康投资

健康是人们生存、享受与发展的基础和资本，向体质与健康投资，进行体能与健康储备，如同知识储备与能力储备一样重要。进行体质与健康消费，就如人们进行教育消费一样，应当成为人们日常消费的一部分。社会体育工作应当在开展群众性体育活动中引导人们进行体质投资，不断满足人们的不同体育需求。

#### 4. 传播优秀的体育文化

我国体育在其历史发展进程中创造了灿烂的体育文化。当今的社会体育工作，一方面要继承我国优秀的民族、民间传统体育，另一方面要学习和借鉴外国的体育文化、知识和技术，同时在实践中创造具有我国特色的体育知识和技术，在新的基础上延续中华体育文明。

5. 不断完善社会体育管理体制

社会体育必须服务于我国经济社会发展的需要，社会体育管理活动必须以满足于增强和改善全体人民健康体质为目标。因此，必须建立起与社会主义市场经济体制相适应的社会体育管理体制与运行机制，进一步规范和明确各级各类政府部门权力与责任，完善管理制度与管理方法，逐步形成政府管宏观、社会具体办、国家与社会共同兴办的社会体育发展模式，不断扩大和提高提供公共体育产品和服务的范围与质量。

## 三、社会体育管理的基本原则

### （一）指导性原则

指导性原则包括两层含义，一是指国家体育总局和省、区、市体育行政部门作为政府主管体育工作的职能部门，代表国家对各行业、各部门、各群众组织的体育健身活动工作，实施领导、指导、协调和监督的一种职能，由于社会体育管理系统的复杂性特征，指导性在发挥体育行政部门功能中占据着重要地位。二是由于社会体育涉及面很大，不同地区、行业和单位，其地理环境、经济物质条件、科学文化水平等都不尽相同。社会体育参与者对体育的需求程度、价值取向等，因年龄、职业、受教育程度和性别的不同亦有很大差别。加之人们余暇多少不一，余暇生活的方式迥异。因此，开展社会体育的形式、内容和方式等都不宜强求一致，不宜用简单的行政命令下达要求，而应以指导性原则为主。

### （二）宣传教育性原则

人们进行社会体育活动主要是利用业余时间，其活动动机也主要是满足自我需求，因此，必须通过有效的宣传教育，帮助人们树立正确的体育价值观，加深对体育的认识和理解，启发他们的锻炼自觉性，才能产生参加体育活动的内在需要和主动行为，身心愉快地参加社会体育活动。

### （三）法制性原则

社会体育活动参加者职业各异、需求不同、年龄跨度极大，对这样一个复杂的锻炼人群进行管理，仅靠一些组织机构内部的管理与约束是难以完全达到规范、协调、指导社会全体成员参与体育活动的，必须依靠法律手段。一方面，要建立健全整个社会体育工作的有关法规，保障社会体育健康、快速地发展；另一方面，在社会体育组织内部也要建章立制，以维护组织活动的良好秩序和组织成员的合法权益。

### （四）创建性原则

社会体育工作重在创建，创建满足人们不同层次体育需求的条件是社会体育持续发展的重要保障。各级政府及社会各界一方面要通过法规、政策、制度等来规范和引导它的发展；同时还要在人力、物力、财力等方面对社会体育给予积极的扶持，为社会成员参加体育锻炼，从事健身活动提供物质、资金、场地等多方面的支持，确保人民真正享有参加体育活动的权利，这也是社会体育发达国家的共同经验。

### （五）协作性原则

社会体育是一项全民性的事业，各级管理部门需要密切配合、加强协作。这就要求有关社会体育管理部门做到纵向管理和横向管理的有机协作，推动各部门合力办体育，使各部门把体育协会成立起来，把部门体育落到实处。

## 四、社会体育管理体制

### （一）社会体育管理体制的概念

社会体育管理体制是社会体育管理的机构设置、权限划分、运行机制等方面的体系和制度的总称，是实现社会体育总目标的组织保证。一个国家或地区的社会体育管理体制往往受该国或地区的政治、经济、文化以及国家制度、历史传统等多方面因素的影响。世界上社会体育管理体制一般有三种类型：一是政府管理型，其特点是由政府设立专门的机构管理社会体育。政府的权力高度集中，并采用行政的方式从宏观到微观对各个层次进行全面管理。二是社会管理型，它的特点是社会体育的工作主要由各种社会体育组织进行管理，政府一般不设立专门的社会体育管理机构，政府对社会体育事务很少介入和干预。三是结合型，结合型体制是由政府和社会体育组织共同管理社会体育的体制。

### （二）我国现行的社会体育管理体制

我国现行的社会体育管理体制是处于由政府管理型体制向政府与社会结合

型管理体制改革过程中的一个过渡类型。从层次上看，它包括宏观、中观和微观三个层次，其中宏观和中观管理系统由社会体育政府管理系统和社会体育社会管理系统共同组成，它的微观管理系统由体育活动点、辅导站和俱乐部构成。

### 1. 政府管理系统

(1) 政府专门社会体育管理系统

它由政府体育行政管理系统中各级社会体育管理机构组成，是社会体育管理的主系统。国家体育总局群体司是社会体育的最高职能部门，它具有研究拟定社会体育工作的政策法规和发展规划；推行全民健身计划，监督国家体育锻炼标准实施，开展国民体质监测；指导和推动学校体育、农村体育、城市体育及其他社会体育的发展的职能。

各级体育行政机构中都设置了主管社会体育的群众体育机构，并配备了一定的专、兼职社会体育干部。他们对应着主管本行政区域内的体育工作，包括社会体育工作。

(2) 政府非专门社会体育管理系统

在政府非专门管理系统中，有的还设有体育管理部门。国务院其他有关部门在各自的职权范围内管理体育工作，其中包括社会体育工作。这类管理有两种类型：一种是国务院有关部门按照国务院体育行政部门的统一部署，直接管理本部门的体育工作，比如教育部主管学校体育工作，国家民族事务委员会负责少数民族体育工作等。另一种是国务院有关部门在自己职权范围内开展与体育有关的业务管理工作，比如民政部依法对全国性体育社会团体进行登记和管理，公安部依法对群众性体育活动中的治安问题进行管理。

### 2. 社会管理系统

社会体育的社会管理系统由体育社会组织与其他社会组织组成。

(1) 体育社会组织

我国现有体育社会组织主要有各级体育总会、单项运动协会、行业体育协会和各种人群体育协会等。各级体育总会包括中华全国体育总会和县级以上地方体育总会，是体育工作者的群众性体育组织，是在民政部门登记的体育社会团体。各省、自治区、直辖市体育总会，全国性单项体育协会，全国性行业系统体育协会，中国人民解放军的群众性体育组织可以申请加入中华全国体育总会，成为其团体会员。省、自治区、直辖市；地级市、地区、自治州、盟，县、县级市、区、自治旗、旗可以成立地方体育总会。

(2) 其他社会组织

某些社会组织虽然不是专门的体育组织，但它们下设体育部门，如工会、共青团、妇联等都设有体育机构，负责组织职工、青年和妇女的体育活动。工会、共青团、妇联等社会团体作为某一部分人群的群众性组织，与这些人群有着密切的联系并能够对他们产生较大的影响。同时，这些社会团体具有完善的组织系统和健全的组织机构，这些社会团体对本团体成员的体质与健康负有一定的责任，成为组织其成员开展体育活动一支力量。

### 3. 基层社会体育组织

基层社会体育组织可以分为公益性组织和经营性组织两类。公益性社会体育基层组织主要是指群众体育活动点，它是由具有共同体育兴趣或体育目的的人们自愿组织起来的松散的区域性体育组织。我国的公益型社会体育组织主要包括街道社区体育组织、乡镇体育组织、基层单位体育协会、体育指导站和青少年体育俱乐部。

(1) 街道社区体育组织

街道办事处作为市或市辖区政府派出机构，是城市管理的基础层次。街道办事处负有开展群众性体育活动、增强当地人民体质的政府职责。街道办事处不设立体育行政部门，因此，以街道办事处为依托的社区体育协会（或称街道体育协会等）应运而生。目前，我国大多数街道都成立了社区体育协会，这是最普遍的基层体育组织。此外，还有依托某一区域管理机构或驻地实力和条件优越的企事业单位的地区体育协会，依托住宅区管理机构的居住小区体育协会等。这些群众性的基层体育组织，作为街道办事处、区体育行政部门或某些机构行政的助手，负责组织、协调和管理当地社会体育工作。

(2) 乡镇体育组织

乡、民族乡、镇政府是我国农村基层政府。由于我国法定体育行政部门设在县级以上政府，乡级政府不设立体育行政部门，为了发展当地的体育事业，各地根据实际情况建立了不同类型的体育组织。有乡镇领导任组长的乡镇体育领导小组或全民健身领导小组；有依托乡镇政府的乡镇体育协会或乡镇体育总会等。这些基层体育组织或代表乡镇政府行使体育管理职权，或作为乡镇政府的助手，组织协调当地体育工作，开展群众性体育活动，成为我国农村体育的重要组织力量。

(3) 基层单位体育协会

基层单位体育协会是指我国基层企业、事业、机关单位的体育协会，是群众性业余体育组织。基层单位体协由单位工会具体组织领导。它的任务是在单位内部开展体育活动，吸引和组织职工经常参加体育锻炼，活跃职工业余生活，提高职工健康和运动技术水平。

(4) 体育指导站

体育指导站是指在当地体育行政部门或街道、乡镇政府领导或指导下，开展群众性体育活动的体育组织。体育指导站一般有三种职能：一是组织的职能，即吸引和组织体育爱好者前来参加体育活动；二是指导的职能，即对前来参加体育活动的体育爱好者进行体育指导；三是阵地的职能，即为活动者提供场地，并保证体育活动的科学、健康、文明。体育指导站分为综合性体育指导站和单项性体育指导站。

(5) 青少年体育俱乐部

为了落实《全民健身计划纲要》二期工程“社会体育以青少年为重点”的指导思想，使广大青少年学生参加科学、文明、健康的课外活动具备良好的条件，同时为培育社会组织的力量，充分利用和挖掘现有的社会体育资源，国家体育总局结合发达国家经验和我国实际情况，自2000年起使用体育彩票公益金，依托现有的学校、体校、体育场馆、社区、基层单项运动协会创建了“青少年体育俱乐部”。这种组织形式具有社会主义公益性特征，是今后国家倡导并引导发展的旨在广泛开展青少年体育活动的社会组织。

# 第二节　城市社区体育管理

城市社区体育是我国社会体育发展的重要组成部分。随着我国经济体制改革的逐步深入，“单位制度”日渐解体，传统意义上的“单位人”正向“社会人”“社区人”转变，作为以社区为活动区域的社区体育日益成为中国城市体育的重要形式。

## 一、城市社区体育功能及管理特点

### （一）城市社区体育的基本功能

#### 1. 丰富社区居民文化生活，促进社区和谐发展

社区体育有序展开是社区精神文明建设和社区管理的重要标志。通过开展

和组织丰富多彩、群众喜闻乐见、多层次、多样化的体育活动，可以丰富居民的余暇生活，培养居民的体育参与热情，构建和谐的社区环境。

### 2. 促进健康文明的社区氛围形成

社区体育开展情况对社区精神文明建设具有重要价值，通过组织开展社区体育活动可以活跃社区文化生活、增进社会交往、协调人际关系、加强互敬友爱、稳定社会秩序、合理利用资源、建立文明生活、促进文化建设、增强社区意识、服务社区成员和共同繁荣社区的作用。

### 3. 提升居民的生活品质

随着社会经济的发展，社区体育活动开展的状况逐步成为社区居民生活品质的一个重要因素；社区体育开展的范围和程度，不仅涉及社区体育管理组织活动的有效性，也涉及社区的社会功能实现状况，特别是增强人民体质、改善居民生活质量和品质方面，都发挥着重大作用。社区体育活动的组织状况与成效对现代社会的发展越来越具有推动作用。

### 4. 繁荣体育市场，促进体育产业发展

开展社区体育活动，不仅可以直接增强居民的体质，而且还间接刺激人们体育的消费意识。“花钱买健康”不仅是一种消费观念，更是一种积极的生活方式。社区体育活动的普及性和开展的非连续性可诱发和刺激居民增加体育消费的可能性，促进各种社区居民体育活动需要的体育器材等产品的生产，对繁荣体育市场、发展体育产业具有重要作用。

## (二) 城市社区体育管理的概念与特点

一般认为，社区是指进行一定的社会活动、具有某种互动关系和共同文化维系的人类群体及其活动区域，通常是指居民委员会辖区。社区体育是指在城市中以社区为单位，以社区居民为主要对象，以社区自然环境和体育设施为物质基础，就地就近开展的区域性体育活动。城市社区体育管理是指管理者通过一定方式整合资源，为实现社区体育目标所进行的计划、组织、协调、控制和创新的综合活动过程。城市社区体育管理具有如下特点。

### 1. 管理活动的区域性与开放性并存

由于社区体育是以社区为区域范围且就地就近开展的区域性体育活动，因

而在社区体育管理中呈现为区域性活动属性特征。与此同时，社区开展体育项目并不限制其他人员的加入，甚至吸引或邀请非本区域的单位或个人参加本区域开展的社会体育活动，呈现出开放性特征。

#### 2. 管理手段多样性与单一性并存

这一特点是从社会体育管理的整体性和区域性引申而来。从社会体育管理的总体上看，社区体育所开展的活动项目，受到社区文化和习俗的影响，也受到各种环境因素的作用。通常情况下，在社区体育管理中管理手段的选择也要注重因时因地，必须结合民族性、民间性的体育项目特点，选择适当的管理手段推进社区体育目标的实现。大多数居民所选择的健身方式为太极拳、太极剑、木兰扇、导引养身功、健身球、秧歌、健美操、跳绳、踢毽子、游泳、快走、慢跑等。不同的活动项目与人群、不同的地区特点与民族特征，需要采取灵活多样的管理手段。同时，从某一区域的社区体育看，由于社区居民的相对固定、社区资源的有限性、传统项目的稳定性等特点，要求逐步在同一个社区形成相对固定的项目类别，这样又使得管理手段趋于专门化和单一性。

#### 3. 政府主导性与管理自治性并存

现阶段，我国社会体育的开展仍由政府系统进行主导，从社会体育的发展目标、发展重点和发展措施，到组织建设、队伍建设、场地建设等，均由政府体育行政部门进行统一领导和管理，呈现出社会体育管理的政府主导性特征。同时，由于民族、性别、职业、年龄、文化程度、生活习惯、兴趣、爱好、体质、健康、个人需求、业余时间以及所处的地位、社会环境等差异，由政府对其进行统一组织和管理显然是不现实的，进而出现了许多由爱好体育人士自发组织并形成各种自治性体育项目活动组织，亦即人们常说的“草根组织”。这类组织实行组织自建、项目自定、经费自筹、活动自管和自治性管理。

## 二、城市社区体育管理的目标与任务

### （一）城市社区体育管理的目标

我国城市社区体育管理的目标主要包含两方面：一方面是增强社区居民的体质，提高居民的身体健康水平和生活质量，改善社区居民的生活方式，丰富生活及活动内容；另一方面是通过社区体育活动产生互动，增进居民间的感情，提高社区的凝聚力。社区内的体育资源主要包括各级各类管理者及指导者、经费、场地设施、社区成员、社区体育组织等。社区体育管理要使有限的社区体育资源实现尽可能大的利用效益。社区体育管理要求社区体育管理组织和管理者通过对社区体育活动的计划、组织与控制等职能，使社区体育活动高效、和谐有序地运行。

### （二）城市社区体育管理的任务

#### 1. 制定城市社区体育工作计划

城市社区体育的组织管理体系确立后，要根据社区的实际情况，制定社区体育的工作计划。制定社区体育的工作计划要进行广泛而深入的调查，全面了解社区体育的现状、需求、资源及影响社区体育发展的宏观环境因素，并对这些因素的未来发展进行预测，从而明确社区体育的发展目标以及为实现这些目标而采取的对策和措施。社区体育工作计划要与社区服务总体规划、社区体育发展规划相一致，要切合实际，注重可行性和科学性。

#### 2. 建立城市社区体育组织

开展社区体育，需要建立一套较为完善的组织体系。在组织机构上，应建立市区人民政府有关部门、街道体育组织、居委会体育组织和体育活动点四个层次的社区体育组织管理机构，由区政府牵头，以街道为主体、社区居委会为依托、体育活动站为基地，形成社区体育组织管理体系。

#### 3. 开发社区体育资源

社区体育资源主要包括人力、财力和物力。社区体育管理机构应重点培养一批经过专门教育和培训、有一定组织能力和业务水平、热心为群众服务的社会体育指导员和社区体育骨干队伍；资金是开展社区体育的物质保证，除了政府的支持外，社区体育组织还应采取各种形式拓展社区体育资金的筹集途径，如辖区单位集资、赞助、缴纳会费或比赛报名费等，广泛动员社区各方面力量，解决社区体育的资金问题；体育场地设施是开展社区体育的重要条件，社区体育组织应与市、区体育部门和有关单位进行协调，充分利用辖区内的体育场馆设施，以保证社会体育锻炼和大型体育活动的开展。社区体育组织应有计划地建设社区的各种体育场地设施，如建立各种体育活动中心、辅导站等，同时要使用和管理好社区体育场地设施，使其发挥最大效能。

### 4. 组织社区体育活动

社区体育活动主要包括体育活动站组织的锻炼活动和经常性的竞赛两个部分。社区体育竞赛的组织与其他竞赛相比并无很大的区别，因此，社区体育活动的组织工作主要是加强体育活动站的管理。

目前我国的社区体育活动站大部分属于自发产生的非正式组织，规模较小，便于参与，是组织和吸引社区居民参加体育活动的有效形式。但是由于自身性质、特点，体育活动站也存在一些问题并需要进一步加强管理，应将其纳入到正式的社区体育组织体系中，以取得上级组织的指导帮助和支持。还要做好体育活动站中骨干分子的培训与管理，促进体育活动站健康发展。

### 5. 建立健全城市社区体育管理的规章制度

社区体育管理的规范化要求按照一定的规划、方式、程序来进行管理，在社区体育组织体系中，各级管理机构要按照制定的规划实施管理，避免在实际运作过程中出现随意性行为。为此，社区体育协会、社区居委会等体育组织要制定对活动性组织进行管理的规则。市、区政府等行政组织管理部门不但要制定各种体育管理基层组织的规章制度，还要开展经常性的检查督促工作。

## 三、城市社区体育管理的基本原则

### （一）立足居民体育需要，一切从实际出发

社区体育的目的是满足社区成员的体育需要，这是社区体育管理的主要立足点。由于社区居民在经济状况、文化层次、地域环境、年龄结构、职业特点、人口素质等方面多有不同，其体育需要便体现出不同的特点。因此，开展社区体育一定要因地制宜，从本社区特点出发。应当优先开展那些群众喜闻乐见、要求迫切、方便适用的体育活动。在普及的基础上逐步决定社区体育活动的内容，不断提高体育活动的质量以满足不同居民的需要。

### （二）坚持把社会公共利益放在首位

社区体育作为社区服务的内容，具有公益性与福利性。如社区体育场所和体育设施具有明显的公益性质，从而决定了这些场所和设施应在一定程度上无偿或低偿地为社区成员服务，也就是以免费或明显低于市场价的收费方式为广大社区成员服务。只有这样，才能使广大社区成员尤其是弱势群体的成员普遍

参与社区体育活动，分享社区体育发展的成果。因此，开展社区体育必须以大多数居民参与体育为出发点，防止为了片面追求经济效益而牺牲社会效益，应始终坚持把社会效益放在第一位。

### （三）积极动员社会多种力量支持和兴办城市社区体育

社区体育是一种群众性的体育活动，动员居民群众广泛参与、深层介入，是发展社区体育的根本所在，这样的动员和组织活动仅仅依靠社区政府组织的力量是远远不够的，借助于社会各种力量共同兴办和开展社区体育是社区体育发展的必由之路。社区体育资金筹集走社会集资之路，广泛吸纳社会资金介入体育，不仅可以弥补政府体育资金的不足，还可以更加广泛地调动社区中各种积极因素发展体育。只有真正调动起社区各方面的力量，辖区的企事业单位和社区居民广泛参与，才能不断增强社区体育发展的后劲。

### （四）注重科学性、实效性

开展社区体育必须坚持科学、实效的原则，要加强体育知识与健康知识的宣传，积极组织并科学指导群众参加有益健康的体育活动，切实达到增强群众体质、提高群众健康水平的效果。只有注重管理的科学性与实效性，社区体育才能够持久深入地开展下去。

### （五）硬件建设与软件建设并重

硬件方面从人、财、物资源统合利用角度构建社区体育资源保障系统，优化社区体育资源及提高资源的利用效率。软件方面从制度建设和政策调控角度构建社区体育服务的制度政策保障系统，优化体育服务质量。

## 四、城市社区体育管理体系

### （一）政府管理系统

社区体育管理的政府部门包括省（市、区）人民政府、体育部门、教育部门、民政部门、文化部门、城市规划部门等。各部门主要管理职责如下。

各级人民政府及其派出机构——街道办事处是社区体育的领导和管理部门。其主要职责是将社区体育工作纳入城市社会发展的总体规划，作为社区建设和社会主义精神文明的一项重要内容。有计划地发展社区体育，为居民参加体育健身活动创造良好的社会环境和物质条件。

国家体育总局群体司城市体育处及各省、市、区体育局群体处（科）是社区体育工作业务主管部门，其主要职责是按照国家的体育方针、政策支持和指导社区体育工作，制定社区体育的发展规划和工作计划以及各项管理制度。

民政部门的主要职责是根据城市管理中心街道办事处的管理、协调、指导、服务等职能，将开展社区体育作为街道办事处的一项工作职责，将社区体育作为社区建设的组成部分，统筹规划和评估，在政策上给予扶持。

城市规划部门的主要职责是按照国家对城市公共体育设施用地定额指标的规定，将居民住宅区的公共体育设施建设纳入城市总体规划和详细规划中，合理布局，统一安排。

文化部门的主要职责是在建设和发展社区文化的工作中，重视社区体育的开展。大力宣传体育健身对增强体质、丰富文化生活、提高生活质量等方面的意义和作用。

教育部门的主要职责是鼓励和支持学校体育设施对社区居民开放，发挥学校体育教师、体育设施在开展社区体育活动中的积极作用。

### （二）社区体育组织

街道社区体协（也称街道文体协会）是目前主要的社区体育组织形式，该组织形式在20世纪80年代中期出现。街道社区体协以街道辖区为区域范围，以基层政府派出机构——街道办事处为依托，由辖区各单位和下属各居（家）委会参与共同组成，采用理事会制度，机构附设在街道文教科、文化站或社区服务中心。它是一种街道辖区内的体育联合体。街道社区体协下设人群、项目体育协会，晨晚练活动站和居（家）委会体育小组等。我国城市社区体育以街道社区体协为主，以其他区域性体协为辅，组织结构基层化特点十分明显。街道社区体协属于上位管理型组织，体育协会、体育俱乐部、晨晚练活动站、体育辅导站、体育服务中心、辖区单位体协、居委会体育小组等组织是下位活动型组织。晨晚练活动点部分由街道社区体协管理，部分由市（区）工会、体协和辖区单位管理。辖区单位体协在接受本单位直接领导的同时，还接受街道社区体协的间接领导，这是现阶段社区体育与单位职工体育密不可分的具体表现。

## 五、城市社区体育管理的基本要求

### （一）处理好社区体育组织与行政机构的关系

目前我国社区体育组织以独立的民间性和半官半民性组织类型为主体，这类组织普遍存在着活动经费、场地、指导力量不足等方面的困难。因此，社区体育组织必须重视与当地政府行政机构的关系，依靠行政机构的支持及优惠政策，解决开展体育活动中遇到的各种难题。可采用聘请政府部门领导干部担任相应职务等办法，与政府行政机构建立经常、稳定的联系渠道，形成与行政机构的良好关系。

### （二）充分发挥辖区内企、事业单位的作用

每一社区都有驻区的企、事业单位，他们在资金、设施和人力方面较社区更为雄厚，这是开展社区体育活动可借助的有利条件。社区体育组织应主动与辖区内企、事业单位联系，做好宣传，得到他们的认同、理解和支持；吸纳企、事业职工参加社区体育活动；在活动中为企业进行广告宣传。

### （三）增强居委会一级社区体育组织建设

居委会这一层次辖区范围较小，人口数量相对较少，但与社区居民联系最直接，所以是最适合于开展社区体育活动的一级组织。而目前我国社区体育组织以街道为基本层次的情况较为普遍，使得社区体育组织管理“力矩”较长，力度不够。改变这种局面，需将社区体育组织重心适当“下沉”，加强居委会一级社区体育组织的建设，充分利用居委会熟悉情况、联系直接、易于组织的优势，组织开展群众性体育活动。

### （四）通过多种途径筹集社区体育活动经费

组织开展社区体育的主要困难之一是活动经费不足，解决这一难题的思路是拓宽经费来源渠道。首先要增强自身造血功能，通过合法经营活动、有偿体育服务等手段获得活动经费；还可通过互利性活动，获得社区有关企、事业单位的赞助。此外，还可动员鼓励社区成员赞助，支持社区体育活动，同时积极争取政府行政部门给予一定的经费支持。

### （五）以多种形式开展社区体育活动

社区体育组织可通过晨、晚锻炼点，辅导站来吸引居民参加体育活动。以楼群、家庭为单位组织社区体育竞赛；组成多种多样的运动队，参加社会上各种形式的比赛和表演活动。社区体育活动的内容和项目的选择要突出趣味性、健身性、休闲性和社交性。

### （六）构建社区体育服务体系

从专业化服务角度，构建包括社区体育设施服务、组织服务、指导服务和信息服务专门化服务在内的服务系统。可将社区体育服务分为两个层次，即基本体育权益保障服务、社区体育照顾服务（对弱势群体开展的特别服务）。

### （七）建立社区体育工作的奖励机制和约束机制

社区体育工作的义务性很强，为了调动社区体育工作者的积极性，必须建立相应的奖励制度。同时要将社区体育工作列入街道居委会的发展规划及工作职责，通过建立社区体育管理的约束机制，保证和促进管理者为社区体育发展进行有效服务。

### （八）加强社区体育经费的管理

为了促进我国社区体育事业的进一步发展，不仅要广开财路，积极地拓展经费来源，而且要合理地分配和有效地使用社会体育经费，要加强社会体育经费的科学管理，使它发挥更大的使用效果。在经费管理上要注意以下两方面内容。

第一，社区体育经费的分配。合理的经费分配对促进社区体育的发展有重大作用，它不但为社区体育的协调发展提供了财力保证，而且还能促使社区体育运动合理布局。社区体育经费的分配必须同社区体育的结构相适应，使社区体育结构合理化，而且必须根据社区体育事业发展的具体情况，确定一定时期内社区体育发展的重点，集中使用经费。同时，在分配社区体育经费时，还要量力而行，留有余地。

第二，社区体育经费的使用。为了实施社区体育计划，开展工作和相关业务活动，社区体育经费的使用必须合理化和规范化。其经费使用管理应严格执行国家财政法规、制度和纪律，实行领导制责任，由财会部门统一管理，严格按照批准的预算计划额度和开支范围、开支标准办理支出；应量入为出，精打细算，保证重点，兼顾一般并加强经费的核算监督。

## 第三节　农村乡镇体育管理

农村体育是指在农村地理范围内，以农村人口为参与主体所开展的体育活动。农村体育是我国体育事业的一个重要组成部分，是农村文化建设的一个主要方面。

## 一、农村乡镇体育管理的概念与特点

### （一）农村乡镇体育管理的概念

由于农村自然地理特征，加之老少边穷现象短期内难以完全改善，所以，农村体育的发展应该重点围绕乡镇体育的发展。以乡镇为圆心辐射整个村屯体育的发展，是一条可行的发展之路。因此，我国现阶段的农村体育问题，主要指乡镇体育的发展问题。乡镇体育发展的主要目标是普及乡镇范围内群众性的体育活动，通过乡镇居民的体育参与活动，带动和影响区域内的各种人群，从而不断提高广大农民的身体素质和科学健身知识，丰富广大农民的业余文化生活，推进农村两个文明建设，实现城乡协调发展的体育发展目标。

农村乡镇体育管理是指农村体育管理者通过一定方式整合资源，为实现农村体育目标所进行的计划、组织、协调、控制和创新的综合活动过程。农村乡镇体育在整合乡镇资源方面必须注重对各种社会资源的调动，重视对时机和地点的把握，借助于各种传统的节日和影响较大的活动，有效地开展乡镇体育。其次，要与所处的地域环境相结合，与经济发展状况相衔接，与体育活动的可持续发展相结合，选择有一定群众基础的体育项目和便于推广的体育项目。第三，组织开展乡镇体育活动，必须要以增强农村居民体育参与意识、扩大参与范围为宗旨，以引导性和示范性为组织活动的指针，关注对村屯的辐射效应和影响效果的考察与评价。

### （二）农村乡镇体育活动方式与管理特点

农村乡镇体育的特点决定了农村乡镇体育管理的基本特征。

#### 1. 农村乡镇体育活动方式

由于农民在生产方式、生活环境和生活习惯等方面与城市居民存在较大的差别，导致其体育活动方式呈现很大的差异性。我国农村乡镇体育的活动方式主要有：

一是个人和家庭共同参与体育。这种活动形式不仅能够有效地利用每一个农村家庭的余暇，而且更能促进家庭成员之间的互相了解，保持家庭的和睦与康乐。

二是村级锻炼小组的体育活动。这类活动一般多见于我国富裕乡镇的村落，它多是按照一定的计划安排活动，并能得到体育专业人员的指导，锻炼效果较好。村级锻炼小组活动的进行，还可以有组织地丰富农民的余暇文化生活，并能有效地促进社会的稳定。

三是乡镇体育指导站的活动。随着我国农村体育的深入开展，在农村经济发达地区的体育先进乡镇中，参加体育锻炼的人数逐年增多，参加的活动内容和项目越来越丰富，并建立了一批体育活动与健身场地，有的还建立了与乡镇文化中心相并列的体育中心。在现有的乡镇体育指导站中，大致有以下三种管理模式：一种是在乡镇政府的直接领导下，从组织上、管理上、经济上完全脱离了乡、镇文化站的独立的事业机构和经济实体；另一种是在管理上、经济上已完全独立，有专职的干部和管理人员，但在组织上，乡镇政府仍委托文化站统一领导，通常由文化站站长兼任体育指导站站长，配一名副站长专管；第三种形式是在乡、镇文化站内有专职体育干部和管理人员，行使体育指导站的一切职能，在文化站的统一领导管理下工作。

### 2. 农村乡镇体育管理特点

（1）季节性

一般而言，农村居民的生活方式、生活习惯具有较大的类似性，以及体育参与意识和观念上的问题，往往决定了农民开展体育活动的内容、活动频率，活动过程受生产活动的影响较大，锻炼时间呈现明显的季节性。在农忙季节的体育活动较少，或者至多是结合劳动和休息时间进行，只有在农闲季节或隆重节日期间，体育活动才具有广泛的社会性，也促使自发性体育活动延续和发展起来。这一特点也决定了农村乡镇体育管理必须根据农村季节特征和节日方式适时组织体育活动。

（2）灵活性

农村乡镇组织体育活动既可以个人为单位，亦可以群体为单位；既可由社会集团组织，亦可由参与者自由组织。就其身体锻炼的形式而言，更是丰富多采，因人而异，因时因地制宜，没有统一的模式。因此在管理上就必须注重因人、因时、因地、因项开展灵活多样的体育活动。

（3）传统性

中国的农民体育具有悠久的历史，在一些地方和少数民族地区中，很早就有了武术、摔跤、马术、赛龙舟等民间体育活动。农村组织开展的体育活动内容多带有浓厚的乡土气息，有明显的文化传承的特点，如五月端午南方农村中开展的龙舟竞渡，北方农村正月闹社火、舞龙、舞狮、踩高跷、扭秧歌等。因此，必须结合当地传统文化习俗，采用“文体结合”的形式开展农村乡镇体育活动。

(4) 简易性

由于我国农村经济基础比较薄弱、发展不平衡，不少地区的体育场地、器材仍非常匮乏，农村乡镇体育活动往往是在因陋就简的前提下进行的，因此，农村乡镇体育切不可求大、求全、求“洋”。同时，还必须善于整合各种资源，调动一切积极因素，尽量争取更多的参与者进入，把各种可利用的资源（如场地资源、人力资源、资本资源和信息资源）整合在一起，发挥最大的效率。

(5) 教育性

我国广大农村的体育观念相对而言比较落后，把劳动与体育等同，认为劳动能代替体育的观念依然占据大部分农民的头脑。要使大多数农民能自觉地、科学地、有组织地开展健身活动，是乡镇体育管理者的一项重要工作。因此，必须把乡镇体育管理活动与教育示范和辐射效应结合在一切。

## 二、农村乡镇体育管理组织形式

我国对农村体育的管理部门可分为政府管理部门和社会管理部门。在管理形式上基本采取五级垂直管理模式：省体育局、市体育局、县文体局、乡（镇）文化站、社会体育团体（民间体育组织）。

### （一）政府管理部门

农村乡镇体育的政府管理部门构成，在中央、省（自治区、直辖市）、市一级管理层次上，与城市社区体育的管理体系相类似。但从行政系统来看，县一级政府体育主管部门，在农村体育管理中起到了重要的作用。然而，在20世纪90年代中期进行的政府机构改革中，部分县级体委被撤销合并，这在一定程度上削弱了农村体育的组织管理力量。在我国县级体育机构改革中，出现了保留、合并和变更为事业单位等多种形式，有的仍称为县体委，有的改称为文体委（局）、教体委（局）、体育局、文化体育卫生局、社会发展局、文教体委、文教体卫委、文教体卫广播委等。名称虽然不同，但仍担负着发展农村体育的主要职责与功能。

### （二）社会管理部门

农村体育的社会管理部门主要包括管理农村体育工作的各级工会、共青团、妇联、体协等。成立于1986年的中国农民体育协会是农村体育的社会管理部门。中国农民体育协会建立以来，遵照“面向广大农村，广泛开展群众性体育活动，普及与提高相结合，增强农民体质，促进农村两个文明建设发展”的方针，积极而稳妥地开展了各项工作，取得了明显的效果。农民体育民间组织指的是人民群众自发成立起来为了实现某种共同的体育目标的一类农民体育组织，主要包括基层体育指导站、体育健身点等。这类组织的基本职责是：根据规程筹募活动经费；发展会员；增加农村体育人口；为会员提供活动场地、器材和技术指导；组织某些相关活动的比赛或集会；积极发展与其他相关活动协会之间的联系等。

## 三、农村乡镇体育管理要求和管理重点

### （一）农村乡镇体育管理的基本要求

#### 1. 重视体育活动，同时力争各级领导重视

各级体育主管部门应当明确农村体育在体育事业中的基础地位，各级人民政府体育、农业部门应当根据各自职责，贯彻国家有关体育和农村工作的法规及方针政策，做好农村体育的管理和组织工作。各县级体育领导机构应从政治的高度、战略的高度认识农村体育工作的重要性。乡镇政府应把体育事业纳入乡镇经济和发展总体规划，经常研究体育工作，成立体育工作领导小组、农民体育协会以及老年人体协等，由乡镇主要负责人参与领导；建立体育站（或体育办）等机构，配备体育专职干部，关心、支持、督促他们的工作。

#### 2. 广泛调动各种社会力量开展农村体育活动

动员和发挥各行业、各系统和基层政权，工会、共青团、妇联和其他社会团体共同开展农村体育活动的积极作用，鼓励、支持各企业事业单位以及个人单独创办或与体育部门采用合资、合作等多种方式联合兴办各种形式的基层农村体育组织，以多种形式办体育，努力促进城乡体育社会化，大力倡导社会团体和个人修建体育场所，自办小型竞赛和业余训练，设立健身辅导站等。

#### 3. 健全农村体育组织

开展农村体育活动，必须首先建立健全农村体育组织网络。要充分发挥农民体育协会、农民体育俱乐部、体育辅导站等基层体育组织的作用。有条件的

县可以建立社会体育指导中心，乡镇、居委会可以建立体育指导站。县、乡镇、村和居民小区适时建立和发展体育健身点。社会体育指导中心、体育指导站、体育健身点应根据当地条件安排场地设施，制定工作计划，结合其他文化体育工作配备专兼职工作人员，安排一定的活动经费。县级体育主管部门和乡镇、居委会应当加强对社会体育指导中心、体育指导站和体育健身点的管理，为其开展工作创造条件。特别是要以乡镇文化站为中心，发挥其阵地作用，以农村体育积极分子（复员退伍军人，高、初中毕业回乡青年）为骨干力量，推动农村体育发展。

#### 4. 创造和提供群众健身的必要的物质条件

为了促进农村体育的发展，必须首先为广大农民群众提供和创造必要的物质条件。各级人民政府和体育部门应逐步加大对体育的投入，并采取有效措施解决好现有体育场地向社会开放的问题。有条件的县（市、区）可逐步兴建“两场（四百米田径场和带看台的灯光球场）、一池（标准游泳池）、一房（篮、排球训练房）”；条件比较好的县（市、区），还可兴建小型体育馆和其他场地设施，争取做到能承办省级甚至全国级的单项比赛；乡、镇应建一场（篮、排球场或田径场）、一室（小训练房或40平方米以上的乒乓球室），学校、厂矿、企事业单位和行政村，也应有简易的体育场地。

#### 5. 培养和发展体育骨干力量

农村体育的骨干力量主要来自于两个方面：一是农村学校的学校体育；二是乡镇企业的职工体育。发展农村学校体育工作，首先要抓好乡镇规模较大的中、小学校体育工作，同时也要关心条件较差的村级小学学校体育工作的开展。要建立县级学校体育教研中心（或委员会），定期进行教学研究和体育教师的进修培训等活动。要认真执行中小学体育工作的规定，努力提高教学质量，有计划地推行《国家体育锻炼标准》和《学生体育合格标准》。乡镇小学要帮助村级小学开展体育活动，在竞赛、场地建设、技术等方面给予指导。县直机关和厂矿、企事业单位，应将体育列入精神文明建设的重要内容，建设必要的体育活动场所，建立和健全行业和基层体育协会，重视和加强职工体育队伍建设。

#### 6. 保护和促进特色体育项目的发展

组织开展农民体育活动时，要侧重于趣味性、健身性、休闲性、社交性，同时还要注意选择地方特色浓郁、民间传统突出的项目，以适应农民的需求特点。要正确引导并大力提倡乡镇体育以特色项目为龙头带动其他项目发展的路子。应抓住特色项目，依靠乡镇广大农民在特色项目上的兴趣爱好，在乡镇掀起体育活动的热潮，提高农民的体育意识，使体育发展为乡镇经济建设服务。

#### 7. 加强农村体育工作的检查评估

“争创体育先进县”活动是1985年经国务院批准，在广大农村开展的每两年一次的评选活动，农村体育管理部门要组织“全国体育先进县”的评选。参加评选活动，可以使农村体育工作者有明确的努力方向和奋斗目标，进一步调动和激发他们做农村体育工作的积极性。同时，还要对基层农村体育的开展情况进行检查和评估，发现存在的问题，并做到及时解决，促进农村体育的发展。

### （二）农村乡镇体育管理重点

#### 1. 依法治体，统筹安排工作

《中华人民共和国体育法》第四十一条明确：“县级以上人民政府应当将体育事业经费、体育基本建设资金列入本级财政预算和基本建设投资计划，并随着国民经济发展逐步增加对体育事业的投入。”要从战略高度认识农村体育工作的重要性，把农村体育作为建设新农村的重要方面和展现社会风貌的窗口，积极引导和组织农民形成健康、科学、文明的生活方式，逐步使体育成为亿万农民生活中不可缺少的部分。对体育工作应列入议事日程，建立和完善相应的规章制度，统筹规划，合理布置，从制度上保证体育工作的落实。把开展体育工作的情况逐步作为考核各级政府工作业绩的指标之一。

#### 2. 以各类体育组织为依托，优先发展较富裕和体育基础较好的乡镇

要把体育工作列为建设文明村镇的内容，以文化站、文化中心、青年之家为阵地，以青年民兵、学校师生和乡镇企业的职工为骨干，充分发挥各类群众性体育组织的作用，力争做到“四有”，即有组织、有场地、有队伍、有活动。

#### 3. 积极开展业余训练

业余训练一定要从当地的实际情况出发，合理布局、突出重点。县级体育行政部门应会同教育部门，认真抓好业余体校、业余训练点、体育班和体育传

统项目学校的训练，建立业余训练体系。有条件的乡镇，也可相应地建立业余体校，多渠道、多层次地培养优秀体育后备人才。同时，也应加强学校、厂矿和机关等基层代表队的业余训练，不断提高群众的运动技术水平。

#### 4. 组织好竞赛活动，充分发挥竞赛的杠杆作用

努力促进群众性体育活动的普及与提高。对于全县性的竞赛，要做到年有计划、月有安排、突出重点、小型多样，力争使传统项目的比赛形成制度。要注意调动各部门、各单位、各系统、各群众团体和个人办竞赛的积极性，使竞赛的路子更宽、更快、更活。

#### 5. 加强体育技术辅导

县一级应建立体育技术辅导中心，作为县体委下设的事业机构；乡镇一级建立体育辅导站，配备专、兼职工作人员，负责对学校、厂矿、机关、农村等基层单位进行体育技术辅导；加强体育宣传，普及体育知识，培训技术骨干，开展体育咨询。

#### 6. 大力推进体育社会化

以多种形式办体育，努力促进城乡体育社会化，大力倡导社会团体和个人修建体育场所，自办小型竞赛和业余训练，设立健身辅导站等。乡镇文化体育工作站要把体育工作摆上应有的位置，做到文化、体育工作一起抓。

**【思考题】**

1. 试述社会体育管理的概念和特点。
2. 我国社会体育管理体制是怎样的？
3. 我国社会体育管理的基本原则有哪些？
4. 我国城市社区体育管理的基本要求是什么？
5. 试述我国农村体育管理重点。

# 第六章 高水平运动训练管理

高水平运动训练是体育事业的重要组成部分，在其管理过程中包含了相互作用、相互影响的诸多要素，无论是宏观的管理体制与运行机制，还是微观的运动员选材、教练员培训等，各种管理要素每时每刻都处于不停运动的状态。高水平运动训练管理工作正是在这种运动中不断向前推进，也使其成为一种动态过程。因此，认真分析和思考这一过程中的每个环节，有助于发现和找出高水平运动训练管理中的基本规律，从而更好地指导和控制高水平运动训练管理工作。

## 第一节 高水平运动训练管理概述

高水平运动训练是更高层次的竞技体育活动，高水平运动训练管理在遵循运动训练客观规律的基础上，以教练员为主导，以运动员管理为中心，以创造优异运动成绩为目的，合理配置和充分发挥运动训练系统诸要素的作用，最大限度地提高该系统的整体效能。

### 一、高水平运动训练管理的概念

运动训练有狭义和广义之分，狭义的运动训练是指“最大限度地挖掘和提高人的体力和智力，以获得更好的运动成绩的一种有组织的教育过程”；广义的运动训练是指“运动员的创造或保持专项运动最高成绩所准备的全过程”。目前，国内关于运动训练比较权威的定义是：“为了提高运动员的竞技能力和运动成绩，在教练员的指导下，专门组织的有目的、有计划的体育活动”。

高水平运动训练是贯彻实施《奥运争光计划纲要》的重要途径，是整个运动训练体系的重要组成部分，属于更高层次的竞技体育活动。一般是指省级集训队（包括自治区、解放军及其他行业系统运动队）和国家集训队中，为了提高所属运动员的竞技能力和运动成绩，以教练员为主、以相关人员配合为辅，专门组织的有目的、有计划的运动训练实践活动和日常班队管理活动。

近年来，随着运动训练实践的日益发展，现代运动训练的内涵与外延不断拓展，更多的人们认识到，现代运动训练，除了运动场上进行的训练以外，还应包括运动员选材、运动竞赛以及竞技运动管理等。这四个各自独立而又相互紧密联系并在一定程度上彼此交叉的分支学科，组成了竞技体育活动的完整体系。因此，当代运动训练理论的研究可以明显地分为两大流派：一派以俄罗斯、德国和中国为代表，学者们注重理论研究的严谨与理论体系的完整，偏重宏观层面的研究；另一派以美国为代表，学者们把注意力更多地投向单学科研究的深入以及具体运动项目训练方法的实用性，偏重微观层面的研究。

在借鉴和吸收上述观点的基础上，我们认为，“高水平运动训练管理是指体育管理者遵循运动训练的客观规律，为实现运动训练工作目标，而对运动训练系统进行计划、组织、控制、协调、创新的综合活动过程。”高水平运动训练管理应包括以下含义。

1. 高水平运动训练的目的是实现运动训练工作目标，使竞技能力转化为竞技成绩。

2. 高水平运动训练的本质是体育管理者对运动管理过程中存在的各种因素进行计划、组织、协调的综合活动。

3. 高水平运动训练管理工作要求体育管理者必须遵循运动训练的客观规律。

4. 高水平运动训练管理的中心环节是教练员对运动员的管理活动。

5. 高水平运动训练管理工作需要体育管理者不断创新。

## 二、高水平运动训练管理的过程模式

高水平运动训练管理的基本过程，就是运动训练的管理者（教练员、体育行政部门管理干部、运动队管理干部、俱乐部管理者、经纪人等）选拔具有适合各专项素质要求的优秀运动员苗子，利用已有体育设施和条件，在投入一定资金的前提条件下，采用科学的训练方法，经过一定时间，将优秀运动员苗子训练成为优秀运动员的过程。这一过程可以简化为如下基本模式（图 6–1）。

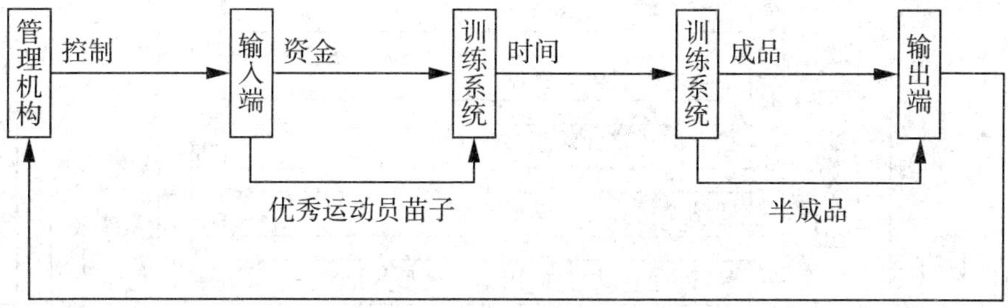


图 6-1　运动训练管理过程基本模式示意图

教练员、干部、设备器材、训练手段和方式组合成专门训练系统。训练系统的对象是优秀运动员苗子，并且要消耗大量的资金。训练系统生产的产品有两种：一种是成品，即被培养成优秀运动员。另一种是半成品，即中途退役的运动员。从运动技术水平提高的角度上来说，这类产品是不合格的产品。竞技体育训练系统中生产的产品是不合格产品大于合格产品，即多数为不合格的产品。换言之，竞技体育训练系统中存在着高淘汰率现象。

从抽象的模式看，最佳训练方案，就是花费尽可能少的经费，选出尽可能多的优秀运动员苗子，即训练系统的输入要尽可能小；反之，要求得到尽可能少的半成品，即保证有效输出尽可能大，尽可能降低训练淘汰率，提高成功率，这种过程也称为最佳控制过程。

## 三、高水平运动训练管理的系统结构

高水平运动训练管理是通过投入一定的人、财、物等，运用计划、组织、控制、协调、创新等基本职能，遵循科学的管理原理、原则和方法，以实现投入与产出效益的最大化。在这一过程中，运动训练管理所涉及的内容如图6-2。

近年来，运动训练实践有了飞速发展，现代训练管理理论也有了许多新的突破，运动训练管理理论体系也在不断地发展和完善，许多新的管理理论与方法在运动训练管理的实践中得到充分应用，并逐渐构成比较完整的理论体系（图 6-2）。

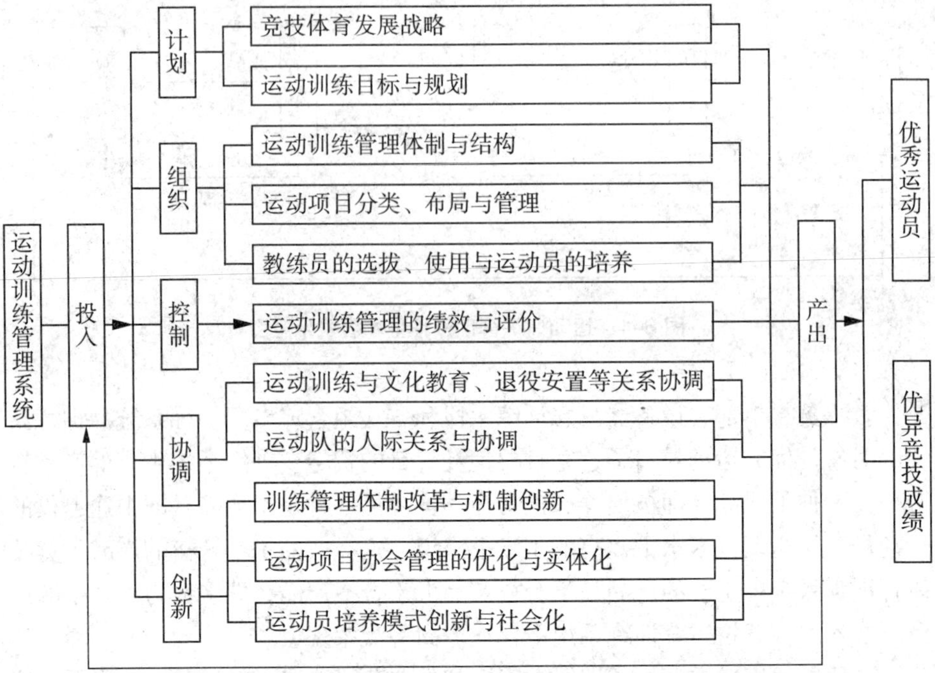


图 6–2　运动训练管理系统结构

## 四、我国高水平运动训练管理体系的形成

在我国竞技体育发展的长期实践中，逐渐形成了以“思想一盘棋、组织一条龙、训练一贯制”为指导思想，以国家集训队和省级优秀运动队为高层，竞技运动学校和省（区、市）运动技术学校等为中层，各类业余体校和体育中学等为基层的三级训练管理体制。在这种训练管理体制下，高水平运动训练管理与中级运动训练管理、初级运动训练管理共同组成了相互衔接的三级结构，并在发展中形成了自己独特的体系结构。

对我国高水平运动训练管理体系结构的认识可以从其管理的主客体等方面进行分析。从管理主体上看，我国的高水平运动训练管理由国家体育总局统一领导与指导，由各运动项目管理中心、各省（市区）体育局等通过专门设立的运动训练管理部门分管运动队和运动员的训练，经费来源主要由国家政府财政拨款，属于集中型的管理体制。从管理客体上看，主要包括国家集训队和各省（市、区）、解放军、各行业体协优秀运动队以及部分高水平俱乐部运动队等。

高水平运动训练管理主要面向我国竞技运动的一线队伍，承担着培养优秀运动员参加国际重大比赛、取得优异成绩并为国争光的艰巨任务。目前，以政府投入与管理为主要特征的管理体系具有以下优点：其一，便于体现国家意志，政府相关部门可将人、财、物力集中，保证重点投入，为运动训练提供优越的条件；其二，由于该体制层次分明、层层衔接，以保证运动员不断提高技术水平并在比赛中出成绩；其三，该体制有较强的激励作用，能最大限度地激发运动员的进取心。

然而，随着我国竞技体育事业的发展，这种以政府行政为主体的管理体制，虽然具有一定的特点和优势，但也存在着不少问题，如过多依赖政府投入，对国家财政的压力较大，而社会力量未能充分利用；运动员把较多的时间投入到运动训练上，文化学习得不到保障，影响到运动员的全面发展，甚至影响其终身；由于机制不灵活，该体制不能与市场经济较好地融合，其发展缺乏动力与活力；管理形式、管理方式和管理手段僵化，难以真正适应社会发展的要求。

# 第二节　高水平运动队的管理

高水平运动队作为创造优秀竞技体育成绩、攀登世界体育高峰的主力军，是高水平运动训练管理的主要对象和工作重点。对高水平运动队实行科学管理，完善其运动训练的管理职能和管理体系，是高水平运动训练发展的必要条件。

## 一、高水平运动队管理概述

高水平运动队（High-Level Sports Team），系指在学习、训练、比赛等方面全面发展，在竞技体育领域内具备较普通运动员更强的学习和领悟能力、更高的竞技水平，具有在各类重大赛事上“争金夺银”的实力，承担着实现“奥运争光计划”目标和攀登世界竞技体育高峰任务的运动队伍。在我国运动训练传统三级管理系统中，高水平运动队一般指省级集训队（包括自治区、解放军及其他行业系统运动队）和国家集训队，也称为“高层次运动队”或“优秀运动队”。它是按照国家统一布局和各地区、各单位需要设置运动项目，由国家统一拨款，积极为国家培养和输送运动人才的运动队，是传统“三级训练网”的高级形式，是我国竞技体育训练工作的重点，是我国攀登世界竞技体育高峰的主力军。

高水平运动队的管理是指为了保证运动员（队）能夺取最佳运动成绩所进行管理的全过程，包括运动专项和身体素质训练、保健恢复和医务监督、思想道德素养和作风的培养、文化科学和业务知识的学习、营养、服装和出行交通等生活管理的各个方面。

目前，我国运动训练管理呈现“多元化”格局，出现了由政府与社会各种力量共同举办的多种类型的运动队。因此，高水平运动队包括由体育行政部门直接领导下的专业运动队和各行业部门领导下的行业体协运动队，以及社会、企业参与或主导下的各种职业队（如足球、篮球、网球、斯诺克、拳击等），还有部分高校建立的各项目高水平运动队，以及原国家体委直属的六所附属竞技体校运动队。

管理高水平运动队的最高职能机构是国家体育总局竞技体育司及相关职能部门等。国家队目前主要由各运动项目管理中心管理。省（市、区）高水平运动队则由各省（市、区）体育局的竞训处及其他有关处室等职能部门管理，具体管理工作则由有关体工队、运动技术学院、训练基地（训练中心）或运动项目管理中心负责。解放军运动队由中国人民解放军总政治部、总参谋部管理。六所原国家体育总局直属体育院校附属竞技体育学校运动队，由所属院校自行管理。各行业体协运动队是由各行业体协分管。部分高校高水平运动队是由教育部相关职能部门管理。

进入高水平运动队的运动员都是经过系统的业余训练，然后多方考察、反复筛选，是攀登竞技体育高峰的生力军。高水平运动队属于特殊人群，其成员由领队、教练员、运动员及其他相关人员组成。高水平运动队伍的最终目标是通过严格的管理、科学的训练，挖掘运动员的最大潜力，在各级各类比赛中创造优异成绩，为地方乃至国家争光。高水平运动队的各项工作必须服务于这个中心任务和主要目标。但这一目标，并非运动员只训练一两年就能实现的，运动员必须从小就坚持系统的艰苦训练，成年累月顽强拼搏，忍耐常人无法想象的身体和意志品质的考验，才可能获得成功。此外，还需要领队、教练员以及其他工作人员的通力合作。

## 二、高水平运动队管理模式

### （一）高水平运动队管理模式的概念

模式（pattern），是指某事物生存和发展的标准形式，或是人们可以依照着去做的标准样式。《辞海》的解释是：模式，一般可以指作为范本、模本、变本的式样。高水平运动队管理模式是指，各高水平运动队以提高运动员训练水平、竞赛成绩为目标，优化运动队资源配置、保证运动队各项工作顺利进行的实施范式。

管理模式是以追求效率为目标，运动队采用何种管理模式，直接关系到运动队的管理绩效。近年来，随着世界竞技体育市场化、商业化和职业化的发展趋势，各竞技体育强国为加速本国竞技体育的发展，在世界竞技体坛上占有一席之地，都纷纷建立和完善与本国国情相符合的运动队管理模式。

### (二) 我国高水平运动队管理模式分类

新中国成立以来，我国竞技体育事业取得了长足发展，并已初步形成了较具特色的管理模式。

我国的高水平运动队在管理体制上先后实行过领队负责制（也曾被称为班主任负责制）、主（总）教练负责制［个别项目曾实行党支部领导下的主（总）教练负责制］和队委会制三种管理体制。

从时间划分上看,新中国成立初期至1985年前，各项目高水平运动队一般都实行领队负责制；1985年至今多数高水平运动队实行的是主（总）教练负责制；2001年后一些项目开始实行队委会制度。这三种管理体制，均带有明显的时代特征，有着各自明显的特点。

#### 1. 领队负责制

领队负责制，强调领队的政治领导作用，由领队全面向上级机关负责。

该模式可以充分发挥领队在运动队思想政治工作中的重要作用。便于建立运动队的团队文化氛围；便于运动员养成热爱祖国、献身体育，刻苦训练、顽强拼搏，热爱人民、无私奉献，团结一致、维护大局，遵纪守法、相互尊重，胜而不骄、败而不馁等道德规范。根据时代的需要，该模式强调运动员要树立忠诚于党和人民的体育事业，在自己从事的运动项目上刻苦训练、勇攀高峰，为把我国建设成为世界体育强国而努力拼搏的信念和理想。

但该模式也有其弊端与不足。首先，它容易削弱主教练的主导性作用，影响主教练业务工作的积极性。它要求领队必须把握本项目的发展方向，能与教练员和运动员共同研究本队的发展新动态，探讨项目的内在规律，寻找提高运动技术水平的最佳途径，不断攀登新的高峰。另外，它容易受到领队个人素质的局限。它对领队个人能力、素质的要求相当严格。领队必须按照运动队新陈代谢的特点，根据各时期竞赛任务的需要，及时调整教练员、运动员队伍，充实后备力量，抓好队伍建设，做到在专项、年龄、素质、能力等方面选好材，用好人才。

### 2. 主（总）教练负责制

主（总）教练负责制，突出的是主（总）教练的全面业务指挥权。该模式对于进一步调动主（总）教练的积极性，加强他们的责任感具有积极的意义。

教练员是运动训练过程的主要控制者，是教与学、训与练矛盾中的主要方面，在实现运动训练目标中起主导作用。该模式由于强调主（总）教练的地位，便于业务工作的开展，使主教练在听取科研和医务人员合理化建议的基础上，围绕重点运动员制定科学的工作计划、训练计划和目标任务，保证计划的顺利实施和任务的圆满完成，是运动队创造良好运动成绩的保证。

该模式的不足之处在于，主教练除了要安排队伍的训练之外，还要把部分精力投入到协调各方面关系中去，导致训练质量可能降低；同时，一味地关注业务训练，可能会忽视队员的思想政治教育和爱国主义教育，对队员要求和管理不严；此外，主教练兼顾各方面工作，会受到主教练本人在知识结构、预见能力、设计能力不足等方面的影响，从而导致运动成绩的下滑。

### 3. 队委会制

现代竞技体育已不再是单纯的体力上的较量，而是运动技能、智力水平、全面素质的综合竞争。要在各类比赛取得优异成绩，仅靠某个领队、教练员的能力是不够的，还需要科研人员、教练组、队医等多个部门的通力合作。目前，我国高水平运动队的管理也开始采用队委会制的模式，如图 6–3 所示。

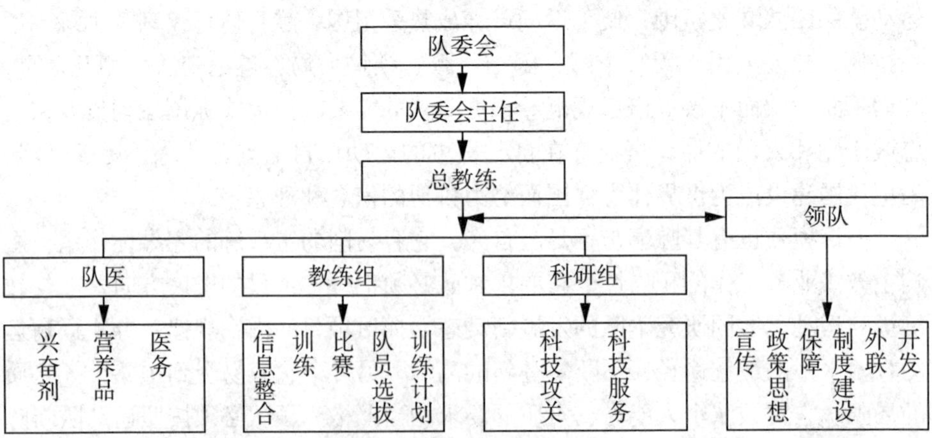


图 6–3 队委会制模式结构

队委会制包括队委会领导下的分工负责制、队委会领导下的总（主）教练负责制和队委会领导下的领队负责制。这三种模式的特点是：运动队的成员主要包括领队、教练员和运动员、一般管理人员、后勤人员等，队委会制模式中，项目中心领导兼任队委会主任，业务部门负责人、教练员、领队、运动员、队医、科研人员等各司其职。队委会主任的作用就是领导、鼓动、教育、协调和督察。重大问题，在尊重主管人员合理意见的基础上集体研究。该制度模式明确了每个人的工作范围、应负的责任以及相应的权利，能做到人人有职、有责、有权，把权利和义务紧密联系在一起。三种模式的优势与弊端如表6-1所示。

**表6-1 队委会制的模式种类及优劣比较**

| 模式 | 优势 | 弊端 |
|---|---|---|
| 队委会领导下的分工负责制 | 能汇集更多的知识与信息，决策质量高效；避免了权力过于集中；能密切主教练和领队的关系，充分保障主教练对业务工作的主导作用；指挥系统前移，减少了中间环节 | 沟通成本增大，影响决策速度；容易出现责任不明确；风险增加；容易出现妥协和折中性方案 |
| 队委会领导下的总（主）教练负责制 | 突出总（主）教练的主导地位，便于开展业务工作 | 总（主）教练责任重，压力大，个人素质的欠缺会影响全局工作；教练员职责扩大化，易影响业务工作；权力过于集中，不利于发挥其他成员的作用；领队和教练员的关系较难协调，会造成内耗，影响训练工作等方面 |
| 队委会领导下的领队负责制 | 领队在行政管理上具备优势；能强调思想政治工作的重要性；便于建立运动队的团队文化氛围 | 会削弱教练的主导作用，影响业务工作的积极性；个人素质的局限性难以避免 |

### （三）我国高水平运动队管理模式的选择

不同的运动队伍和运动项目，以及不同的竞技运动水平和历史时期等，同一管理方式会产生不同的效果和反应。不存在能够适合任何组织机构的固定管理模式，也不存在无视环境变化将某一管理模式沿用到永远的组织机构。但对于任一组织机构而言，则必然存在着适合于自己的管理模式。因此，管理者的任务就是通过研究找出不同项目背景下更加适用的管理模式。

### 1. 影响高水平运动队选择管理模式的因素

在高水平运动队管理中，许多运动队根据本队所处的内外条件随机应变地选择适合自己的管理模式，各队有相似之处，但没有绝对相同的模式。管理者的资历、学识、经验、价值观、目标、期望；运动项目的特点、水平、成绩、目标和期望；高水平运动队内外部环境的复杂程度、组织氛围、金牌与运动成绩压力等都对运动队管理模式的选择产生影响。所以，高水平运动队究竟采用何种管理模式通常要考虑多方面的综合影响因素。

### 2. 高水平运动队选择管理模式的原则

(1) 实事求是的原则

没有一成不变、普遍适用的“最好的”管理方法和模式，运动队必须根据各自所处的内外条件实事求是、随机应变，选择适合的管理模式。运动队具体采用哪种管理模式受到多方面综合因素的影响，比如人的因素（领导者的自身素质，运动员的兴趣、爱好、年龄等）、项目特点、运动队环境等因素。有些高水平运动队某个周期拥有专业或科研权威性极高的教练或领队，该周期可能就要实行队委会领导下的教练或领队负责制，没有权威核心人员可能就会选择队委会领导下的分工负责制；集体项目更多地选择队委会领导下的分工负责制；一些小项目高水平运动队（如田径项目中的短跑、跨栏、跳高、跳远等）可能更适宜选择教练负责制。

(2) 低成本、高效率运转的原则

我国的基本国情决定了用于竞技体育事业的人力、财力、物力都十分有限，所以，高水平运动队运行要坚持低成本运作、高效率运转。充分发挥行政领导的作用，队委会领导（主任）要真正担起责任，但决策过程要充分发挥队委会的作用，尽可能避免其不利因素的影响。另外，还需要明确团队的具体及长远目标，逐步优化管理机构的设置、明细分工、明确权责；加强管理人员、工作人员自身素质的提高；注重成员间的相互沟通、协调，相互支持、默契配合，以提高机构运转的效率。

### 3. 不同项目高水平运动队管理模式的选择

(1) 集体项目

由于集体项目更为重视和强调运动员间的相互默契配合和团队精神，且运动员的不同角色要求采取不同的训练方法，教练员既要考虑技术训练，又要抓好战术训练，因此，集体项目更应选择队委会领导下的分工负责制，发挥复合型团队的优势，充分利用各自的优点和长处，利用集体的力量解决问题。

(2) 普及度低的项目

对于群众普及度低的项目，也可以选择采用队委会领导下的分工负责制，使项目指挥工作前移、降低管理重心，形成多方面合力。

(3) 强势领导类运动队

如果运动队管理层有具备综合素质较高的领队或教练员，聘请了外籍教练员，运动队的管理工作可以在队委会的领导下实行领队、总（主）教练负责制，重点围绕强势领导展开，充分发挥高水平领队、教练员的人才优势。

## 三、高水平运动队管理中的教练员

一个国家竞技运动水平的高低，与其所拥有优秀教练员的数量和质量有很大关系。在高水平运动训练及运动队管理过程中，教练员起着主导作用，是提高运动训练质量、培养优秀运动员的关键。高水平运动队管理是现代运动训练管理中的重要内容，教练员的工作主要包括组建队伍、制定训练和比赛计划、具体组织和指导训练过程与比赛活动、对运动员进行全面教育和管理等。其核心任务就是全面提高每个运动员乃至全队的技战术水平，在比赛中取得优异成绩。

### (一) 教练员在高水平运动队管理中的作用

现代竞技运动的高速发展已远远超出了其本身的价值，成为不同民族、不同国家甚至不同社会制度之间进行较量的重要战场之一。总体上看，各国对竞技运动的发展所采取的不同措施和方法，较为突出的一点就是加强教练员的职业化教育，提高教练员的职业素质，完善教练员的知识结构。这是因为现代运动训练仍是一项生物和生化的改造与提高的过程，在此过程中运动员仍是各项实践活动的中心，而教练员则在运动训练过程的各项实践活动中起主导和决策作用。教练员对训练所肩负的主导和决策作用是训练的客观规律和教练员自身的职业性质所决定的。从总体上讲，运动员运动成绩的提高受多种因素的影响，而决定因素则表现为在教练员指导下的训练质量。所以，教练员在训练过程中的主导作用是毋庸置疑的，并具体体现在选材、训练、管理及临场指挥等方面。

#### 1. 在运动员选材方面的作用

在现代训练过程中，运动员的科学选材是训练科学化的重要组成部分，也是运动训练系统进入实质化运作的第一步。随着现代科学技术的发展和对训练强有力的渗透，运动员的选材工作更加深入，理论研究也更加广泛。因此，运动员选材工作从客观上讲对教练员的要求也就越高，教练员在此过程中的作用更加突出。

#### 2. 在训练中的作用

教练员在训练方面的作用，其表现是深刻和广泛的。概括起来讲主要反映在四个方面：确立训练的目标模型；对训练过程实施有效的监控；调整与控制影响训练的多因素干扰；对训练过程中实施科学评价。

#### 3. 在训练管理中的作用

训练管理工作是在科研人员、医务人员、营养保健人员、心理专家等专业人员的协同努力下，由教练员去具体实行的。因此，教练员是训练的主要管理者。教练员在训练管理方面的作用集中表现在四个方面：

(1) 对训练过程的各种实践活动的科学管理；

(2) 对运动员思想的管理；

(3) 对运动员文化学习和生活的管理；

(4) 对尖子运动员的管理。

#### 4. 在临场指挥方面的作用

比赛，不仅是双方实力的对抗，也是运动员智慧的角逐。而教练员则是双方较量的场外谋士。虽然他不是竞技场上双方角逐的直接参与者，但他运筹帷幄，驾驭着整个比赛过程，调整并控制着比赛中运动员战术的运用和心理变化，对比赛的胜负起着关键性的作用。比赛，是受一定时间制约的，通常教练员的临场指挥表现在比赛前的准备期间和比赛之中。在此过程中教练员的作用集中体现在两个方面，一是战术方案的选择和调控；二是运动员竞技状态的调整。

### （二）教练员应具备的基本素质与技能

#### 1. 教练员应具备的基本素质

教练员是一支运动队的组织者和领导者，在训练和比赛、教育和管理过程中起着主导作用。一支运动队运动水平的高低与教练员的指导和管理水平有着密切的关系。一个优秀的教练员在工作中表现出的能力是多方面的，并具有各自突出的个性和特点，但一般应具备以下基本素质：

（1）牢固的事业心和良好的道德品质；

（2）精通业务知识和具有创新的精神；

（3）全面的基础知识；

（4）较强的教育管理能力；

（5）良好的心理素质。

#### 2. 教练员应具备的基本技能

（1）制定训练计划的能力；

（2）正确的示范、讲解和组织、指导训练的能力；

（3）掌握收集和分析资料的方法；

（4）掌握一定的生理、生化指标的测试方法；

（5）掌握科学选材的方法；

（6）高超的临场指挥能力；

（7）善于总结经验；

（8）一定的经纪能力。

## 第三节　高水平运动员的培养

近年来，我国竞技体育水平飞速提高，特别是2001年7月13日北京申奥成功以后，更是加快了高水平运动员培养的步伐，取得了2004年雅典奥运会32枚金牌名列金牌榜第二和2008年北京奥运会51枚金牌名列金牌榜第一的突出成绩，向世人展示了中国优秀运动员精湛技艺和良好的道德风尚。

## 一、我国高水平运动员培养的历程

我国高水平运动员培养始于20世纪50年代初，当时称为“优秀运动队”。最初国家体委所属的优秀运动队有篮球、排球、游泳3个队。1952年后，为了适应参加奥运会等国际体育活动的需要，在国家体委领导下，开始建立各运动项目组织。除了1949年已经成立的篮球协会外，至20世纪50年代末，已相继成立了中国摔跤、网球、排球、田径、足球、乒乓球、羽毛球、举重等近20个单项运动协会。与此同时，在解放军体育工作经验的基础上，又借鉴了苏联等国的模式，逐步建立起了具有中国特色的专业运动队体制，开始了我国高水平运动员培养的历程。

到1959年第1届全运会前后，在国家体委领导下，建立了包括田径、体操、游泳、篮球、排球、足球、乒乓球等主要项目在内的常设国家集训队。同时，全国各省（市、区）也建立了一定数量的专业运动队。1959年4月中共中央批转国家体委党组《关于1959年体育工作几个问题的报告》指出：“各省、市、自治区可根据本地区体育运动发展的情况和特长，建立若干重点项目的优秀运动队伍……省以下各级的运动代表队，除为了准备和参加省一级运动会，可进行短期集训外，一律不应当占用生产和工作时间进行集训。”1960年3月经中央批转的《国家体委党组关于1960年体育工作会议情况的报告》又进一步明确指出：“优秀运动队的训练由国家体委和省、市、自治区分别举办。”《1961年全国体育工作会议纪要》则规定：“优秀运动队的设立，除解放军、各产业系统由各有关部门批准建立外，目前只限制在国家体委和省（市、自治区）体委两级。”根据以上文件，正式确定了中央和省级两级高水平的专业运动员培养模式。

1961年3月31日，《国家体委关于实行运动队工作条例（草案）的通知》下发。这是我国第一份关于高水平（专业）运动员培养的正式文件。该条例对我国专业运动队的基本任务、培养目标、管理规范进行了全面阐释，并分章就训练原则、比赛要求、思想政治工作、文化教育、教练员、运动员、后备力量培养、医务监督、行政管理、组织和领导进行了全面的规定与说明。该条例的出台，标志着中国竞技体育“举国体制”的训练体制与高水平（专业）运动员培养体制走上了规范化与建制化轨道。

在国家与省一级建立高水平（专业）运动队的同时，与之相适应的高水平竞技人才的“三级训练网”、“三从一大”的训练原则、“国内练兵，一致对外”的赛训指导原则等也相继建立并提出，成为当时我国专业运动队建设及高水平运动员培养的有力保障和指导原则。

## 二、我国高水平运动员的培养路径

随着我国竞技体育事业的不断发展，在不同性质和特点运动项目的人才培养方面，必然要求采取更加灵活、更加有效的培养途径与方法，同时，这种不断变化和创新的高水平运动员多元化培养路径也从一个侧面反映出我国竞技体育发展趋势与发展走向。

### （一）专业化培养路径

#### 1. 专业化培养路径的含义

所谓专业化培养路径，是在人才培养的手段和方式上都更加依赖于我国“举国体制”下的竞技体育资源配置渠道与方式；在运动员培养的资金投入上，主要以政府部门的财政拨款为主，并借助于传统的“三级训练网”体系，实现高水平运动员的培养过程。但这种专业化与以往计划经济体制下的运动员培养方式又有所不同，不再以获取金牌为唯一目标，而是同时将运动员的文化教育和竞技技能学习有机结合起来，开始强调运动员的社会价值实现的重要性。因此，现代专业化运动员培养路径将是传统“举国体制”下运动员培养方式的最直接“继任者”。

#### 2. 专业化培养路径的特点

（1）高效性

通过在一定范围内集中有限资源来提高某一运动项目竞技水平，这既是传统“举国体制”的典型特征，同时也是专业化培养路径的主要特征，其优点在于可以充分发挥原有竞技体育管理体制的优势，充分调动有限的资源配置，以有效实现专业竞技人才的培养过程。

（2）节约性

在我国经济尚不十分发达的客观条件下，能否科学合理地利用原有运动员培养的“专业化”体系，并将其优越性最大限度的地发挥出来，在一定程度上也是我国竞技体育得以实现健康和可持续发展的一个重要标志。

(3) 稳定性

“任何一个国家或民族都不会轻易放弃国际竞技体育的争夺，无论这一争夺发端于意识形态，还是植根于民族主义；无论处于政治目的，还是未来满足社会文化需求。”在一段时期内，以专业化培养路径的方式来进行一部分运动项目运动员的培养，将是中国竞技体育整体实力保持和发展的最佳选择。

### 3. 专业化培养路径的适用范围

高水平运动员的专业化培养路径主要适用于那些市场化程度低，个人或家庭、企业和社会体育组织都不愿介入的运动项目，如射击、击剑、举重、柔道等项目。

## (二) 职业化培养路径

### 1. 职业化培养路径的含义

职业化培养路径将是我国竞技体育领域与社会主义市场经济体制建设相适应的一项重要工作，其要义在于通过市场来筹集并运作竞技体育资源，特别是高水平运动员培养的管理主体，根据市场这一“风向标”的发展趋势，将人、财、物、时间和信息等资源要素投入到产出最高的运动项目上去，从而不断减少政府在竞技体育人才培养方面的微观管理行为，真正实现体育行政部门由微观、宏观“双肩挑”向单纯的宏观管理转变。

### 2. 职业化培养路径的特点

(1) 市场性

市场经济的最大特点就在于资源配置的自由流动，反映在运动员培养方式上也同样如此。通过市场的导向作用，各类资源可以最大自主性地选择所要流向的方向，实现利益最大化。

(2) 变革性

传统“举国体制”下，高水平运动员的培养均由国家统包统揽。面对经济的高速发展和竞技体育商业化浪潮，政府职能和角色不断受到挑战，对竞技体育人才培养政策也提出了新要求。在这一变革的过程中，政府在职业运动员的培养方面也开始不断加大投入，干预能力得到加强，并不断地在政府干预和俱乐部的“自治权”方面寻找新的平衡点。

(3) 渐进性

可以预见，在我国市场经济不断完善和健全的过程中，职业化培养途径将会成为未来我国高水平运动员培养的主要选择和方式，但这一进程将不可避免地受到我国社会经济发展水平，以及整个国家体育管理体制改革进程的制约，从而表现出渐进性特征。

### 3. 职业化培养路径的适用范围

职业化培养路径适合于那些当前市场开发比较好、群众基础雄厚、观赏性强和发展潜力大的运动项目，如足球、篮球、赛车、网球、高尔夫、斯诺克等运动项目。

## (三) 院校化培养路径

### 1. 院校化培养路径的含义

院校化培养是采取依托高等院校的教育资源，来实现高水平运动员竞技技能培养和全面发展的真正统一。它是我国现阶段培养高水平运动员的一种有效路径和尝试，也是当前实践中收到了良好效果的一种方式。

### 2. 院校化培养路径的特点

(1) 全面性

院校化培养充分体现了体教结合的思想，在运动员培养上不单单以竞技体育成绩为目标，强调各方面素质的综合养成，具有十分突出的全面性特征。

(2) 科学性

现代竞技体育在不断突破人体极限的同时，也面临着生物、生化、器械设施、运动技术、心理调适等诸多挑战，因此，训练是否科学成为运动员成绩提高的瓶颈。高等院校有着强大的智力支持和科研力量，可以充分满足这一要求。

(3) 持续性

竞技体育人才的培养最终要植根于教育，纵观世界各国在发展体育事业的时候，无论是大众体育还是竞技体育始终把基点放在教育上，这是中国未来竞技体育可持续发展的根本。高水平运动员的院校化培养路径将使运动员的培养走上可持续发展之路。

### 3. 院校化培养路径的适用范围

与专业化培养路径和职业化培养路径不同的是，院校化培养并没有严格的限制范围，在具体运动项目的选择上，主要取决于某一院校传统项目优势、该院校在高等教育领域中发展竞技体育的角色定位，以及是否具有该项目的师资或教练力量、基础条件等方面的条件和因素。

## 三、我国高水平运动员培养的社会化

高水平运动员培养是一个复杂的系统工程，是竞技体育中一个非常重要的环节，对竞技体育的发展和竞技水平的提高起着决定性作用。世界各国培养运动员都按照自己国家的实际情况采用了多种体制和方式，各具特点。随着我国社会主义市场经济体制的逐步建立与完善，社会经济的迅速发展和文化的进步，教育的普及、科技的提升，在追求"以人为本"，谋求"人的全面发展"科学发展观指导下，我国高水平运动员的培养模式正悄然发生着变化，从"体教结合"的"清华模式""体育院校化模式"的相继出笼，到以"奥运战略"为最高目标的"举国体制"的激烈讨论中提出的"运动员培养社会化模式"等，从专业运动员一统天下，到运动员学生应运而生，再到学生运动员在竞技场上的初见端倪，反映了我国竞技体育体制正在自觉或不自觉地发生着变化。这一变化表明，我国高水平运动员培养模式的多元化格局正在形成。

### （一）我国高水平运动员培养社会化的必要性

### 1. 市场经济体制改革的必然要求

自20世纪70年代末80年代初开始的改革大潮至今，我国的政治、经济、文化、教育都发生了翻天覆地的变化。随着以市场化为取向的经济体制改革的不断深入，竞技体育领域改革取得了丰硕的成果。因此，从国民经济发展的战略高度来审视我国高水平运动员培养方式，探索市场经济条件下高水平运动员培养社会化的途径，是关系到中国体育事业未来发展全局的一个重要课题。

随着商品经济的发展，劳务市场与文化市场不断扩大，人们对体育的消费意识及消费能力不断提高，特别是竞技体育作为一种新的社会职业已成为可能，并且具有广泛的市场前景。在国家对体育的投资不能满足体育事业发展的需求时，商品经济的高度发展使得体育具有了自我发展机会，经济的发展使人们精神和物质生活水平提高的同时，还具备了投资体育的意识和能力，为高水平运动员培养的社会化发展提供了适宜的外部环境。

#### 2. 体育管理体制改革的必然趋势

随着我国改革开放进程的日益深入，在社会化、国际化、职业化、商业化等世界体育发展大趋势的背景下，根植于我国国情的体育体制改革也逐渐展开，新体制以转换体育行政部门的职能和塑造市场活动的主体为突破口，目的在于促进改“办”为“管”的经费投入、训练体制、竞赛体制、领导方式以及人才培养体制转轨的实施。

#### 3. 应对经济全球化的必然选择

20世纪末，经济全球化和世界多极化的浪潮以及信息技术的飞速发展，猛烈地冲击着传统的国际秩序。传统的时空观念被打破了，世界的区域化和一体化的进程大大加快，国家间的联系变得比以往任何时候都更加紧密了。国内的各项体育事业都与外国的竞争对手在同一个市场上比拼，给中国体育事业带来的冲击是方方面面的，不论是资金、人才，还是管理方法和先进技术，都要面对外来的巨大压力。在竞技体育领域，由于新的训练方法、手段和器材的使用，使国际体坛上的争夺日益激烈，许多长久以来被人们视为人体极限的禁区被不断突破，中国的体育健儿们要想继续取得进步，就必须在加强自身训练的基础上，虚心向国外的同行们学习各种先进技术。在经济全球化浪潮与竞技体育市场化、商业化改革影响下，实现高水平运动培养的社会化是应对新形势下各种挑战的必然选择。

### （二）我国高水平运动员培养社会化进程中的障碍

多年来，我国高水平运动员培养一直是在以政府为主导的“举国体制”下进行的。随着社会的转型和体制的转轨，部分运动项目高水平竞技人才的培养主体逐渐由政府转向学校、企业，甚至家庭等社会单位，亦即高水平运动员培养社会化。但这一转变过程既受到人们传统思想观念的束缚，也受到政策性、条件性、体制性等多种因素的制约。

#### 1. 政策性障碍

从广义上看，政策是一定时期和背景下，国家、政府或政党的政治策略与行动原则。从狭义来说，政策是一定时期内以政府的决议、通知、文件、规定等形式正式下达的工作准则与规范。当前，制约我国高水平运动员培养社会化进程的政策性障碍主要体现在参赛资格限制和社会保障制度与法规不健全两个方面。

### 2. 条件性障碍

主要体现在经济条件、训练条件、运动项目社会化程度条件三个方面。在当前社会经济发展条件下，即使一些个人或家庭有培养运动员的技术条件和愿望，但其很难有足够的经济实力去支付一名运动员（特别是优秀运动员）的培养费用，加之又缺乏企业等的支持，只能选择放弃培养有天赋、可能成为优秀运动员的机会。因此，在运动员培养社会化进程中，经济条件的制约是一个重要障碍。

训练条件也是运动员成材的重要因素之一，任何优秀运动员的培养都与良好的训练条件分不开的。运动训练的构成诸因素如教练员、运动员、训练方法、场地、器材、设备等，都有可能成为优秀运动员培养社会化进程中的障碍。在运动员培养社会化较高的西方国家，一些运动项目的运动员由家庭或者企业赞助出资自主聘请教练员，由教练员制定科学的训练方法，选择利用合理的场地、器材、设备对运动员进行训练，整个过程全部由社会承担。而在这个过程中，运动员能否聘请到优秀的教练员，训练方法是否科学合理，有没有现代化的场地、器材、设备（包括运动损伤康复手段和设备），都会成为制约和影响优秀运动员成材的障碍。

运动项目社会化程度是指该运动项目受市场青睐和社会接受程度，以及依赖社会的程度。随着职业体育、商业体育的飞速发展，一些运动项目很容易受到观众的喜爱，并很容易得到企业的赞助和媒体的支持，对社会和市场的依赖性不断增强。如当代的网球、高尔夫、斯诺克等。优秀运动员培养的社会化，一定程度上与该运动项目本身对社会和市场的依赖程度有关，如果这个项目本身对社会和市场的依赖程度很低，即社会化条件不具备，则该项目的运动员培养也很难在社会化路径上有所作为。

### 3. 观念性障碍

长期以来，我国的优秀运动员一直由政府培养，难免在政府体育部门形成一个比较狭隘的观念：运动员的培养是政府体育部门“一家”的事情。这无疑给当前正在探讨的优秀运动员培养社会化问题增加了一道障碍。

受长期计划经济体制的影响，运动员及家庭容易形成一种传统的观念：进入“三级训练体系”的集训队，就意味着将来的就业问题能够得到解决。在众多家庭和青少年思想中，全力完成国家九年制义务教育并进入重点高中才是正统，而像丁俊晖的父亲那样让孩子10岁放弃学业去打台球，则易被看做是不务正业的表现。在当前国家教育制度、就业制度下这道观念性障碍还很难被冲破。

### 4. 体制性障碍

我国优秀运动员的培养推行社会化的发展道路，是我国竞技体育适应国际大环境的必然选择。因此建立一种适应市场化、甚至职业化发展要求的运动员培养体制已是大势所趋。但是，在推行优秀运动员培养社会化过程中现行的运动员培养组织与管理结构的行政垄断，却是影响我国优秀运动员培养化发展进程、与国际接轨的一个重要障碍。所谓“行政垄断”，是指“行政主体滥用或超越行政权力，限制、妨碍或排斥经济竞争的行为”。这是指长期以来我国的运动员培养组织管理体制是一种高度集中的、以行政管理和指令为基本手段的体制，是与计划经济相适应的一种管理方式。在这一体系下，各运动项目管理中心与协会是“同构”或“混合”机构，而名为实体的各运动项目管理中心，已经具有了类似企业、民间协会和政府派出机构等功能，成了集政府、社会、企业三种功能于一体的特殊产物。特别是主要领导的“同一”性，使这种本来属于社会民间团体的协会面目全非，因而“社会化”的发展客观上也变成了一种实质上的政府行为，在这种情况下难免为了政绩目标和利益，会以协会的名义作出一些明显有失公平的规定或限制。这对于刚刚迈步走上市场经济轨道、与国际接轨的中国竞技体育来说，首先面临的这种来自内部的约束和控制，显然不利于运动项目的正常发展。而现在的各运动项目系统组织结构和组织形态，却是形成这种情况的根本原因。

按照我国传统的管理体制，运动员的培养和选拔都是在体制内部进行，两者矛盾并不突出。然而，在迈向社会化的今天，运动员的培养过程已经出现由俱乐部、家庭等社会组织非专业体校承担培养工作的例子。但是，这种机制并没有改革彻底，人才的培养虽然社会化了，但在人才的选拔上又不得不进入原来的“国家化选拔”体制，即通过参加省队，参加全运会，最后进入国家队的体制。

国外优秀竞技选手的成长经历表明，“去国家化”之后的出路在于社会化，即由社会通过各种各样的方式承担支持体育事业、培养职业选手的成本。但我国长期以来实行的是体校、地方队和国家队的“三级体制”。这种体制相对封闭独立，具有专业化程度高、力量集中的优势，曾经为我国竞技体育的发展作出重要贡献。但近年来其弊端也日益显现，突出表现在资金约束、训练与文化学习脱节、运动员再就业难等。而“社会化培养”虽然能够有效解决这些问题，但其地位仍然受控于原有体制，突出表现在“注册权”和“参赛权”都垄断于各级政府体育部门，而不是社会团体，更不是个人和家庭或者企业。

### （三）高水平运动员培养社会化进程中的改革路径

#### 1. 科学界定政府体育部门适度介入的范围

社会化的高水平运动员培养制度是在国家宏观调控下的人才培养制度。在社会化过程中，单位或部门利益是最高利益，各人才培养主体根据社会和市场需求进行人才培养，追求利润最大化是其主要目标，这容易导致运动项目间发展不平衡，使局部利益与整体利益、地方利益与国家利益发生冲突。如果完全由市场或社会配置体育人才资源，足球等一些我国竞技水平较低但市场前景较好的项目会吸引很多培养单位的重视，而我国的一些优势项目如体操、跳水等反而无人问津。长期下去，必然带来运动项目间的结构失衡，导致我国竞技体育总体实力的波动。政府体育部门的适度介入，运用政策杠杆或经济手段调节供需矛盾和结构平衡，有助于保持优势运动项目后备人才队伍的稳定。

#### 2. 积极鼓励社会力量参与培养，加强相关法规制度建设

引入市场机制培养竞技体育人才，各高校、企业、社会团体或俱乐部等竞技人才培养单位应围绕市场需求主动收集供求信息，进行理性决策，组织人才培养，追求自身利益的最大化。政府体育部门应主动引导社会力量参与高水平运动员的培养。社会参与可以在现（“专业竞技”或“政府主导竞技”）系统外形成另一条从生产竞技后备人才到高水平运动员的“流水线”，增加竞技人才总量。对由政府调控、国家负全责、投入巨资的运动员集中培养机制的一条龙、三级训练网的流水线，即“教练员通过与幼儿园、小（中）学教师建立联系，挑选有潜质的苗子吸收到业余体校，经过封闭或半封闭的训练与优胜劣汰的竞争，优胜者逐步升入省（市、区）优秀运动队、直至国家队”的人才培养流程进行改革，允许社会力量参与这一“生产流程”，以形成竞争。在此过程中，政府体育部门应制定更加完善的相关法规，对社会力量参与高水平运动员的培养进行规范管理，建立与完善高水平竞技人才交流的相关制度，使各培养主体在同等的条件下进行竞争，保证培养单位合理的利益回报。

### 3. 促进政府体育部门和教育部门的有机结合，在实践中探索“体教结合”的制度创新

“体教结合”是体育系统与教育系统联合培养体育人才的一种形式。尽管形式多样化，但目前的“体教结合”的重点主要集中在业余训练层次上，对于高水平层次的专业运动队、高校高水平运动队等的“体教结合”还没有引起足够的重视。随着竞技体育的发展和社会对人才需求标准的提高，“体教结合”已超越了早期的体育系统与教育系统联合培养体育人才的简单形式，逐步向一种“全方位”的结合形式发展。在未来实现我国高水平运动员培养社会化的过程中，采取依靠高等院校来培养高水平运动员的方式将是一种最为便捷和有效的途径，即以普通高等院校为龙头，逐步完善大、中、小学相衔接的体育人才培养机制，这是实现奥运金牌战略与高水平运动员全面发展双赢的最佳选择。

### 4. 改革现有人才培养体制，合理调整与划分“事权”

随着我国社会主义市场经济体制的逐步深入，运行了几十年的竞技体育“举国体制”中庞大的人才培养体系，运动员管理上的国家供给制所造成的“出口”与“入口”不畅通等一系列矛盾，成为制约、影响竞技体育可持续发展战略目标实现的巨大障碍。改革现有人才培养体制，选择适合我国竞技人才培养的模式，以利于提高投资收益率，保证优势项目、非优势项目的协调发展已成为当务之急。而我国在“举国体制”下，各地方竞技体育的最高任务是瞄准每 4 年一届的全运会，它是一种由中央到地方逐级进行全民体育运动竞赛的制度，是一种“国家化”特征很强的以行政区划为基础的层层选拔体制的补充和强化，是地缘文化在体育竞赛中的表现。实现高水平运动员培养社会化的前提在于体育事业的“去国家化”。改革单一的国家培养体制，由社会通过各种各样的方式承担支付体育事业、培养冠军的成本，让政府的体育资源用于更广泛的公众体育；并合理调整被垄断于各级政府体育行政体育部门的“注册权”“参赛权”，合理划分“国家”与“社会”的事权，解决高水平竞技后备人才的“培养”和“选拔”之间的断裂等矛盾。

**【思考题】**

1. 我国高水平运动训练管理的成功经验有哪些？
2. 我国高水平运动队管理的模式有哪几种？各自的特点是什么？
3. 为什么说社会化是我国高水平运动员培养的重要方向？
4. 我国高水平运动员培养方式与世界各竞技体育强国有何不同？从中能汲取哪些经验？

# 第七章　业余运动训练管理

竞技体育的发展不仅是科学技术、政治和经济实力的比拼，更是竞技后备人才的竞争。业余运动训练作为竞技体育后备人才培养的基本形式，是竞技体育事业的基础工程。了解业余运动训练管理的基本知识，熟悉和掌握业余运动训练管理组织形式、基本流程和内容，科学认识与思考我国业余运动训练管理工作中的新动向、新趋势和新问题，有助于掌握业余运动训练管理的基本规律，提高我国业余运动训练管理水平。

## 第一节　业余运动训练管理概述

业余运动训练是同高水平运动训练相对而言的，是高水平运动训练的保障和基石。对业余运动训练系统进行科学和有效的管理，是发现竞技体育人才，实现业余运动训练的科学化、系统化和规范化，不断提高运动员技术水平，为高层次训练系统源源不断输送大量合格竞技体育人才的关键环节。

### 一、业余运动训练管理的概念

在不同的语境下，业余运动训练有着不同的含义。按照训练性质和特定对象来划分，业余运动训练同专业训练、职业训练在内容和作用上相互独立、平行，其所需要的训练经费、训练场地设施等，主要来源于社会或个人资助，教练员一般由运动俱乐部或体育学校、甚至家庭聘请，并提供相应经费，运动员则自付学费。由于这种培养方式要求运动员个人和家庭以及相应的培养主体必须具有较强的经济实力，因此常见于美国、西欧等市场经济较为发达的国家。

而在我国，人们则经常从另一个角度来审视业余运动训练，即从运动训练的管理层次上，将其视为整个运动训练系统的一个重要组成部分。这是因为，我国运动训练系统从层次结构上主要划分为高、中、初三级训练体系。高级包括国家队和省、市、区优秀运动队以及解放军队等，他们的主要任务是攀登世界竞技体育高峰，实现“奥运争光计划”目标。中级主要是指省、区、市体育运动学校和原国家体委直属体育院校附属竞技体育学校以及各级各类业余体校等，他们的主要任务是培养和输送体育后备人才与体育骨干，为社会培养体育专门人才。而初级主要是指体育传统项目学校、中小学运动队等，他们的主要任务是对在体育方面有培养前途的青少年学生进行系统的课余训练，为上一级体育训练形式输送合格的人才，为社会培养体育骨干。因此，在我国运动训练管理体制的“三级金字塔”层次结构中，体育运动学校和竞技体校作为中级层次，既是构成我国运动训练体制的“纽带”，同时也是我国业余训练体系中的最高训练形式，是我国业余运动训练与专业运动训练的衔接点，对更低层次的业余运动训练具有导向作用。

所谓业余运动训练管理，即指在以体育运动学校和竞技体校为最高层次的业余运动训练体系中，为实现业余运动训练人才培养与输送目标，所进行的计划、组织、控制、协调、创新的综合活动过程。在业余运动训练管理的体系中，其管理主体主要包括各级各类运动学校、体育传统项目学校和中小学运动队等；管理的客体则包括以竞技体育后备人才为核心的人、财、物等多种资源对象，在结合竞技体育后备人才培养客观规律的基础上，充分借鉴现代管理知识和理念，为我国竞技体育不断培养和输送优秀后备人才。

## 二、业余运动训练管理的作用

业余运动训练是我国体育事业的基础工程，也是我国竞技体育可持续发展的有力保障，它直接关系到竞技体育发展的实力和后劲，直接关系到群众体育普及的效果。只有对其进行科学、有效的管理，才能确保上述目标的顺利实现。

### （一）业余运动训练管理是我国运动训练管理体制中的重要组成部分

在竞技体育“举国体制”的发展实践中，我国逐渐形成高、中、初相互衔接的三级运动训练体系，也被人们形象地称为“金字塔”式的训练体系。新中国成立以来我国竞技体育所取得的辉煌成绩表明，这种三级训练体系发挥了巨大的作用，并且在今后一段时期内仍将继续发挥作用。而业余运动训练管理正处于这个“金字塔”的中下层，是实现我国运动训练管理目标的坚实基础。尽管这种塔基由于过大而日益受到人们的质疑，但可以肯定的是，业余运动训练管理仍将继续作为我国运动训练管理中不可或缺的一环而继续发挥作用。

### （二）可有效提高竞技体育后备人才培养的质量

长期以来，我国的业余运动训练系统培养和输送了大量后备人才，为我国竞技体育的腾飞作出了突出贡献。在长期的业余训练实践中，人们已经普遍认识到，只有不断完善业余运动训练管理体制，才能实现业余运动训练的科学化、系统化和规范化；只有采用科学的管理手段和方式，才能使业余运动训练系统中有限的资源得以合理和优化配置；只有坚持科学化管理，才能不断提高竞技体育后备人才的培养质量，使该系统的投入与产出比达到最大化。

### （三）业余运动训练管理是竞技体育可持续发展的重要保障

竞技体育的可持续发展，需要完备的业余运动训练系统为其不断输送大量竞技体育后备人才，没有相应的业余训练作为基础保障，也就不能形成高质量的竞技体育水平，不可能获得有效的可持续发展的能力。然而，业余运动训练的这种基础保障作用建立在科学管理的基础之上，因此，要进一步加强竞技体育可持续发展的能力，就必须强化业余运动训练的管理，通过对业余运动训练所面临的各种新问题进行仔细的分析研究，不断变革现行业余运动训练管理体制，创新管理模式与方法，从而不断加强业余运动训练的基础保障作用。

# 第二节　业余运动训练的组织形式与管理

业余运动训练管理的组织形式多种多样，相应的管理活动也具有多样性的特点，因此，必须在全面考察各种业余运动训练管理的组织形式的基础上，认真分析与不同组织形式相对应的管理内容和管理方法，以保证管理目标的顺利实现。

## 一、业余体校

业余体校是目前基层业余训练的主要形式，也是我国竞技体育后备人才的主要培养基地。业余体校系统在培养竞技体育人才方面起着主渠道作用。

业余体校是对体育运动方面有发展前途的中小学生进行半天训练、半天学习的一种中级业余训练形式。它又分为一般业余体校和重点业余体校。业余体校的办学形式大体可分为三种类型：集中型——学生的训练、学习和食宿都集中由业余体校统一安排，这类业余体校多为重点业余体校；半集中型——学生的训练和食宿由体校统一安排，而学习则分散在附近或原所在学校进行；分散型——学生仍在原所在学校上文化课，利用课余时间，采用走训形式到业余体校参加运动训练。

我国的国情决定了业余体校既不能像高水平运动队那样以训练为中心，也不能像普通中小学那样以文化学习为主，必须二者兼顾，完成业余训练和文化学习的双重任务。所以，业余体校的任务必须围绕这两方面进行合理安排。具体来说，我国业余体校的主要任务如下。

1. 为国家培养德、智、体全面发展的具有良好身体素质和一定运动技术水平的体育运动后备人才；

2. 为开展群众体育活动培养技术骨干；

3. 辅导中、小学和幼儿园训练点的训练。

业余体校管理的内容很多，涉及面很广。依据业余体校的任务，其基本内容是如何有效地组织科学选材和训练，努力提高教学训练水平，以达到向上输送出高质量、全面发展的专门人才的目的。

我国业余体校的发展。在规模上，自 20 世纪 90 年代以来我国体校数量有所减少，输送率偏低，绝大多数业余体校学生面临升学的困难。在教练员队伍建设上，业余体校 30 岁以下的教练员逐年减少，50 岁以上富有经验的老一代教练员也有逐年减少趋势，而中年教练居多。现有教练员的知识结构、文化素质也较低，高学历和高级职称所占比例不高。在经费上，体育系统业余体校的财政拨款具有不确定性，多以奥运会为基准周期性地增减。体育系统业余体校的收入虽逐年增加，但仍对国家投入具有较大依赖性。在项目分布上，我国业余体校所设项目包括奥运和非奥运项目共 64 个，从事人数最多的是田径，少数体校设有定向越野、跳伞等项目。

## 二、竞技体校与体育运动学校

竞技体校与体育运动学校均属业余运动训练体系中的最高层次，但其管理主体不同，前者由体育院校主管，后者则由省、直辖市、自治区体育局主管。

竞技体育运动学校（简称竞技体校），是1979年经国务院批准，为国家备战奥运会，培养“奥运”优秀后备人才，在全国6所体育院校（北京体育大学、上海体育学院、武汉体育学院、成都体育学院、沈阳体育学院和西安体育学院）正式创办的“亦训亦读”的中等体育专业学校。其目的是为了充分利用体育院校人才、技术、科研、信息等方面的优势及现有的物质条件（场地、器材、生活设施等），把体育院校建设成为教学、训练、科研三结合的基地，以适应未来竞技体育发展的需求，使我国竞技体育的发展逐步转移到依靠科学管理的轨道上来。同时，这也是我国竞技体育走向学校化的一个有益尝试。竞技体校的主要任务是：

1. 培养既有较高运动技术水平，又有科学文化知识的优秀运动员。

2. 为体育学院本科培养后备力量。

3. 培养中等体育专业人才，满足社会对体育人才的需要。

在上述任务中，培养优秀运动员，既是竞技体校的主要任务，也是竞技体校教学、训练、科研的中心。尽管竞技体校的主要目的是为了培养优秀运动员，但由于它是“亦训亦读”的中等专业学校，在人才培养模式、经费投入、参赛资格、运动员管理等方面均与各项目专业队有着本质上的区别，因此，目前它仍划归我国业余训练组织体系。

我国竞技体校已成为培养奥运会后备力量的重要基地，它在教育与体育相结合、培养高水平体育人才、探索优秀运动队向学校过渡方面走出了一条新路子，体现了竞技体育的发展以教育为依托、以科技为先导的新思路，并显现出竞技体校的四大优势，即文化课教学的优势、教练员科学训练的优势、训练与科研相结合的优势和科学管理的优势。

体育运动学校也属中专性质学校，其特点类同于竞技体校，属“亦训亦读”的中等体育专业学校。其区别在于除其管理主体不同外，在学生来源、项目布局、经费投入、输送渠道等方面，也与竞技体校有着明显的差异。更为重要的是，体育运动学校并非依托教育办竞技，因此在学生接受高等教育、利用高校人才与科研优势等方面，具有先天性的劣势。虽然体育运动学校在优秀后备人才的培养中作出了突出贡献，但随着经济社会的发展，体育运动学校的现行管理体制也暴露出一些问题，主要表现在训练与文化学习之间的冲突方面。体育运动学校毕业生文化水平偏低、出路狭窄等问题，导致了体育运动学校生源的萎缩，并引发系列矛盾和问题。

## 三、体育传统项目学校与体育后备人才试点学校

我国自1979年实行体育传统项目学校制度以来，此类学校为推动我国青少年体育活动、培养竞技体育后备人才、开展课余体育训练作出了突出的贡献，并积累了一些宝贵的办学和管理的经验。截至2004年，我国拥有地市级以上体育传统项目学校共计11477所，其中国家级200所，省（自治区、直辖市）级4133所，地市级7144所。常年参加传统项目的运动训练队有27545支，参加传统项目受训的运动员人数2252350名。1988—2004年5届奥运会，我国97个奥运会冠军和155个奖牌获得者中，有57个奥运会冠军和77个奖牌获得者接受过体育传统项目学校的启蒙训练。传统项目学校已成为我国体育后备人才培养的重要渠道，它的建立缓解了参加业余体育训练学生训练与学习的矛盾。

但是，体育传统项目学校在其发展过程中也存在着一些问题。从整体上看，训练经费缺乏、交流渠道不畅通和参加活动较少、小学—初中—高中体育人才选拔与培养渠道不畅通、体育传统项目学校的发展滞后于社会发展速度、管理和监督体制不健全、体育教师的训练水平低下是制约我国体育传统项目学校发展的主要因素。从项目布局上看，我国体育传统项目学校开展的运动项目的配置，自由发展的成分较多，缺乏科学的整体布局，如田径、篮球、足球比重过高（占69.23%），而我国奥运会的优势项目如体操、游泳、羽毛球、射击、举重、摔跤、跆拳道等项目所占比重相对较小（占8%）；我国经济欠发达的西部地区的体育传统项目学校的运动项目多以田径、足球为主，经济发达的东部地区学校开展的运动项目种类相对多样。另外，还存在着“重命名、轻评估”和缺乏完整、统一的训练大纲等问题。

试点校是在传统项目学校基础上发展起来的，是传统校的发展和提高。由于时间不长，其培养目标、训练大纲、年龄衔接、评估指标、输送和竞赛体制等都还难以适应培养优秀运动员后备人才的需要。由于试点校有良好的学习和升学条件，吸纳了一批有天赋的体育苗子，逐渐凸显其人才与办学优势。

## 四、体育俱乐部

随着我国社会主义市场经济体制的建立与完善，业余运动训练由政府部门主办和主管的模式逐渐被打破，有些地区或项目已经开始尝试“以市场为主，政府为辅”的培养模式。如足球、篮球、武术、摔跤、乒乓球、排球等项目。

这种模式仍处在探索和起步阶段，还没有形成后备人才培养的主流，绝大部分的基层业余训练仍由国家负担，供求机制、价格机制、竞争机制、调控机制难以适应市场经济发展的需要。尽管如此，某些地区和项目所尝试的以社会参与和投入为主体、以市场机制为导向、以人才培养为中心的竞技人才培养新模式，在一定程度上反映了我国业余运动训练形式的发展方向。

### （一）联办式体育俱乐部

如国君银泰（李国君和银泰公司合办）青少年女排俱乐部。该俱乐部创办于 1993 年，教练与运动员均为全国招募，实行有偿训练、有偿转让的市场模式，运动员学习与训练并重，经常有国内外的交流比赛，毕业的运动员 90%以上进入高等院校，10%的运动员进入上海市业余体校或高水平运动队。对于运动员招生实行一定的优惠政策。

### （二）股份制体育俱乐部

如沈阳篮球学校是在沈阳体育运动学校的基础上重新组建的一所特色学校，以培养高水平篮球后备人才为主，实行股份制管理，市场化运营。辽宁省篮球协会以管理技能、技术力量等无形资产入股，占学校股份 30%，沈阳体育运动学校以场地器材、教学设备、校舍、管理人员等有形资产入股，占 70%股份。招生范围已从东北三省逐渐推向全国，在校学生除进入高水平体育俱乐部、优秀运动队外，还可以进入高等院校的运动队。

### （三）有偿型体育俱乐部

如南京市体育局在 17 个项目的业余训练中试行有偿训练，取得了较好的效果。通过对青少年运动员的有偿训练实践，不仅增加了训练的社会投入，而且调动了社会的积极性，实现了运动员从“要我练”到“我要练”的转变，促进了竞技体育后备人才的成长。该市参加江苏省第 13 届运动会的 502 名运动员中有近 200 人是经过有偿训练的运动员，表明青少年业余训练走向市场在一定地区的可行性。

从总体上看，目前，我国大中城市中均已建有培养竞技体育后备人才的青少年体育俱乐部。虽然存在着规模小、运作不规范、质量难以保证等问题，但其意义却十分重大。各种俱乐部不仅可以在现行业余运动训练系统外形成另一条生产后备人才的流水线，增加后备人才总量，而且对体校办学形成竞争，使市场机制起到重要的资源配置作用。国家应制定并完善相关法规，对社会办俱乐部进行规范管理，防止没有资质的单位扰乱市场秩序，导致后备人才市场失范；建立与完善后备人才交流的相关制度，使各培养主体在同等的条件下进行竞争，保证培养单位合理的利益回报；明晰后备人才产权，遵循“谁投资、谁收益”的原则，形成有偿培养、有偿输送制度。

### 五、中小学运动队

普通中小学运动队是在教师或教练员指导下，利用课余时间对部分体育基础较好的学生，进行科学、系统训练的一种组织形式。在我国业余运动训练体系中，中小学运动队属于初级训练形式。由于中小学运动队训练工作具有基础性和业余性的特点，各类学校运动队的教练员大多由本校体育教师担任，学生必须在保证学习的前提下参加业余运动训练和比赛，学校对运动队的人、财、物等各方面条件的投入都非常有限。因此，中小学运动队的任务更多地表现在普及体育运动、推动学校体育发展方面。

各校在选择项目时，应考虑体育和教育部门对本地区运动项目的布局以及本校各项运动发展的基础，尽可能使本校训练项目与本地区的重点项目布局相一致。这样不仅有利于争取训练经费，也有利于人才的培养和输送。

中小学运动队所确定的运动项目宜精不宜多，一般应抓好 1～2 个项目，这样不仅便于集中学校有限的人力、物力和财力，也可以充分发挥教师的特长和积极性，并使个别项目逐步形成传统。运动队的设立，应根据实际情况，确定单一运动队或混合运动队，或成立多层次的相互衔接的多年级队，有的地区和学校还把同年级代表队集中到一个教学班，以便统一训练、学习和管理，这种形式的代表队亦称“体育班”。

中小学运动训练应以打好基础、注重身体全面训练为主，使运动员在训练中掌握好基本的技术和技能，反对不顾学生身心特点、盲目追求运动成绩的成人化训练。

## 第三节 业余运动训练的注册、奖励与评估工作

### 一、青少年运动员的注册

青少年运动员的注册是业余运动训练中保证各项工作有序展开、促进后备

人才培养、推动体育事业发展的重要措施。目前，各省、直辖市、自治区体育局均已根据《全国运动员注册与交流管理办法（试行)》的规定，制定了相应的注册管理办法。

### （一）注册主管单位

各省（市、区）体育局主管全省运动员的注册工作，各省级训练单位负责所管项目运动员的注册管理。

### （二）注册运动员资格的认定

注册运动员是指参加相应各省（市、区）体育局主办的省级综合性运动会和省级单项比赛的青少年运动员。当运动员参加上述级别的比赛时，应代表具有注册资格的单位进行注册。

### （三）注册资格单位认定

各省（市、区）体育局下属的各市（州）体育（文体）局是具有注册资格的单位。

## 二、业余运动训练工作的奖励

业余运动训练工作奖励办法是有效促进业余运动训练工作的重要举措，是高水平后备体育人才培养的充分保证，有利于业余运动训练规模的扩大和后备人才培养质量的提高。

### （一）奖励主体

主要由各省、直辖市、自治区体育局针对本地区业余运动训练工作的实际情况进行相应奖励项目的制定，由所属各训练单位在每年相应时间段进行自主申报，并监督其实施。

### （二）奖励种类

目前，我国绝大多数地区在制定业余运动训练工作奖励办法时，多是从定量和定性两方面对奖励办法进行审定，主要包括业余运动训练组织的输送量、输送后的跟踪成绩以及综合评定三个方面，采用精神奖励和物质奖励相结合的方法加以激励。

#### 1. 输送奖

输送的运动员是指按各省级体育局、人事厅等部门联合印发的相关优秀运动员选招办法，且经过省级人民政府批准，与省级体工队签订聘用合同者，视其输送数量给予输送单位和教练员相应奖励。

#### 2. 成绩跟踪奖

各省（市、区）体育局所属训练单位直接培养后输送到省级以上优秀运动队的运动员，在输送后一定期限内，获得达到一定级别的比赛成绩后，原输送单位和教练员可获得相应奖励。

#### 3. 综合奖

根据每年度各省、直辖市、自治区体育局对业余运动训练工作的综合评定结果予以相应奖励，具体标准因各地区实际情况而有所区别。

## 三、业余运动训练工作的评估

对业余运动训练工作进行及时、科学的评估，可以有效地促进本项工作的开展，提升竞技体育后备人才培养的质量，推进体育事业的持续发展。

### （一）评估内容与办法

我国在业余运动训练工作的评估方面，经过多年的实践与发展，已形成一整套有效的评估体系与方法，主要包括如下方面。

#### 1. 管理机构

即对评估对象是否是单列的业余体校，是否有专门经费、编制和办公场所，并达到一定标准，进行计分。

#### 2. 开展项目

评价业余体校自身开展以及与相关学校联办的奥运项目的数量与标准。

#### 3. 场地设施

评价其开展的项目是否具有保证正常训练、相对独立的体育场地设施等。

4. 管理制度

主要评估其相关管理制度，如财务制度、档案制度、考核制度等。

5. 教练员培养

检查业余体校所属教练员的培训情况以及获得专业技术职称等级等情况。

6. 体育竞赛

评估业余体校举办或参加不同级别的体育比赛及其所取得的成绩。

7. 文化学习

重点检查运动员的文化学习情况。

8. 人才输送

这是评估过程中的重点部分，即检查业余体校在输送人才方面所取得的成绩。

(二) 评估程序

达到对应各省（市、区）体育局所制定评估办法基本要求的各县（市、区）均可申报，先由各市（州）体育（文体）局负责初审并签署申报意见后报上级体育局，由各省（市、区）体育局在汇总审核的基础上，对排名在一定范围的县（市、区）进行实地检查和核实。

## 第四节　我国业余运动训练的改革

任何管理活动都是在动态环境中存在与发展的，这就要求在管理方法和手段上要不断适应环境的变化，从而适应新的要求。脱胎于计划经济体制的我国业余运动训练体系，在特殊的历史背景下，依靠举国体制取得了巨大的成就。但随着我国市场经济的逐步完善，原有管理方法和体制所固有的深层次矛盾不断显现，必须对其加以改革和创新，以适应新形势发展的需要。

## 一、我国业余运动训练改革的动因

### （一）业余运动训练资源匮乏

长期以来，业余运动训练主要依靠各级政府体育行政部门的财政投入，但受奥运战略和全运会赛制的影响，国家和地方体育行政部门的资源主要集中在竞技体育中的国家队和省（市、区）优秀运动队等一线队伍的投入上，只有少量经费用于业余后备人才培养，业余运动训练资源匮乏，在训人数呈现萎缩之势。由于业余运动训练得不到应有的投入和保障，三线在训人数（包括运动员和教练员）逐年递减，并呈现出延续的态势。从长远看，必然会导致部分项目后备人才出现断层。单纯依赖国家和地方政府财政对业余运动训练的有限投入，使得业余运动训练及其管理举步维艰，严重影响了我国竞技体育的可持续发展。

### （二）竞技体育后备人才培养的低效率

“三级训练体系”是对我国竞技体育训练系统的形象概括，也被称为“金字塔”结构。在这种训练体系中，表现出一种“塔基过宽，塔身过大，塔尖过小”的特征，这反映出我国竞技体育后备人才培养的成材率低，从事业余运动训练的运动员基数大、淘汰率高，大部分基层业余运动训练组织向优秀运动队的输送率还不到10%，绝大多数运动员面临再就业安置问题。由于这部分人群文化素质普遍偏低，大部分无法进入更高一级的教育层次继续深造，直接形成了业余运动训练中招生难、选材难与升学难、安置难的恶性循环。从这个角度来看，成材率低已经成为制约我国业余运动训练可持续发展的瓶颈。

### （三）基层业余运动训练规模日趋萎缩

随着我国市场经济体制改革的深入，政治体制改革也逐步加快。从20世纪90年代以来，特别是国家体委改组为国家体育总局后，大规模政府机构改革带来的一个影响就是我国绝大部分区县级以下体育管理机构均已与其他机构合并，直接导致基层体育管理工作的弱化。由于越来越多的业余体校在建设和发展上不能纳入同级政府财政预算之中，使得一部分业余体校被撤销，一部分被直接纳入到教育系统，剩下的也面临着很多困难，基层业余运动训练规模逐渐萎缩，业余体校办学难度加大。

## 二、我国业余运动训练的改革

### (一)按照“以人为本”原则树立后备人才培养的新观念

随着我国社会主义市场经济体制的建立与完善，运行了数十年之久的我国传统业余运动训练体系，面临着现行管理体制不适应市场经济要求、财政投入有限与资金匮乏、运动员的“出口”与“入口”不畅通、学训矛盾突出等一系列问题，成为制约、影响竞技体育可持续发展的巨大障碍。要有效解决这一系列的矛盾与问题，就必须调整人们对竞技体育后备人才核心价值的判定，真正按照“以人为本”的原则，将后备人才的培养视为一个“社会人”的培养，而非脱离社会需求、只具有单一竞技能力的运动员。在这种认识及观念变革的基础上，进一步调整与强化政府体育部门的政策导向机制，以实现运动员的全面发展，彻底解决竞技后备人才培养“出口”不畅的顽疾。

### (二)充分发挥市场作为资源配置主体的基础作用

随着我国市场经济体制建设的不断深入发展，改变过去以行政计划手段对资源配置的方式，充分发挥市场的“指挥棒”作用，成为当代中国各项事业发展最显著的外部特征。业余运动训练同样要适应这一趋势，逐步变革计划经济时期的传统做法，在注意保留原来好的经验和做法的同时，加大市场和社会在竞技体育后备人才培养的力度，充分发挥市场作为资源配置主体的基础作用。

### (三)按照“准公共物品”的属性进行合理划分与科学界定

在市场经济体制下，物品或服务的属性常被视为界定国家与政府或者社会与市场发挥作用的界限。由于我国的国情及竞技体育在我国的特殊地位，使竞技体育后备人才培养表现出一种“准公共物品”的特点，既难以完全由市场提供，但又不能只依靠政府单方面发挥作用。所以，对于竞技体育后备人才培养中与国家竞技体育事业紧密联系的部分（如各地方长期具有优势的布局项目），应以国家的政策投入和部分财政投入为主，其余部分则应尽可能发挥市场和社会组织的作用。

### (四)积极尝试多元化的后备人才培养所有制形式

所有制形式的多元化，是指改变计划经济体制下竞技体育后备人才培养由政府体育部门独家办的方式，转而向社会、学校、企业、个人等多元主体寻求支持，最终形成多方主体共同参与业余运动训练事业发展的良性机制。

长期以来，在我国传统三级训练体系中，体育系统是业余运动训练工作的唯一承担主体，后备人才的培养只能沿着塔基逐级流向塔尖，培养渠道十分单一。随着后备人才培养所有制形式的变化，体育系统、教育系统与社会等培养主体的参与及联合运作，业余运动训练体系呈现开放化的特征，也必然带来组织形式的多元化。对政府体育行政部门以外的业余训练主体，作为非投资主体的政府部门，不能强求这些学校和俱乐部在组织形式上整齐划一，应允许和鼓励他们根据市场需求和自身能力，选择办学模式、人才培养方式和发展规模，并与现有的业余运动训练和后备人才培养体系相融合。

### （五）强化科学管理，提高人才成材率

成本与效率并重是现代管理所强调的一个主要观点。在“举国体制”下，由于体育事业的发展完全依赖政府的投入，国家财政成为竞技体育后备人才培养的唯一资金来源。在国家的统包统揽之下，竞技体育后备人才培养呈现出一种“粗放式”的管理特征，成本、效率往往被人们所忽视，取而代之的是在大量投入背后只有极少数的运动员可以脱颖而出，这也是“三级训练体制”中“塔基过大”被人们所诟病的主要原因。因此，需要在加大对业余运动训练投入的基础上，强化对业余运动训练工作的科学管理和评估，不断提高培养质量，从而真正促进业余运动训练的健康发展。

### 【思考题】

1. 什么是业余运动训练管理？它有什么作用？
2. 我国竞技体育后备人才培养的组织形式有哪些？
3. 如何评价当前出现的各种新型培养竞技后备人才的组织形式？
4. 结合实例，试述如何改革我国业余运动训练。

# 第八章　学校体育管理

随着学校体育改革的不断深入，学校体育管理也呈现出良好的发展势头。重视和加强学校体育管理，推动学校体育的发展，对全面贯彻党的教育方针，促进学生身心健康发展，培养德、智、体、美、劳全面发展的社会主义建设人才，推行“全民健身计划”“奥运争光计划”，以及“亿万青少年阳光体育工程”，促进整个中华民族素质的提高都具有十分重要的意义。

## 第一节　学校体育管理概述

学校体育既是学校教育的重要组成部分，又是学校教育的重要手段。加强学校体育管理，能够有效地促进学校体育的发展，使学校体育更好地为培养全面发展的人才服务。

### 一、我国学校体育管理体系

目前，我国基本上建立健全了学校体育的组织领导机构。在国家教育部和国家体育总局中都设有专门负责学校体育的组织机构；在省级教育行政部门也相应设立了专门负责领导学校体育的组织机构；绝大部分地、市、县都建立了相应的组织机构并配备了体育专职干部，以便对学校体育实行宏观领导。

#### （一）学校体育的管理机构

**1. 学校体育的宏观管理机构**

我国对各级各类学校体育实行宏观管理的组织机构，主要是由教育部和国家体育总局两大系统构成。此外，全国各行业系统的学校体育工作，也受到其他部委主管本行业系统教育工作的部门、有关社会团体（如工会、共青团、妇联、学联等）和社会体育组织（体总、地方体协、单位体协等）的指导与协助。

### 2. 学校体育的微观管理机构

学校体育的微观管理主要是指一所学校范围内的体育工作管理。《学校体育工作条例》第二十四条规定："学校应当由一位副校（院）长主管体育工作。"第二十五条规定："普通高等学校、中等专业学校和规模较大的普通中学，可以建立相应的体育管理部门，配备专职干部和管理人员。"同时还对辅导员、班主任、学校卫生部门、总务部门、共青团、少先队等在学校体育工作中承担的责任作了简明的规定。由此可见，学校体育工作的管理是在校（院）长领导下的多层次组织机构共同实现的。

## （二）学校体育管理的概念及主要任务

学校体育管理是指为实现学校体育工作目标，充分利用各种资源，以最佳的手段和方法，对学校体育工作进行计划、组织、协调、控制、创新等一系列的综合活动。

学校体育主要包括各类大中小学的体育课教学、课外体育活动、课余运动训练和运动竞赛等项工作。其管理任务如下。

1. 建立健全学校体育的各级管理机构，制定一整套法规制度并明确各有关管理机构和人员的管理职责。

2. 科学地制定学校体育管理的各种计划和文件，使之适应学校体育发展的需要。

3. 合理地组织管理学校体育各方面、各个环节的活动，确保低耗、高效的顺利实施。

4. 协调学校体育各管理部门和学校体育内、外部的各种关系，为学校体育工作的顺利开展创造良好的育人环境，提供必要的物质基础等条件。

5. 定期不定期地对学校体育管理工作进行检查评估，促进体育教学质量的不断提高和学生体质的不断增强。

## （三）学校体育管理的内容

按管理范围分，学校体育管理可分为宏观和微观两大部分。宏观的学校体育管理主要是指教育行政部门会同体育行政部门对学校体育工作的管理；微观的学校体育管理则指学校内部的体育管理工作。

### 1. 宏观管理的主要内容

(1) 制定学校体育发展的整体战略目标、长远规划和投资建设的战略布局等。

(2) 研究制定学校体育管理的法制和法规并监督实施。

(3) 建立健全全国和地区性学校体育管理体制和管理基本要求。

(4) 研究拟定学校体育管理的总体改革方案和措施。

### 2. 微观管理的主要内容

(1) 建立健全学校内部体育管理机构的设置，加强体育人事管理等。

(2) 加强学校各项业务工作的管理，不断提高管理效果。

(3) 加强学生体质、健康管理，不断促进学生身心群的健康发展。

(4) 加强学校体育的制度建设、体育情报信息工作、宣传教育工作和场地设施器材经费管理。

(5) 贯彻落实学校体育工作的检查与评估。

## 二、学校体育管理的目标与计划

学校体育管理必须遵循体育和教育的规律，充分利用有限的人、财、物等因素，不断提高人才培养质量，使学校体育的各项工作围绕目标、有计划地进行，不断逼近并最终实现学校体育管理目标。

### (一) 学校体育管理的目标

学校体育管理的总目标，是通过正确处理、协调发展学校体育中的各种关系，科学地组织、控制管理过程，以最合理的方式和途径，最大限度地保证教育方针以及国家对学校体育工作有关法规、条例的贯彻执行，有效地实现学校体育的目标。具体来讲，学校体育管理目标主要包括以下内容。

1. 通过科学预测和决策，正确确定和修订不同时期我国学校体育的发展目标和计划，保证我国学校体育的发展速度与规模，适应社会发展的水平和需要。

2. 科学地组织实施学校体育发展规划与计划，合理安排体育教学、课外体育锻炼、课外运动训练与运动竞赛等工作，确保学校体育发展目标全面、顺利实现。

3. 不断改革和完善学校体育管理体制，合理地组织、分配、使用人力、财力和物力，创造性地运用学校体育管理的各种方法，以及现代体育运动管理的先进技术与手段，保证学校各项体育工作高效率地顺利进行，推动学校体育的发展。

4. 做好学校体育宣传和科学研究工作，不断总结经验，扩大学校体育的影响，不断提高学校体育的社会地位，加速实现学校体育科学化、现代化。

5. 理顺各管理职能部门及学校各个管理环节之间的关系，充分发挥各自功能，使学校体育管理呈现高效率运转的状态。

6. 建立学校体育管理工作检查评估系统，对学校体育管理工作进行适时、适度、客观的控制，保证学校体育目标的顺利实现。

### （二）学校体育管理的计划

制定切实可行的学校体育管理计划，有利于全面考虑和科学安排学校体育管理的各项工作，有利于调动师生的积极性，不断提高教学质量，有利于检查工作，总结经验，有目的有步骤地实现学校体育管理的目标。

#### 1. 长期规划

一般指 5 年以上的长期发展规划。制定长期规划必须依据国家的体育长期规划和地方教育及体育部门的长期发展规划，规划的内容是对实现各项长期目标实施步骤的设想和安排。

#### 2. 学年体育工作计划

学年体育工作计划是在长期规划的基础上，概括国家的教育和体育方针、上级领导机关的指示精神、学校工作的中心任务及要求，总结上学年或上学期体育工作的基础上，结合学校体育工作的实际情况制定的。

#### 3. 体育教学工作计划

体育教学工作计划是贯彻国家制定的体育教学大纲和教材、科学地安排整个教学工作、顺利完成教学工作目标不可缺少的文件，是体育教师进行体育教学的主要依据。它包括全年教学工作计划、单元教学计划和课时计划等。

#### 4. 课外体育工作计划

课外体育工作计划是学校体育工作计划的一个重要组成部分，应包括全校课外体育工作计划、班级体育锻炼计划和个人锻炼计划等。

#### 5. 业余运动训练计划

学校业余运动训练是学校体育的一项重要任务，积极开展业余训练可以增强学生体质，提高运动技术水平。它可以分为个人训练计划、集体训练计划、多年训练计划、学年训练计划、阶段训练计划、周训练计划和课时训练计划等。

#### 6. 运动竞赛计划

运动竞赛是检查教学质量、衡量运动训练水平、选拔优秀体育人才的重要手段。运动竞赛计划包括年度竞赛计划、学期竞赛计划。制定运动竞赛计划时应考虑和上级竞赛计划相吻合，在时间安排上要利用节假日，项目安排上除考虑竞技体育项目外，还要考虑学生喜闻乐见的项目。

#### 7. 教师培训计划

在制定教师培训计划时，要考虑到每个教师的业务水平及学校体育的发展水平、年龄层次，要结合教学的实际情况，在不影响教学的情况下轮流培训。

#### 8. 场馆、器材计划

制定场馆建设、维护，器材购买、维修计划，应考虑到学校体育的发展情况，同时要考虑到实际情况，合理地配置有限的财力、物力资源。

## 三、学校体育管理的基本要求与方法

### （一）学校体育管理的基本要求

#### 1. 把握整体性

一方面，学校教育管理是一个有机整体，它由若干个子系统组成。学校体育管理作为学校教育管理的子系统，首先应服从并服务于学校教育管理这个整体，处理好局部和全局的关系，使之与学校教育管理相适应，为培养德、智、体全面发展的一代新人作出应有的贡献。其次，学校体育的各级管理人员，也应该处理好全局与局部的关系，在抓学校教育管理的时候，将体育管理列入其中，使学校体育管理在学校教育管理中占有相应的位置，并给予应有的重视和关心。

另一方面，学校体育管理作为学校教育管理的子系统，它自身又是一个由若干个更小的子系统组成的整体系统，可以分为体育教学管理、课外体育活动管理、运动队训练管理、体育竞赛管理等子系统。这些子系统虽然各自管理对象的内容与特点不同，所采用的管理手段和方法也存在着区别，但它们之间又是相互联系、相互促进、相互制约的，并形成了学校体育管理的整体，为完成学校体育的总目标服务。

### 2. 注重周期性

学校育人活动的周期性特点和规律，决定了学校体育管理的周期性。学生从进入小学开始到步入社会，这是一个多年教育培养的过程。而小学、中学、大学，各学制又相对独立为一个大周期；每一学制又是以年级来划分，每一个学年又由不同学期所构成，每一学期则由数量不等的周所组成，直至每一天、每一次课、每一次活动，从而形成最基本的教学活动。这种周而复始、循环往复、不断提升的过程，决定了学校教育管理的周期性，也决定了学校体育管理的周期性。

学校体育管理的周期性，要求在设计、决策各级各类学校体育发展战略、学校体育目标、体育教学大纲、体育锻炼标准和体育合格标准等事关学校体育全局的事项时，有一个科学的统筹思路和架构，使不同学制之间、不同年级和学期之间，既互相衔接，又不断提高要求，以期达到理想的效果。

学校体育管理的周期性，还表现在学校体育的计划管理方面，而计划的制定，又是以学校体育教育的周期性特点为依据的。如学校体育工作计划，就是以学年度和学期为时限的；体育教学计划，分为学年体育教学工作计划和学期体育教学工作计划；运动队训练计划，也是以学年度来划分训练周期的。

### 3. 强化有序性

管理是一种有序的活动，学校体育管理也不例外。学校体育工作是一项复杂的系统工程。由于其对象的广泛性、工作内容的多样性和任务的繁重性等特点，决定了学校体育管理工作的复杂性。贯彻学校体育管理的有序性原则，就能保证各项工作有条不紊地进行。

学校体育管理的有序性，首先表现在学校体育管理系统是一种多层次的有序结构，从学校主管体育工作的校长、体育卫生领导小组（体育运动委员会）到教务处（体卫处）和总务处、体育教研组（室、部）直至体育教师、班主任等。这种管理系统，反映了管理的层次性特征，形成了决策层、管理层、执行层三个层次。

不同层次应明确职责和分工，上级管下级，一级管一级，领导做领导的事，各层做各层的事。这样分层次的有序活动，就能使管理产生最佳的整体效应。

学校体育管理的有序性，还表现在管理过程的有序性。管理过程包括制定计划、组织实施、检查调整、作出总结四个基本环节，也反映了管理活动的有序性。不论是学校体育工作，还是体育课教学、课外体育活动、课余体育训练、运动竞赛，在实施管理时，都要按照这四个基本环节进行。如果违背了管理过程的有序性，就会使工作杂乱无章、事倍功半，影响或削弱管理的效果。

#### 4. 加强规范性

学校教育是一种有目的、有组织的活动。教育方针、法律和法规，就是一种最具有约束力、最基本的规范和准则。作为学校教育组成部分的学校体育，同样也受制于这种最基本的规范和准则之下。任何轻视、忽视、削弱、排斥学校体育的行为，都是对上述规范和准则的背离。同样，任何只顾体育运动成绩，不问、不抓德育与文化学习的行为，也是对上述规范和准则的背离。

学校体育管理的规范性，要求学校体育必须建立必要的规章制度和工作流程。合理的规章制度和工作流程，既可保证学校体育管理者正常的、稳定的工作秩序，又可使受管理者自觉地遵守，以维护和保证学校各类体育活动正常、合理地进行。

学校体育管理的规范性，还要求学校有良好的校风和学风，良好的体育传统、风气和体育道德作风。校风和学风不仅对道德教育、智力教育有约束力和影响力，而且对体育教育也同样有约束力和影响力。良好的体育教育传统、风气和体育道德作风不仅从一个侧面反映出一所学校体育教育的质量、水平和体育的精神风貌，而且还在一定意义上反映出一所学校的教育质量和水平。

#### 5. 突出教育性

学校教育决定了学校体育管理必须遵循教育性原则，而学校体育本身也是一种教育活动。合理的体育管理制度、有效的管理措施、严格的管理要求等，对学生的体育行为和道德行为起到很好的规范作用，因而能发挥积极的教育效果。加强体育课教学的管理，不仅能更好地完成体育教学的任务，也能教育学生树立"健康第一"的思想；搞好课外体育活动的管理，能增强学生集体主义精神；做好体育竞赛的管理，能使参加者树立公平竞争的思想，养成遵守规则、尊重对方、尊重裁判的习惯。

学校体育管理的教育性原则，还体现在学校体育管理者和体育教师的表率作用方面。学校体育管理者和体育教师在管理中严格要求，为人师表，率先垂范，对学生的影响力是不可估量的。

#### 6. 做到有效性

管理的目的是在实施管理过程中，合理地使用人力、财力、物力、时间和信息，使之获得最佳的效益。体育管理的有效性以管理效率和效果作为评价的主要标准。管理效率是指人、财、物、时间、信息的耗量与单位效果之比。讲管理效率，就是要用最少的人、财、物、时间、信息获得最佳的效果。

贯彻有效性原则，要求在实施学校体育管理时，对管理工作的效率和效果进行科学的评价。

上述各项原则是相互联系的有机整体，它们组成了学校体育管理的原则体系。在实际工作中，应根据学校的具体情况和工作实际，有机地加以运用并使之具体化。

### （二）学校体育管理的方法

学校体育管理方法是指为达到学校体育管理目标而采用的管理手段或途径。学校体育管理的方法有很多，主要有以下几种。

#### 1. 行政管理法

学校体育管理的行政管理法是指依靠行政组织的权威，运用行政手段对各级学校体育实施管理的一种方法。由于行政管理法具有权威性、强制性、针对性等特点，能有效地发挥组织、指挥、控制、调节的作用，所以它是学校体育管理中常用的管理方法。

正确运用行政管理法，主要应注意两点：一是下达任务与检查落实紧密结合；二是教育、体育部门应相互尊重、相互协作，共同搞好学校体育。

#### 2. 政策法规管理法

学校体育管理的政策法规管理法是指运用国家各种有关学校体育的法令、条例、决议、规章制度等来管理学校体育的方法。

由于法规具有普遍性、规范性和强制性等特点，故在其适用范围内具有普遍的约束力。它有利于维护学校体育管理秩序，确保体育工作在学校的应有地位与作用，以促进学校体育事业的发展。

我国《宪法》明确规定：“国家培养青年、少年、儿童在品德、智力、体质等方面全面发展。”这就使关系到我国广大青少年儿童身心健康的学校体育受到了国家根本大法的保护，并具有应有的法律地位。

目前，我国在学校体育中实施的法规有《中华人民共和国体育法》《学校体育工作条例》《学生体质健康标准》《全民健身计划纲要》等。国家教育部颁发的《全日制义务教育体育与健康课程标准》（以下简称《课程标准》）《全国普通高等学校体育课程教学指导纲要》等规范性文件，国家体育总局颁发的《运动员技术等级制度》《裁判员技术等级制度》《体育运动竞赛制度》等，对学校体育同样具有法规效力。

在学校体育管理中，要正确运用法规，充分发挥其作用，就必须加强学校体育立法，建立健全各种学校体育法规，充分发挥其作用，做到“有法可依，有法必依，执法必严，违法必究”。

“依法治体”是学校体育管理科学化的重要标志之一，强化“依法治体”观念能够有效促进我国学校体育管理由经验管理向着科学化、规范化、制度化方向发展。

### 3. 目标管理法

学校体育管理的目标管理法是指依据学校体育工作有关规划及计划，科学确定一定阶段的工作目标，并通过实施、检查达到目标的一种方法。在体育教学、课余运动训练、学生课外体育锻炼等方面，应经常运用目标管理法，以促进学校体育的整体发展，如落实《课程标准》的情况、课余运动训练目标的完成情况、学生体质健康状况与应达到的目标等。

运用目标管理法时应注意：一是确定的目标要恰当，应从学校、学生的实际情况出发，不能急功近利，而且目标不宜过高或过低；二是要对目标的落实情况进行检查和评估，以便督促落实。

### 4. 宣传教育方法

学校体育管理的宣传教育方法是运用宣传教育的手段和形式，对学校体育进行管理的方法。由于宣传教育方法具有先行性、滞后性、疏导性、多样性、灵活性和表率性等特点，能使管理者和被管理者知其然，也知其所以然，启发自觉性和积极性，使管理制度和办法得以顺利地贯彻和推行，并使管理具有教育性意义。

宣传教育方法的手段和形式有举行各种会议，如行政办公会、校会、班会、专题报告会等；利用广播、录像、放映体育科教片、板报、墙报等；举办竞赛活动、体育周（节）、体育月、体育表演等。

5. **奖惩法**

学校体育管理的奖惩法是表彰、奖励先进，批评或惩戒后进的激励方法，因而也可以称做激励法，是学校体育管理中常用的行之有效的方法，也符合体育是一种竞争性活动的特点。

表彰、奖励是对集体或个人的体育工作和成绩进行肯定、褒奖的方法，能起到激励、示范和推动学校体育工作的积极效果。《学校体育工作条例》第二十六条规定："对在学校体育工作中成绩显著的单位和个人，各级教育、体育行政部门或学校应当给予表彰、奖励。"表彰和奖励应本着实事求是的原则，不仅对运动成绩优秀的运动员应给予表彰和奖励，而且对关心学生身心健康发展、增强学生体质方面确有成绩的集体和个人，也应给予表彰与奖励。我国已实行的各级评选群众体育先进学校、优秀体育传统项目学校、优秀体育教师等活动，对提高学校体育和体育教师的社会地位，推动学校体育工作的发展，起到了重要的作用；在学校内部评选体育先进集体（系、班级）、先进个人、体育积极分子，也起到了积极的推动作用。

批评和惩戒，是对学校体育工作后进的集体或个人进行批评教育、惩罚处理的方法，能起到教育、告诫、鞭策的作用。《学校体育工作条例》第二十七条、第二十八条，对违反条例的单位和个人，根据情节的轻重作出了具体的处理规定。实施批评和惩戒时，要求批评应实事求是、以理服人，惩戒应做到适度掌握、惩前毖后。

## 第二节　学校体育管理的内容

学校体育管理包括学校外部对学校体育工作的宏观管理，也包括学校内部的体育管理工作，本节主要介绍学校内部体育工作的管理，主要有体育教学工作管理、课外体育活动管理、课余训练管理、体育场地器材管理、学校体育俱乐部管理等。

### 一、体育教学工作管理

体育教学工作管理是学校体育管理系统的重要环节，它是提高体育教学质量、实现体育教学科学化的重要途径。体育教学工作管理包括体育教学工作计划的制定、体育教学工作的组织实施、体育教学工作的检查评定和体育教学工作的反馈总结四个环节。抓好这四个环节，有利于强化体育教师的教学整体观、目的性、计划性和责任感；有利于提高教学质量评价的科学性、客观性；有利于及时反馈信息，调控教学管理，提高学校体育教学的质量。

### （一）体育教学工作计划的制定

体育教学工作计划是组织和管理体育教学工作的基本文件，也是体育教师工作的主要依据。

#### 1. 制定体育教学计划的依据

编制体育教学工作计划的主要依据是：第一，教育部颁布的《体育与健康课程教学指导纲要》和《课程标准》；第二，要结合学校的具体情况和条件，如学校现有的师资状况、学生的体育基础、学校场馆器材条件以及当地季节气候变化等；第三，要借鉴其他学校的体育教学先进经验。

#### 2. 制定体育教学工作计划的程序

在分析体育教学工作计划依据的基础上，还要注意制定体育教学工作计划的程序，其工作步骤包括估量机会、科学预测；区分教学层次，确立各种教学目标；拟订多个可供选择的方案；评价各种备选方案，科学决策，选择最佳方案；正式编制教学工作计划。

#### 3. 体育教学工作计划的内容

学校体育教学工作计划一般包括全年教学工作计划、学期教学工作计划、单元教学工作计划和课时计划。这四种计划构成体育教学工作计划文件的一个完整统一体，是检查、总结、改进和提高体育教学质量的依据。

### （二）体育教学工作的组织实施

计划依靠组织工作去完成，没有科学、严密的组织工作，就无法实现体育教学预定的目标任务。体育教学工作的组织实施就是围绕体育教学目标与计划对现有的人、财、物、时间、信息等因素进行合理的配置与调整，具体包括如下内容。

#### 1. 设立体育教学组织管理机构

按照学校的类型、规模大小，成立体育教研室、教研组、专项组以及与之配套的场馆器材室等机构，明确每一个机构的职责、权限。

#### 2. 进行人员配备

明确每一个机构所需人员的数量和质量，优化配置，做到人尽其才、才尽其用。

#### 3. 建立各种学校体育教学规章制度

使各项体育教学工作有章可循、按章办事，做到章法齐全、赏罚严明、令行禁止，这对于提高体育教学质量，实现体育教学工作科学化有着重要的作用。

### （三）体育教学工作的检查评定

体育教学工作的检查评定是学校体育教学工作的检验环节，它是检查教学效果的必要措施，也是提高教学质量的有效手段。检查评定包括如下内容。

1. 学校成立专门教学检查评定机构，定期、不定期地对体育教学工作计划的执行情况进行检查、监督。
2. 对体育教学工作的进展情况给予评定，鼓励先进、惩戒落后。
3. 在现实教学工作中，原有教学计划与现实情况发生矛盾，检查评定机构应积极采取纠偏措施，以保证教学目标的顺利实现。

### （四）体育教学工作的反馈总结

体育教学工作的反馈总结是体育教学管理非常重要的一环，因此，定期召开体育教学工作反馈会议，听取体育教学工作中的反馈意见，有利于校领导调整决策思路、改善管理措施，使体育教学工作迈向新的台阶。

## 二、课外体育活动管理

课外体育活动也称课外体育锻炼，是体育课教学的延伸，是培养学生养成终身体育习惯的一条重要途径，也是学校体育的重要组成部分。加强课外体育活动管理，对培养学生体育锻炼的自觉性和良好习惯有着不可替代的作用。

课外体育活动的组织形式包括早操、课间操、大课间体育活动、班级课外体育活动等，形式多样、内容丰富。

## （一）早操

早操是一种培养学生良好生活习惯、有益于学生身心健康的活动，有利于提高学习效率。长年坚持做早操，有助于学生养成一天的学习和生活从参加体育活动开始的习惯。早操的时间一般是15~20分钟；其内容应该选择一些运动负荷不大的活动项目，如跑步、做操、打拳等，以避免学生因过度激动和兴奋而影响文化课的学习。早操的组织应根据学校的实际情况而定，一般采用班级、年级或全校的集体形式进行。

## （二）课间操

课间操是上午第二、第三节课之间安排的20~25分钟的体育活动。活动内容一般有广播操、素质操、器械操、游戏、武术、跑步、舞蹈等多种活动项目。运动负荷不宜过大，以积极休息为目的。课间操是我国中小学校最普遍、最有保障的一种课余体育活动形式，是落实学生每一小时体育活动的最重要措施。

## （三）大课间体育活动

大课间体育活动是在原课间操基础上发展起来的一种课余体育活动的组织形式。大课间体育活动一般由学校统一安排，它是在学校领导和班主任、体育教师的管理和指导下，开展的一种有组织、有计划的校内全校性体育活动。活动时间一般为25~30分钟；活动内容比课间操丰富，一般为全校统一的体育活动，如广播操等。可为不同年级、不同班级安排不同的活动项目。

## （四）班级课外体育活动

班级课外体育活动是以班级或小组为单位进行的课外体育活动，它是落实中央“全国亿万学生阳光体育运动”精神——保证每个学生“每天锻炼一小时”的重要举措。班级课外体育活动的组织管理由班主任实施领导并负责检查，班级体育委员是具体的组织者，小组长负责组织活动。班级体育锻炼一般被列入正式课表中，以保证锻炼时间和锻炼条件的落实，每周一般安排两次，每次一个小时左右。班级体育锻炼的内容可以结合体育课教学内容、体育升学考试项目、学校传统体育项目以及学生喜爱的各种运动项目展开。

## 三、课余训练管理

学校课余训练是学校体育工作的重要组成部分，重视和加强学校课余训练竞赛工作，是提高学校体育工作整体水平的重要内容之一。课余训练管理的基本内容如下。

### （一）选择运动项目，科学制定训练计划

学校课余运动训练项目的选择应根据实际情况，量力而行。首先，要根据现有的学校体育资源来安排，如师资情况、场地器材情况、科研水平情况以及资金状况等；其次，要根据地方教育部门或体育部门关于运动项目的布局来安排；第三，要依据传统项目或本校的特色项目来安排。

确定运动项目后，就应科学制定运动训练计划。学校课余训练计划制定的主要依据：一是遵循中小学生不同年龄段的生长发育规律和认知规律；二是遵循青少年不同年龄组教学训练大纲的要求；三是课余训练总体上属于基础训练，不与职业训练、专业化训练相一致；四是课余训练的受训对象必须接受国家规定的学校教育，而且有间断性。在充分认识课余训练计划制定依据的基础上，编制多年训练计划、全年训练计划、学期训练计划和周期训练计划，每位教练员还要写好每次训练课教案。同时确定相应的法规制度、财务预算，以保障运动训练的正常开展。

### （二）组建运动队，加强对教练员、运动员的选拔与管理

课余运动训练的最基本训练单位是运动队，训练工作的好坏取决于运动队的建设，即取决于对教练员与运动员的选拔与管理。教练员在训练工作中发挥主导作用，因此，学校应遵循公开竞聘的方法，选派技术技能过硬、专业理论知识丰富、乐于奉献的体育教师出任教练员，同时定期对他们进行业务培训，为其创造学习提高条件，不断提高教练员队伍业务素质。学生运动员是课余训练的主体，运动员的选拔应根据自愿报名、班级推荐、学校选拔等方式，通过一系列的体育运动竞赛择优录用，最终录用的运动员应当是既品学兼优又有体育专长的学生。学校应对他们经常加强目的教育、端正训练态度、督促文化学习，促其全面健康成长。

### （三）课余训练过程的管理

课余训练过程管理应包含以下内容：首先，根据运动项目的特点、运动员的训练水平和年龄特征，制定运动训练计划，计划要严格实施，定期检查、修订；其次，基础训练成为课余训练的主要内容，切忌拔苗助长和成人化训练；第三，关注学生的文化学习，使运动员的运动训练与文化学习协调发展；第四，严格执行学籍管理制度、考勤制度和其他规章制度，保证教学训练的顺利进行；第五，对符合优秀运动队条件的运动员要积极输送，不断提高输送率。

总之，课余体育训练的管理是一个动态的、周期性的过程。在这个过程中，整个训练的组织者和领导者要遵循学习与训练活动的客观规律，采用最佳的手段和方法，对训练及其他有关活动进行计划、实施、检验，使有限的人力、财力、物力发挥最大的效益，从而实现训练的预定目标。

## 四、体育场地器材管理

学校体育工作的顺利开展有赖于体育场馆器材设施的合理开发和有效利用。体育场馆器材设施的开发和利用，有利于培养学生的创新意识和能力，有利于优化课程功能和学习方式，有利于竞技项目的教材化、娱乐化。

### （一）学校体育器材管理的主要内容

按照《学校体育工作条例》《学校体育场馆器材配备目录》和学校各自的实际情况，实施学校场馆器材管理，包括以下内容。

#### 1. 供应与购置管理

学校应将体育场馆纳入学校建设规划，将体育器材设备添置纳入学校教学仪器供应计划。在购置器材时，应对生产厂家和所要选购的器材进行深入、细致的考察，严格检查器材的质量，保证其符合有关质量标准的要求。

#### 2. 入库与日常管理

对于购置的器材，应根据发货单进行验收，然后登记入库，分类存放。体育器材的保管必须保证器材的使用价值不受影响。学校应建立相应的体育场馆器材管理机构，具有一定规模的学校应设立体育场馆器材管理科（室）和专职人员。

### 3. 规范与制度管理

制定各种体育场馆器材管理规定，包括体育场馆的使用管理规定、体育器材设备的购置管理规定、体育器材设备的报废处理管理规定、体育器材的借用管理方法、体育场馆器材设备维护管理规定等，建立定期清点和检查器材设备的制度，健全体育器材的维护和保养制度，努力提高体育场馆器材的使用率。

### 4. 使用效率的管理

对运动设施进行分类管理监控，对于承受能力低的运动设施，管理人员应严格控制此类设施的使用效率，做好保养工作；对于一些承受能力较高的运动设施，应在其使用寿命内充分提高他们的使用效率，做到物尽其用，为学校体育教学提供充分的物质保障。在确保正常教学、训练竞赛和课外体育活动的前提下，积极利用现有体育场馆器材条件，为校外提供有偿服务，创造经济效益。

## （二）学校体育器材管理的基本要求

按照以人为本、因地制宜、合作共享、经济实用、科学设计、提高效率的管理原则，对学校体育器材进行开发利用，要做到如下几点。

### 1. 建立和健全管理制度，提高管理水平

学校体育器材的管理工作应在学校党组织领导下，由校长或副校长分工主管，体育教研室（组）应具体负责并享有一定的自主权。要建立健全管理制度，一方面，教育学生爱护体育设施，积极动员体育教师动手自制体育器材，协助总务部门做好体育器材的维护和保养；另一方面，建立制度、统一保管、专人负责，学校体育器材从固定资产到低值易耗物品，都需要按照类别、项目分类管理，做到购置有责、入库有据、出库有凭、摆放有序，纠正随意乱放、损坏设施、借还混乱的不良做法。学校体育教研室（组）要加强对保管员的业务培训，使其树立高度的责任感，提高科学管理水平。

### 2. 制作简易器材，改造原有器材，合理使用器材

各地学校应结合本校实际和学生需求，挖掘和利用本地资源，制作简易教材，为体育教学创造条件；改造原有体育器材，将成人化的体育器材改造成适合学生进行活动的场地器材，以满足学生体育活动的需要，吸引更多的学生参

与体育活动；学校应最大程度地拓展学校现有体育器材的使用空间和时间，应充分利用学校的空地和周围环境。此外，学校在安排体育教学和课外体育活动器材的使用时，应以最大限度地提高使用率为基本原则。

**3. 坚持“一物多用”，合理布局器材，提高使用效率**

要善于结合本地实际情况，利用有利资源，发挥体育器材的“一物多用”功能。尤其是农村中小学，由于资金缺乏，体育器材十分简陋、匮乏，体育教学呈现“僧多粥少”的局面，因此农村中小学应在现有的条件下，因地制宜，因陋就简，坚持“一物多用”，努力提高体育设施的使用效率。在学校体育器材的布局上，要坚持实用性与便利性相结合的原则，既要满足教学的需要，又要满足课外体育活动和校内比赛的需要；既要方便组织，又要方便教学；既要确保学生安全，又要保证学生活动自由。

## 五、学校体育俱乐部管理

学校体育俱乐部是改革开放后在我国出现的一种新型学校体育组织形式。体育俱乐部主要有职业和业余两种形式，而学校体育俱乐部属于业余性质。

### （一）加强学校体育俱乐部的宏观管理

学校体育俱乐部的管理涉及面广，它与学校教学、学籍管理、年级或班级活动、后勤管理、财务管理、场馆管理等都有着直接或间接的关系。因此，仅靠学校体育部门去管理是不能解决众多问题和矛盾的，需要学校的各部门共同支持和配合，共同引导学校体育俱乐部走向成熟。因为学校体育俱乐部主要由会员进行管理，俱乐部的管理工作是提高学生领导能力、适应能力、管理能力、组织能力的最佳环境。因此可以通过俱乐部的管理来鼓励学生吸收新技术、新知识，满足学生对体育的兴趣、爱好和需要，充分发挥学生的个性和才能，给学生提供自我表现和自我发挥的一个平台，满足学生各种体育需求，从宏观上为发挥学生的主体性创造条件。

### （二）加强学校体育俱乐部的内部管理

因为学校体育俱乐部的会员水平与素质参差不齐，因此建立健全俱乐部内部的规章制度，加强内部管理非常重要。学校体育俱乐部要建立有效的内部管理机制，制定俱乐部长期有效的管理制度，在规章制度规定的范围内开展各种文体活动，在俱乐部的管理中形成良性循环的监督机制、约束机制、激励机制。

### 1. 制定体育俱乐部的管理目标

俱乐部管理目标应由所有的管理者和会员共同制定，在俱乐部目标实施的过程中，任何管理者和会员无权对目标进行修改。俱乐部的管理目标要与本地区和本校的实际情况相符合，与会员的实际相符合，目标应该具有适应性、可操作性、合理性和超前性。

同时，俱乐部的目标要具体化。例如，会员的出勤率应该达到多少，对外参加比赛应该取得的名次，会员应该达到的运动量和运动技术提高的幅度等都应有具体目标。目标不能定得太高，否则就会影响学生参加体育俱乐部的积极性。

### 2. 加强体育俱乐部人力资源的管理

体育俱乐部的参与者是学生，各种措施都围绕如何开发和调动学生参加学校体育俱乐部的主动性和积极性展开，发挥学生的各种专长，特别是发挥具有体育特长学生的骨干作用，有利于俱乐部的运作。例如，请他们为会员做技术动作的示范、当指导员等，更重要的是让学生自己管理好俱乐部，锻炼学生的管理能力、领导能力。普通会员也要参与俱乐部的管理，做俱乐部的主人，把俱乐部看成是自己的家，为俱乐部提合理化建议。

### 3. 建立体育俱乐部的激励和约束机制

学校体育俱乐部应该采取精神激励和物质激励相结合的手段。精神激励主要从会员的兴趣、爱好等出发，满足学生锻炼身体的需要，俱乐部定期不定期地对表现突出的会员进行表扬，也可以采取评选优秀会员的办法，鼓励会员积极参加俱乐部组织的各种体育活动。通过各种渠道筹措一定的资金，对表现突出的会员给予一定的物质奖励。学校和俱乐部对于俱乐部代表学校外出参加全国、省、市体育比赛取得好名次的会员进行精神和物质的双重奖励；对于参加体育俱乐部表现较差的会员，要及时批评教育；对于屡教不改的会员要予以劝退，对确有悔改表现的会员可以继续申请加入体育俱乐部。

随着学校体育俱乐部的不断改革和进步，过去的一些传统管理模式已经跟不上时代步伐，更新管理模式迫在眉睫。同样体育俱乐部也要改变过去传统俱乐部的模式。体育俱乐部是学校体育教育发展的必然产物，管理者应积极主动地改变过去传统的模式，以学生为主体，以学生的兴趣爱好为主线，以培养合格人才为目标，鼓励支持学校体育俱乐部的各项工作，使之不断壮大和走向成熟。

## 第三节　青少年阳光体育运动工程与实施

为全面推进素质教育，形成浓郁的校园体育锻炼氛围和全员参与的群众性体育锻炼热潮，迎接2008年奥运会，教育部、国家体育总局、共青团中央于2007年4月29日在全国范围内正式启动“全国亿万学生阳光体育运动”（以下简称阳光体育运动）。教育部、国家体育总局、共青团中央、北京市政府在北京朝阳公园举办“全国亿万青少年学生阳光体育运动”现场启动仪式，标志着“阳光体育运动”在全国范围内正式启动。我国启动“阳光体育运动”，是新时期加强青少年体育、增强青少年体质的战略举措。

### 一、阳光体育运动的内涵

“阳光体育运动”的目的，就是要通过阳光体育的抓手作用，促进各级各类学校形成浓郁的校园体育锻炼氛围和全员参与的群众性体育锻炼风气，吸引广大青少年学生走向操场、走进大自然、走到阳光下，积极主动参与体育锻炼，培养体育锻炼的兴趣和习惯，有效提高学生体质健康水平。

教育部、国家体育总局、共青团中央三部门颁布的《关于开展全国亿万学生阳光体育运动的决定》（教体艺〔2006〕6号）（以下简称《决定》）要求，开展“阳光体育运动”要以全面实施《学生体质健康标准》为基础，建立和完善标准的测试结果记录体系，并作为毕业升学的重要依据，还要与体育课教学和课外体育活动相结合，确保开足上好体育课，保证学生每天一小时的锻炼时间。大力推行大课间体育活动，不断丰富学生课外体育活动的形式和内容。要通过宣传，使“健康第一”“达标争优、强健体魄”“每天锻炼一小时，健康工作五十年，幸福生活一辈子”的理念家喻户晓，深入人心。

《决定》提出，通过阳光体育运动，力争用3至5年的时间，使85%以上的学校能全面实施《学生体质健康标准》，85%以上的学生能做到每天锻炼一小时，达到《学生体质健康标准》及格等级以上，掌握至少两项日常锻炼的体育技能，形成良好的体育锻炼习惯，体质健康水平切实得到提高。

## 二、阳光体育运动工程的实施

### (一) 从战略高度认识加强学校体育工作的重要性、紧迫性

要坚持以人为本的科学发展观，把提高青少年的健康素质纳入各地全面建设小康社会的总体目标，纳入教育工作和体育工作规划，并把青少年的体质健康状况作为评价教育工作和体育工作的重要指标，切实加强对学校体育工作的领导，尽快改变学校体育“说起来重要、做起来次要、忙起来不要”的状况。

### (二) 要真正树立科学的人才观

学校体育工作的“拦路虎”主要是应试教育，应试教育造成学生负担过重，许多孩子在补习班、辅导班中疲于奔命，体育与健康被忽视。一些地方政府、教育行政部门和学校没有真正全面贯彻党的教育方针，只见“升学率”，不见“近视眼”，体育教师可有可无，体育设施缺乏投入，体育课程随意挤占，学校体育活动缺乏生机活力。因此必须多管齐下，从指导思想、评价体系、体制机制、政策导向等方面采取综合措施，加强学校体育工作，切实改变学生课业负担过重的状况，使青少年的体能和健康得到相应提高。

### (三) 采取切实措施，为加强学校体育工作创造良好条件

大力加强学校体育设施的建设，提高学校体育教师和体育教学水平；要特别重视提高农村青少年的健康素质，采取多种形式保障农村学校体育教师和体育设施配备，确保农村学校开齐开足体育课，并因地制宜地开展生动多样的体育活动；努力改善营养、卫生状况，提高农村学生的健康保障水平。各级教育行政部门要从资金投入、条件建设、师资配备、课程指导、督导检查等各个方面加大学校体育工作力度。各级体育行政部门要把加强学校体育作为全民健身运动的工作重点，积极促进教育与体育的结合，充分利用现有体育资源支持学校体育工作，新增体育资源应尽量建在学校特别是高等学校中，通过学校体育、社区体育带动社会体育的蓬勃开展。社会各方面都要为青少年学生开展健康的体育活动、国防教育、劳动和社会实践提供帮助，同时对各类网吧、游戏厅、补习班等市场行为切实加强规范管理。

### (四) 改革体育教学，增强学校体育工作的生机活力和吸引力

一要保证上好体育课。体育课是开展学校体育的关键，对帮助学生养成锻

炼习惯、掌握体育知识、发展运动技能具有重要作用。要保证体育课开足开好，不被挤占。义务教育阶段的体育课时只能增加不能减少，高中阶段学校不能以任何名义挤占体育课时，高等学校也要上好体育课。二要保证学生每天参加一小时体育锻炼。学校要为学生课外体育锻炼提供条件，要组织多层次多样化的体育团队和竞赛活动，提高学生兴趣，提高课外体育活动的吸引力。校长要亲自动员和号召学生参加课外体育活动，中小学班主任、高校辅导员、体育教师及学生会要做体育活动的积极组织者和推动者，形成人人参与、个个争先、生龙活虎、生气勃勃的校园体育氛围。对体育苗子的业余训练是为我国竞技体育培养高素质后备人才的基础，对学校体育也有很大的带动和促进作用。体育传统项目学校、业余体校、举办高水平运动队的高校要正确处理普及与提高、社会体育与竞技体育的关系，把学校体育的整体发展与为国家培养具有更高素质的高水平运动员有机结合起来。同时，要特别注意科学安排青少年学生的作息时间，加强有针对性的健康和卫生指导。当前要高度重视学生视力问题，采取切实措施，坚决把过高的学生近视率降下来。

### （五）建立和完善监督机制，确保学校体育工作各项政策措施落到实处

学校体育工作应把政策重点放在完善保证监督机制上，制定和完善各种监督措施，主要包括建立和完善学校体育的督导制度、学生健康监测制度和体育考试评价制度，对学校体育工作和学生体质健康状况建立起全方位、动态的评价体系；体育工作督导结论和学生体质健康测试结果要公告，并作为衡量地方和学校教育工作的重要指标，作为调整高等学校招生计划和示范性高中招生名额分配的重要参考；将体育锻炼与健康状况作为学生成长记录的重要内容，列入学生档案，作为毕业、升学的重要依据。

### （六）全社会都要支持学校体育工作，关心青少年学生的健康成长

教育部门、体育部门、学校、社区和新闻媒体应形成合力，根据各自的职能积极发挥作用。社会体育场馆设施应当积极向学校和学生开放，学校的体育场馆在节假日也要向学生和社会开放，充分发挥各项体育资源对促进青少年健康和推进全民健身运动的积极作用。进一步完善社区体育设施，鼓励社区组织青少年家庭开展有益的体育活动。新闻媒体要宣传健康、科学的现代生活方式，普及体育健康知识，为学校体育营造良好的舆论氛围。要通过学校、社区和新闻媒体的共同努力，用生动形象的案例和通俗易懂的道理教育家长，帮助

家长树立正确的教育观、育子观、成才观、健康观，使更多的父母都能和孩子们共同参加体育锻炼，使家庭教育方式和生活方式具有时代的朝气。

【思考题】

1. 学校体育微观管理的内容有哪些？
2. 学校体育管理的原则和方法有哪些？
3. 加强学生体质与健康管理的重要意义是什么？
4. 学校体育俱乐部有什么特点？谈谈你对学校体育俱乐部的看法。
5. “阳光体育运动”的内涵是什么？有什么意义？

## 【案例 4】

## 一个山区体育发展战略的启示

××地区是湖北省的一个比较落后的边远山区，其竞技体育水平过去十分落后，列全省倒数第一。以前，地区体委存在“经济水平决定一切”“等条件靠领导”等思想；布局上没有从本地区实际出发，把重点放在篮球项目上，结果徒劳无效；有限资金上“撒胡椒面”，对本地区所辖各县平均分配经费；而各县则搞“小而全”，一个县抓七八个项目。

1985 年以后，地区体委三名领导带领干部深入各乡镇、厂矿和业余体校调查，并对 800 多名业余体校学生测试身体素质，论证了山区青少年在中长跑、举重、摔跤、柔道四个项目具有潜在优势，从而提出新的体育发展战略，即狠抓基础项目（田径）、突出优势项目（举重、摔跤、柔道）、重视门面项目（篮球）的指导方针，项目布局少而精，每县只抓一两个项目，重点放在“苦（吃苦）、累（劳累）、力（力量）”型项目上。这种切合实际的战略规划取得了显著成效，使该地区在省八运会上总分从第 12 跃居第 6 位，人才输送率从过去榜上无名上升到第 5 位。

【思考题】

1. 该地区体育获得历史性突破对我们的启示是什么？
2. 该案例的理论依据是什么？

【案例5】

## 海韵健美中心与天美健身中心

在某省会城市，海韵健美中心是一家专门从事健美操训练的健身中心。由于它创办时间较早，又位于该市中心，并从某体育学院聘请指导教师，吸引了众多爱美的年轻女性。在其可容纳50人的健身房，每天举办4场，每场90分钟，几乎场场客满。为了扩大影响，招徕顾客，海韵健美中心还在本市的电视台、报纸进行了大量的广告宣传，其知名度在该市是人所共知的。得天时地利，给经营者带来了可观的经济效益。

天美健身中心创办于20世纪90年代中期，从创建开始，就面临健身娱乐业竞争激烈局面。天美健身中心面对市场竞争，走了另一条路子，其经营者看到了环境的变化并全力推进变革。在保留原来在市区的健身中心外，将其主要经营场所移到人们所熟悉的体育学院旁边，租用体育学院紧靠一环路的300平方米营业房，投资100万元进行装修，聘请体育学院健美操老师为指导教师。同时，在服务方面，天美健身中心还提供淋浴、蒸汽浴、美容、美发、休闲娱乐、茶水等服务项目，创造舒适的环境。

20世纪90年代后期。健身娱乐市场迅速发展，竞争更加激烈。海韵健美中心在市场竞争中，由于其服务项目单一，经营困难，被迫宣布倒闭。然而，天美健身中心，在全民健身运动的新形势下，借助体育学院的师资力量，提供紧跟时代趋势的健身运动；迎合现代人注重生活质量的理念，提供全方位服务，后来居上，成为该市健身娱乐行业的佼佼者。

【思考题】

1. 比较海韵健美中心与天美健身中心的经营理念有什么不同？
2. 天美健身中心的创新经营表现在哪些方面？
3. 天美健身中心的成功经验集中反映了哪些管理思想和社会体育发展新趋势？

【案例 6】

# “舍卒保车”或“亦卒亦车”

省体工大队竞训科科长王刚接到通知，要他明天参加在大队部召开的“全运会准备工作会议”。

小王是毕业于体育学院管理专业的本科生，自分配到体工队以来，积极肯干，尤其在训练管理工作上，虚心求教、勤于钻研，还发表过有关训练管理工作方面的论文。几年来的出色工作，便崭露头角，4 年后被定为竞训科科长，并负责大队二线队员的训练、竞赛总体管理工作。由于他大胆起用能人，严格把“选材”关，并在管理中推行了一套目标责任管理制度，成绩突出，很受上级领导赏识。

第二天，王刚来到大队部，参加会议的有大队长，主管训练工作、尤其重点抓一线队员的吴副大队长，主管后勤工作的何副大队长，以及场馆科李科长和膳管科周科长。会议伊始，大队长首先就这次会议的目的作了说明：“眼下距全运会已近，我省几个优势项目都已取得了决赛权，成绩也相当不错。但最终还是要看全运会的结果，这一仗一定要打好，它关系到咱们省实现打翻身仗的大事。要打好这一仗，目前的训练工作能否抓紧抓好是个关键。应该说，前一段的训练工作是好的，各方面的工作也配合得很紧密，但也要看到还存在不少问题，有些问题已到了非解决不可的时候了。”

大队长似乎故意要留给大家一个短暂的思索时间，喝了一口茶水接着说：“这一段时间我也听到了不少反映，涉及整个大队训练管理工作的方方面面。今天让大家来，就是为了解决好这些问题。目标只有一个，就是抓紧抓好训练工作，力保全运会目标的实现。”

听完大队长讲话，场馆科李科长首先发言：“我是管场馆的，我们大队的场馆本来就有限，平时靠调剂叉开来训练，还勉勉强强。前段时间二线队员外出比赛还没什么问题，如今比赛回来后，场地就成了一大问题。有心保一线队员，二线队员和教练不会放过我；让了二线队员，一线又是重点。叫人真难办。”

膳管科周科长接着讲：“我们搞后勤服务的，让队员们吃好是自己的责任，没二话讲；但食堂里人手本来就少，这个月又接连病倒了好几个。一线队员的伙食还重点保住，二线队员只好将就一些。可是这几天食堂里发生的吵骂事情，不是摔板凳就是骂娘，有的甚至指着我的鼻子骂祖宗，叫谁来谁也受不了。”

何副大队长讲：“你们反映的都是实情，的确如此。要保一线队员，又要维持二线队员正常训练，谁也不是三头六臂。依我看，应按大队长刚才所讲的那样，当前中心工作就是保一线，最好的解决办法就是二线队员暂时停训，舍卒保车嘛！再说，大队今年的经费十分紧张，目前已到入不敷出的地步。停训后，既可以解决场馆、人手、重点等问题，还可以从中节省一笔开支，用到一线队员身上。另外，停训也不是长期的，是临时的；何况这么做，其他省市也有先例。”

听到何副大队长的讲话，王刚心里不断往下沉。但何副大队长毕竟是大队领导，“官大一级压死人嘛”，谁知道是不是也代表了大队长的意图呢？更何况在何副大队长发言时，吴副大队长边听边频频点头，似乎十分支持何的发言。但尽管如此，王刚觉得还应据理力争，说：“场地紧张、人手不足确是实情，也是咱们大队多年来的问题。但我觉得这些问题，只要安排得当，应该还是可以解决的。再说二线队员目前刚刚休整完，如果再一停训，损失就大了。虽然其他省市也有停训二线队员的例子，但我们队的情况不同。在这个时候停训，以后再抓起来，要花很大的力气。另外，我也同意大队长的意见，二线的确不是当前的重点，但放弃二线不就等于也放弃了一线了吗？停训对二线运动员的影响暂且不说，仅是教练员，也会产生很大的心理影响。我请求大队领导慎重考虑。”

会议在不断争执中开下去……最后，大队长站起身说：“我看大家的意见都有可取之处，也都是为了我们大队。至于停训不停训，我再考虑一下，几个大队领导也要再议一议，明天会通知你们的。今天的会就开到这里。”

**【思考题】**

1. 很显然，是否停训的问题决不是一项单纯的技术决策，它涉及多方面的矛盾和考虑。你认为它涉及哪些矛盾？它们的轻重主次是怎样的？
2. 你认为要解决这一决策问题，衡量的标准有哪些？你是否同意王科长的“放弃二线也就等于放弃一线”的观点？为什么？
3. 归根到底，你认为这问题究竟应该怎样决策？为什么？

# 体育产业<br>管理篇

# 第九章　体育市场开发与体育产业管理

随着我国体育事业的不断发展，体育消费日趋活跃，体育市场逐步形成，体育产业正成为推动我国体育发展和经济增长的新动力。在新的形势下，如何进一步发展我国的体育产业，加强体育产业的管理，需要正确理解和认识体育市场开发的含义及重要性等相关问题。

## 第一节　体育市场概述

体育市场是体育产业发展的基础。正确地把握体育市场的基本知识，对于发展体育产业、提高管理效率具有十分重要的意义。

### 一、体育市场的概念及特征

#### （一）体育市场的概念

什么是体育市场？必须首先对市场有一个清楚的认识，在此基础上才能把握体育市场的基本含义。

**1. 关于市场的理解**

市场是社会生产和社会分工的产物，人们对市场的认识是随着生产力的发展和社会分工的扩大而不断深化、完善的。正如列宁所说："商品经济出现时，国内市场就出现了，国内市场是由这种商品经济的发展造成的。"可以说，哪里有社会分工，哪里就有市场。市场的含义是不断变化的，在不同的历史时期，不同的场合，具有不同的含义。市场最初的含义是指商品交易的场所，"市"就是买卖，"场"就是场所。"市场"即买者和卖者于一定的时间聚集在一起进行交换的场所，这是市场最古老的定义。

随着商品生产和交换的发展，市场的含义进一步发生变化。每个生产者的生产活动都不仅仅是满足自己的需要，同时也为他人的需求提供商品，从而出现了实现商品交换的流通市场，此时的市场不仅是指具体的交易场所，也是指所有卖者和买者实现商品让渡的交换关系的总和。马克思指出："生产劳动的分工，使它们各自的产品互相变成商品，互相成为等价物，使它们互相成为市场。"因而，市场又是指一定时间、地点条件下商品交换关系的总和。这也是经济学在一般意义对市场所作出的解释。

随着科技的进步，劳动分工和生产力进一步提高，货币职能的不断完善，使商品交换并不局限于某些场所，而可以采取电话、电报、传真等多种形式来达到商品交换的目的，因而，市场的含义又发生了变化。从微观角度上看，市场是由那些具有特定需要或欲望，而愿意通过交换来满足这种需要或欲望的全部潜在顾客所构成；从宏观角度分析，市场则是商品供求关系的总和。

市场营销学从卖者的角度来理解市场的含义，它研究的是如何采取有效的措施，来满足消费者需求，其中包括现实的需求和潜在的需求。可以说，在市场营销学的范畴里，"市场"即等同于"需求"。例如美国市场营销协会（AMA）的定义委员会1960年对市场提出了如下定义："市场是指一种货物或劳务的潜在购买者的集合需求。"著名的营销之父——菲利普·科特勒将市场定义为"市场是指某种产品的所有实际和潜在的购买者的集合"。

同经济学相比，市场营销学对"市场"含义的认识不仅角度不同，而且构成市场的因素亦有区别于上述观点，市场被认为是一个动态的组合概念，影响市场构成的因素是人口、购买动机及购买力。这三个要素同时并存，缺一不可，任何一个因素的变化都会影响市场规模与容量大小的变化。一般来说，人口越多，市场的规模和容量就越大，反之则小；但仅有人口，而人口的购买力水平不高，也不能构成理想的市场；虽然人口多，购买力亦强，但消费者将货币储蓄起来，或者因商品不适合消费者的需求，不能引起他们的购买欲望，对卖方来说，仍然不能够成现实的市场。因此，市场的三要素缺一不可。

本书认同菲利普·科特勒关于市场的解释，即市场是指某种产品的所有实际和潜在的购买者的集合。

### 2. 体育市场的概念

体育市场作为市场的一个特定部分，其所交换的对象是特定的体育服务产品。

首先，体育市场就是一种以商品交换为内容的经济形式，是买者和卖者在特定时间聚集在一起进行体育产品交换和买卖的场所，如集市、超市、专卖店等，这是从空间上来理解体育市场的含义，也就是体育市场的狭义定义。按照这种含义，任何体育产品的消费者和经营者都可以在特定的经营场所实现商品或服务的交换和买卖，如体育消费者可以在体育馆、健身房、武术馆、保龄球馆等通过购买门票、入场券或支付培训费等方式来获得相应的体育服务。

其次，体育市场又不局限于某些固定场所，其商品交换和买卖可以通过多种形式来实现，如采用电话、电报、传真等来实现商品交换和买卖。因而，体育市场是由那些具有特定需要或欲望，而愿意通过交换来满足这种需要或欲望的全部潜在顾客所构成，它是一种商品供求关系和供求活动的总和，反映了参与交易活动的个人、企业和组织与商品所有者之间的一种关系。从这个角度来讲，我们培育和建设体育市场，就是为了研究体育市场中体育服务产品在进行交换时，其关系、性质和行为等，以便更好地为市场的各参与方提供服务，满足他们的需求和提高市场的运行效率。

最后，体育市场可以从现代市场营销学的角度来定义，也就是从卖方的角度来认识和理解体育市场的含义，既将体育市场视为消费者的体育需求，包括现实的体育需求和潜在的体育需求。影响体育市场构成的因素则是体育人口、购买动机及购买力。这三个要素同时并存，缺一不可，任何一个因素的变化都会影响体育市场的规模与容量。

结合上述市场的含义，我们可以这样认为，所谓体育市场是指某种体育产品的所有实际和潜在的购买者的集合。

## （二）体育市场的特征

体育市场和其他市场如文化市场、化工市场、机械市场、金融市场等都有共同的地方，也即它们都是国家大市场的一部分，是复杂系统中的一个子系统。因而按照系统学的观点，体育市场既有与其他系统相同的地方，又有自己独立运行的特征。体育市场必须遵循市场的一般规律，同时也要兼顾自身的特殊性。

### 1. 体育商品表现形态的复杂性与特殊性

体育市场所经营的体育商品，即体育消费品，主要指以非实物形式存在的体育服务产品（如健身娱乐产品等），这就使得体育市场在提供商品交换与买卖方面呈现更多的复杂性。另外，就体育服务产品而言，由于其表现特征是非实物形式，所以与物质产品的使用价值相比，其使用价值也具有非实物的特殊性。如高水平的体育竞赛或表演，其表现形态是提供给消费者一种精神享受和“名牌效应”的效用，与物质生产领域中生产的物质形态的商品（如羽毛球等）

有所不同。

### 2. 体育服务商品在生产、交换与消费上具有同时性和不可分性

体育服务商品的生产（如竞赛表演）一旦开始，消费者消费商品的过程（观赏、受用等）也就同时进行，生产一结束，交换与消费也告完成。生产、交换与消费在时空上同一。体育服务商品不像体育物质产品具有离开生产者和消费者而独立存在的形式，所以它不能采取物的形式而离开服务者独立存在。“只是在它们被购买时才被创造出来”，并在“进行的时候就要被消费掉”，“不留下任何可以触摸的、同提供这些服务的人分开存在的结果”。所以，体育服务商品在时间上、空间上表现为消费者与生产者必须同时在场，两者缺一不可，即服务的生产、交换与消费是不可分的，“比赛一结束，体育服务商品生产终结，交换和消费就告完成”。

### 3. 体育服务商品质量的主观性和差异性

体育服务商品质量的好坏是一个企业在市场竞争中获胜的关键。一般来说，服务的品质和消费的效果没有什么硬性指标可以衡量。与体育物质商品不同的是，服务商品的质量（或使用价值）来自于顾客的感知，因而，具有很强的主观性和差异性，很难用技术指标加以确定。例如，不同的时间、不同的服务提供者（如足球运动员）所提供的服务（技术水平）可能是不同的，即使是同一个服务提供者在不同的时间其服务（技术水平的发挥）也存在着差异。另外，不同的消费者（如观众），或者是同一个消费者在不同的时间其感知（对比赛的精彩程度）也可能不同。

### 4. 体育服务商品不可贮存的非耐久性和产量衡量的困难性

物质商品在生产和消费时空上存在可分离性，使得其产品在生产出来之后和进入消费以前是可以储存的。而体育服务商品则做不到，其产品一旦生产出来就必须消费，如上海的“网球大师杯”赛事，一经开始，就不可能暂停了，运动员的出场和观众的欣赏同步进行。因而合理地安排比赛的时间和观众的到场可以避免不可贮存的非耐久性。另外体育服务商品其产量难以衡量，物质商品可以用吨、公斤、件数或台数等来准确地衡量，因为它具有静止质量和一定空间体积，而体育服务商品则不具备，虽然也存在一些关于服务产出的计算方法，但与工农业产品计量相比，其准确性还是无法可比。例如，生产篮球的企业，其年产量我们可以很清楚地清点，但一场篮球比赛，其产出究竟是多少，

很难用数字分析，只能用一些间接的方法，如进场的观众、新闻报道的频率等来粗略地统计。

## 二、体育市场的分类及作用

### （一）体育市场的分类

体育市场的类型反映了体育市场体系中各类市场之间相互联系、相互制约和相互依存的一种经济关系，是市场体系的总和。体育市场可以按照不同的标准和角度进行分类，一般来说，划分的方法主要有以下几种。

#### 1. 按竞争程度划分

按竞争程度，可以把体育市场划分为完全竞争的体育市场、完全垄断的体育市场、不完全竞争的体育市场和寡头垄断的体育市场。

“完全竞争的体育市场”，是指体育商品市场价格由众多卖者和买者的共同行为决定、任何单个的卖方和买方都只能是价格的接受者的市场。因此，在完全竞争的体育市场里，每一位买者和卖者对于价格都有完全的信息；市场上，价格自发地调节着体育商品的供求关系，价值规律得到了充分的利用；体育企业可以自由进出市场。但是，这样的市场在现实生活中是很少出现，只是一种理论抽象。

“完全垄断的体育市场”，是指只有一个买主或卖主，因而这唯一的买主或卖主能完全控制市场的价格，所以这个垄断者又被称为“价格制定者”。完全垄断的体育市场是与完全竞争的体育市场相对的另一极端，除少数国家垄断经营的产品和行业以外，这种市场也很少存在。

“不完全竞争的体育市场”，又称“垄断竞争的体育市场”。在这样的市场里，卖者较多，彼此间存在着竞争，但每个卖者的产品均具有一定的特色和优势，对价格起着影响作用。在市场上，价值规律起着较大的作用。“不完全竞争的体育市场”或“垄断竞争的体育市场”是较为现实的一种市场。一般的体育用品市场就属这种类型。

“寡头垄断的体育市场”，是指为数不多但却占有相当大份额的大企业所构成的体育市场。这些大企业对体育市场价格具有相当大的影响力，但各企业在制定价格时，都要考虑别的企业的反应。这种市场类型在发展中国家的体育服务行业相对集中。

### 2. 按商品流通的区域划分

按商品流通的区域，可以把体育市场划分为地方体育市场、全国体育市场、国际体育市场。

“地方体育市场”，是指由于某些经济地理因素或行政分隔的原因而形成的以特定的地方活动空间进行体育商品交易的市场。地方体育市场有两种类型：一是经济性地方体育市场，这是由于商品交易受自身条件或某些经济地理因素的影响而形成的有利于体育商品实现的地方市场；一是行政性地方体育市场，这是由于地方行政区划和地方政府的行为所形成的。一般来说，经济性地方体育市场对经济的发展有积极促进作用，而行政性地方体育市场有时阻碍经济的发展。

“全国体育市场”，是指体育商品流动以全国为活动空间的市场。地方体育市场的存在是全国体育市场形成的基础，全国体育市场的形成首先必须有稳定的政治局面，社会的动乱和地方割据不可能形成全国统一的体育市场；其次要形成有比较利益的交易竞争，使体育商品的流通具有内在的驱动力；再次，要形成发达的流通设施和广泛的信息、交通网络，以突破地理的自然障碍。全国体育市场的形成是诸多地方体育市场有机联系的表现。

“国际体育市场”，是指体育商品交换以全世界为活动空间的市场，它是随着社会分工和社会化大生产的国际化而产生和发展的。与国内体育市场相比，国际体育市场的容量更大、竞争更激烈、进行交易的制约因素更多，要进入国际体育市场不仅要有较强的开放意识，而且要努力提高经济效益和产品的竞争实力。

### 3. 按生产要素划分

按生产要素，可以把体育市场划分为体育人才市场、体育培训咨询市场、体育无形资产市场和体育信息市场等。

“体育人才市场”，即体育人才自由合理流动形成的市场。体育人才包括从事体育运动专业人员，从事体育科学研究、体育教学人员，体育医疗保健人员，体育经营管理、体育产品研究人员等。

“体育培训咨询市场”，是指运用体育技术、体育知识向消费者提供培训、咨询服务的市场。目前，有偿服务和经营性的各种体育培训班，如武术班、游泳班、健美班、足球班、气功班等应运而生，蓬勃发展。

“体育无形资产市场”，是指为体育部门、体育组织长期使用但不具备实物形态能够带来经济效益的体育经济资源的交易市场。体育无形资产主要包括专利权、技术、知识产权，商标、徽记使用权，特许名誉、名称经营权，体育广告、广播电视转播权等。

"体育信息市场"，是指生产、传播、交换和消费体育信息而形成的市场。

真正健全完备的体育市场还包括体育产权市场。

#### 4. 按市场的客体划分

按市场的客体，可以把体育市场划分为竞赛表演市场、健身娱乐市场、体育中介市场、体育博彩市场、体育旅游市场、体育媒体市场和体育保险市场等。

#### 5. 按产业构成划分

按产业构成，体育市场可以划分为核心市场、中介市场和外围市场（图9–1）。

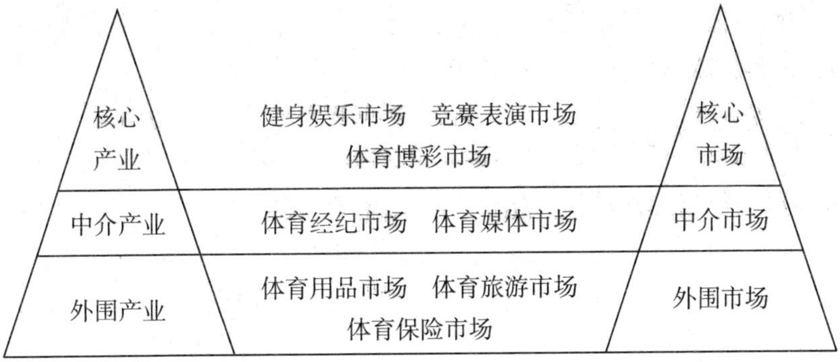


**图 9–1　按照产业构成进行的体育市场分类**

### （二）体育市场的作用

体育市场作为中国整个市场体系中的一部分，随着国际体育产业的蓬勃兴起和中国经济的快速发展，正发挥着越来越大的作用。从宏观角度看，在体育产业的发展过程中，体育市场正成为体育产业发展的"晴雨表"及"调节器"，体育市场繁荣，体育产业则昌盛，反之亦然；从微观角度看，体育市场对体育企业的营销活动产生巨大的促进作用。

#### 1. 体育市场是社会主义市场体系的重要组成部分

社会主义统一市场体系是各种商品经济关系的具体体现和综合反映，是各种市场相互关联、相互制约的共生关系所形成的有机整体。体育市场，一方面是一个独立的、有形的市场，不同于其他市场；另一方面，它又与其他市场密切相关。搞好了体育市场，就意味着促进了社会主义市场经济的发展，间接地推动了相关市场的发展，而相关市场的发展反过来又进一步影响体育市场。所以正确认识体育市场在国民经济和社会发展中的地位与作用是学习本课程的基础。

### 2. 体育市场的发展成为促进国民经济发展和社会全面进步的重要因素

服务业作为现代经济的主要构成部分，随着经济全球化和知识经济时代的来临，其重要性逐步上升。体育市场作为服务产品提供的主要场所，具有物质消耗少、社会产出效果大的特征。发展体育市场，促进全民健身，可以有效地调动各方的积极性，实现社会和谐，有利于推动精神文明建设和提高全民素质；同时，繁荣体育市场，还可以促进物质文明建设，为社会创造更多的物质财富，从而满足人们日益增长的物质文化生活需要。因此，体育市场的发展成为促进国民经济发展和社会全面进步的重要因素。

### 3. 体育市场是政府实施宏观调控的重要基础力量

发展国民经济和促进社会和谐是一个国家和政府的主要任务。如何有效地调动全社会的力量，实现资源的优化配置，需要政府和市场同时发挥作用。单纯依靠政府干预经济容易导致政府失灵，只有充分发挥市场“无形的手”在资源配置中的基础作用，才能促进体育市场的各要素之间的合理流动和效率最大化，调动市场各参与者在体育市场中的积极性。所以，进一步完善体育市场的功能，规范体育市场的运作机制，对于促进国民经济和社会发展具有重要的作用。

### 4. 体育市场是体育企业不断满足体育消费者需求的场所

体育市场是体育企业生产或服务活动的出发点，一方面，体育企业只有通过体育市场才能了解体育消费者的需求，并根据体育市场需求特点制订正确营销方案，实现体育企业营销目标；另一方面，在商品经济条件下，体育产品必须通过体育市场进行交换才能传递到体育消费者手中。市场经济要求树立市场观念，体育市场观念体现在“以销定产”，强调以体育消费者（顾客）为中心。所以，体育市场观念必然要求体育企业经营活动的中心与出发点是体育消费者，最大程度地满足他们的需要。这就要求我们必须通过调查，了解其需求与欲望，不断地调整产品结构和营销策略，以适销对路，满足市场需要。

#### 5. 体育市场是体育企业展开竞争的场所

体育市场是商品经济的产物，有商品经济的存在，就有竞争。竞争可以是卖者之间为实现产品（服务）价值的竞争，也可以是买者之间为购买产品（服务）的竞争，以及买者与卖者之间的竞争。各体育企业之间在生产技术条件、经营管理水平、人员素质上都有所不同，因而投入到个别产品（服务）的劳动量与社会必要劳动量就有差异，这必然造成产品（服务）的价格、质量、促销的方式、分销渠道都不相同。体育企业的市场营销组合要直接接受体育消费者的检验与评判。随着体育市场的不断发展，卖者之间的竞争会变得更复杂，不仅包含产品（服务）、价格间的竞争，还包括体育市场营销策略等全方位的竞争。

## 第二节　体育市场开发

体育市场开发是体育产业发展的关键。任何体育产业在发展的过程中都必须面临市场，只有市场被有效地开发，体育产业才有竞争力，体育企业才能获得成功。

### 一、体育市场开发的含义及目的

#### （一）体育市场开发的含义

关于体育市场开发的含义，目前在理论界和实务界还没有一个统一的说法。一般而言，体育市场开发可以从以下两个方面来理解。

其一，体育市场开发就是指体育企业采取相应措施来扩展现有市场和开辟新的市场，包括市场纵向渗透和市场横向渗透两个方面。市场纵向渗透是指不断增加企业现有的目标市场，在现有市场上挖掘潜在的购买者的集合，增加购买频率，提高市场占有率；市场横向渗透是指增加企业的目标市场，扩大市场辐射能力，充分拓展市场的深度和广度。

其二，体育市场开发仅仅是指无形的体育服务产品的开发。该观点认为，体育市场开发是指在体育市场中应用营销的战略、策略和技术来推销产品和提供服务，从这个意义上讲，体育市场开发仅仅是把市场作为一个产品或服务进行交换的载体来看待的。因此，体育市场开发的前提是要有存在的市场或潜在的市场，不存在市场就无所谓市场开发。

体育市场开发的含义应该包含上述两方面的内容，即体育市场开发既是关于体育服务产品的市场开发，也是关于市场的体育开发。可以说，只有站在体育和市场两个层面上才能准确地把握它的基本含义。因此，所谓体育市场开发就是通过产品（服务）营销策略来满足现有和新开发市场中有支付能力、购买欲望的现实和潜在的体育消费需求的过程。

### （二）体育市场开发的目的

体育市场开发作为体育企业或机构（如赛事承办方）重要的工作内容，其开发的好坏直接关系着体育企业或机构在市场上的成功与否。著名的管理大师彼得·德鲁克认为："对于企业来说，生产（服务）什么并不是最重要的，重要的是要了解消费者（客户）需要什么，知道什么对消费者（客户）有价值，考虑怎样才能够方便消费者（客户）购买，进而主动地去满足消费者（客户）的需求。"所以，对市场开发人员而言，生产（服务）什么不是企业经营的最终目的，真正的目的应该是以顾客为中心，不断地分析消费者的需求并积极主动地去满足它。

## 二、体育市场开发的模式及过程

### （一）体育市场开发的模式

体育市场开发选择什么样的模式，其影响因素很多，既有来自企业（机构）外部的客观环境，也有来自企业（机构）自身的主观条件。一个合适的市场开发模式对于体育企业（包括物质产品企业和服务产品企业）目前和将来的发展都是至关重要的。通常情况下，体育企业的市场开发模式主要有三种：一是受行业内部影响、企业自发的，完全依靠民间和市场的机制来调节，这是自下而上发展，简称民间模式；二是以政府的力量来配置体育资源，实现政府推动，从上往下拉动行业发展，简称政府模式；三是政府与民间结合，上下推动，共同促进行业的发展，简称政府民间模式（表9-1）。

表 9-1　体育市场开发模式比较

| 开发模式 | 优　点 | 缺　点 |
|---|---|---|
| 民间模式 | 市场行为、资源配置效率高 | 竞争无序、力量分散、存在市场失灵 |
| 政府模式 | 发展有序、推动力强 | 寻租行为、配置效率低、存在政府失灵 |
| 政府民间模式 | 优势互补、规避失灵 | 协调性较差 |

显然，我国在发展体育产业上大多采用的是第二种市场开发模式，即政府模式，或者更准确地说是政府体育部门推进模式。因为多数赛事的主办机构是由政府主办，体育事业部门（如项目管理中心）具体负责运营和市场开发。这种开发模式更多是政府行为。该模式尽管有序，但较易失去效率，最终影响行业整体发展。所以在选择开发模式时，可以采用政府民间模式，即第三种开发模式，这样可以有效地规避政府失灵与市场失灵，充分发挥“有形的手”和“无形的手”的作用，因势利导，克服发展不足，进而推动体育企业和机构快速发展，提高体育行业的整体效益和综合竞争力。

## （二）体育市场开发的过程

体育市场开发的过程是体育市场开发主体根据自身的发展战略和预期目标所实施的具体措施和步骤。体育市场开发的主体包括体育组织、机构或企业等。按照市场营销学的相关理论，我们可以把体育市场开发的过程分为五个步骤，具体见图 9-2。

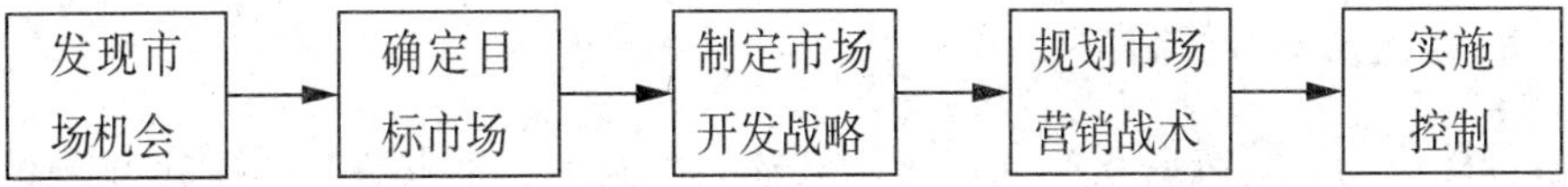


图 9-2　体育市场开发的过程

### 1. 发现市场机会

发现市场机会是体育企业或机构进行市场开发的前提和基础。没有好的市场机会就意味着企业只能在原地踏步，这在竞争激烈的时代是行不通的。有效地发现市场机会是体育企业或机构发展的关键。通常发现市场机会的方法主要是环境扫描，也就是对企业或机构所处的外部环境和内部环境进行深入细致的分析。

外部环境分析，也称为“4C”分析，即消费者（Consumers）分析、环境

(Circumstance) 分析、竞争者 (Competitions) 分析和市场流通 (Channels) 分析。消费者分析注重于市场情报收集和消费者行为特性及偏好分析，如购买习惯、价格弹性等；环境分析包括政治、法律、社会、文化、经济和人口结构等的分析；竞争者分析主要是研究市场上的竞争格局，不同竞争对手的具体情况，包括市场占有率、新产品（服务）的开发阶段等；市场流通分析主要是研究流通渠道、成本效率、流通成员等。通过环境的分析，可以发现潜在的市场机会。

内部环境分析，即企业或机构内部资源的分析。一个企业内部条件的好坏决定企业能否抓住外部环境出现的机会。只有清楚地意识到自身的优势和劣势，才能扬长避短，取得市场竞争的成功。

### 2. 确定目标市场

目标市场是体育企业或机构主要集中开发的市场，也是发现市场机会后进一步采取的具体措施。它主要是通过市场预测、市场细分、目标市场选择和产品（服务）定位等来确定的。市场预测是市场机会的定量化描述。通过市场预测，市场开发人员可以衡量目标市场的未来销售量和利润，以便企业判断目标市场的吸引力，为管理层作出正确的决策。市场细分是市场营销学的一个重要概念，它把一个总体市场划分成若干个具有某些共同特征的子市场，然后依据一定的方法对不同的细分市场进行评价，以衡量细分市场的规模、潜力、吸引力和企业的目标、资源。通过比较、分析找到符合体育企业发展并具有一定吸引力的目标市场。

### 3. 制定市场开发战略

目标市场选定以后，体育企业或机构应该制定一个具有针对性的市场开发战略，以决定它在今后的发展中占据相应的市场地位。企业在市场中的地位可以分为市场领先者、市场挑战者、市场追随者和市场补缺者四种。不同的体育企业对自己在市场中所处的地位有不同目标，因而市场开发战略也相应不同。对市场领先者而言，要保持其地位，必须设法不断地扩大其市场需求，并采取行之有效的措施来阻止处于市场中其他地位的竞争者的攻击，以站稳其市场领先者的地位。对市场挑战者而言，一方面要防止市场追随者的进攻，巩固自身的地位；另一方面又要向市场领先者发起攻击，以夺取更多的市场份额，这样就必然要求市场竞争者采取合适的进攻策略。对于市场追随者，为了不在市场竞争中落伍，也必须选择适当的进攻路线和可行的追随策略。而对于市场补缺者，为了避开势力强大的竞争对手，就只能在别人忽略或遗漏的市场进行经营，以避免和其他竞争对手发生正面的冲突。

#### 4. 规划市场营销战术

有了市场开发战略，只是为体育企业或机构的发展提供了方向，要想实现预期的目标，达到相应的市场占有率，就必须进一步规划市场营销战术，为企业具体实施提供保障。通常市场营销战术是指市场营销组合，即4P策略。

●产品（Product）策略：产品开发、品牌、品质、包装等策略。

●价格（Price）策略：定价、折扣、折让以及优惠付款条件等策略。

●促销（Promotion）策略：广告、人员推销、媒体、降价、赠品等策略。

●渠道（Place）策略：渠道选择、经销商和零售商管理、渠道关系维持等策略。

#### 5. 实施控制

体育市场开发的最后一个环节是对前面的过程实施有效的控制。“一项计划必须转化为行动，否则毫无意义”。体育企业或机构针对市场机会，确定目标市场和市场开发战略，规划市场营销战术，然后组织、实施有效的控制。常用的控制方法有三种，既年度计划控制、盈利能力控制和战略控制。

●年度计划控制的任务是确保企业实现营销目标，具体包括每个月和每个季度的目标、已完成业绩情况、未完成业绩的原因、具体的校正措施。

●盈利能力控制的任务是测定产品、顾客群体、分销渠道和订货规模的实际能力。

●战略控制的任务是从长远的角度出发来评价市场开发的计划和执行此计划的意义。

## 第三节　体育产业管理

体育产业是全球经济发展的一个重要亮点，搞好体育产业管理，对于推动我国的体育事业和国民经济的快速发展具有重要的意义。因此，必须结合我国体育产业工作的实际特点，分门别类进行管理，要充分发挥市场机制和政府调控的双重作用，实现体育产业健康、有序、快速发展。

## 一、体育产业管理的含义与特征

体育产业管理的含义十分丰富，要准确把握体育产业管理的定义和全面理解体育产业管理，必须了解体育产业、体育产业化的含义和体育产业的分类以及体育产业管理的主要特征。

### （一）体育产业管理的含义

#### 1. 体育产业与体育产业化

按照市场经济学理论，确定一个行业是否是产业，首先要看是否有投入和产出，其次看有没有进行交换。体育产业作为非公共产品的生产和经营，它是以盈利为目的，而体育事业则不同，具有明显的公共性和非营利性，因而两者存在一定的差异，不能简单地理解为同一个概念。所谓体育产业，是指向社会生产和提供体育服务产品的同一类经济部门的集合。

体育产业化就是在发展体育产业的基础上，进一步考虑如何市场化，形成具有规模经济效应和产业特性的行业，促使体育由事业型、公益型向经营型转变。它的提出是在我国建立社会主义市场经济和体育体制全面改革的背景下，体育不再是纯公益性的，一方面体育依靠公共财政投入，向社会提供公共产品，确保国家体育事业发展；另一方面，体育又通过不断满足社会对体育的消费需求，提供符合要求的私人产品，从而促进体育产品的市场化和产业化。

体育产业化必须以市场的运作规律为基础，充分发挥体育产品的不同特点，以提高体育资源配置效率为目标，不断满足消费者的不同需要，实现体育产业又好又快地发展。

#### 2. 体育产业的分类

体育产业的分类标准有很多，从体育劳务生产方式看，主要有以下几类。

(1) 经营管理型体育产业。主要指由体育系统和社会团体、企业、个人举办的以盈利为目的，以休闲、娱乐类体育项目为经营对象的产业部门，包括商业性体育竞赛表演、体育培训、体育设施经营、健身娱乐俱乐部、职业体育俱乐部等。

(2) 半经营管理型体育产业。主要指由政府举办或资助的带有公益性的体育服务，包括体育训练基地、体育学校、社会体育指导中心、体育场馆、体育科研所、青少年活动中心等体育事业单位，以及国家承办的重大国际比赛、全国和地区性综合运动会、部分项目的竞赛等体育活动。

(3) 非经营管理型体育产业。主要指由政府、社会团体、企事业单位、学校和部队等出资举办的体育培训、体育锻炼和竞赛等群众性体育活动，举办这类活动的目的是增进全体公民或在校学生、企事业单位职工的身心健康，提高精神文化素质，促进社会的文明进步。其经费由社会和企业提供，并不需要通过活动自身获得收入和得到补偿。

从体育产业现行管理体制来看，可以分为如下几类。

(1) 体育主体产业。指以体育资源为开发基础直接进行的生产与经营活动。它是体育自身的经济功能和价值的发挥与体现，包括体育竞赛表演业、体育健身娱乐业、体育培训咨询业、体育资产经营业等。

(2) 体育相关产业。指以体育娱乐作为载体，向消费者间接提供各种用品与服务的生产与经营活动，包括体育用品、体育经纪与代理、体育新闻与媒介、体育广告、体育旅游、体育建筑等相关产业。

(3) 体办产业。指体育行政部门或单位利用某些体育资源为弥补经费不足所进行的各种生产和经营活动，如体育场馆出租、餐饮、宾馆、航空票务代理等。

#### 4. 体育产业管理的含义

体育产业管理是以满足社会不同人群的体育需求为目的，为实现经营目标所从事的各种管理工作的总称。它包括宏观和微观两个方面。在宏观上，主要是实现体育产业结构的调整和优化、体育市场的培育与发展、体育产业政策法规的制定与实施等；在微观上，主要是指体育产业部门内部经营活动的管理。

体育产业管理是根据体育产业的发展和实践而提出来的。在体育产业的发展过程中出现的许多问题，只有运用现代管理原理、方法和手段才能加以解决。不重视对体育产业的科学管理势必会影响到体育产业的有序、规范和健康发展。

### (二) 体育产业管理的主要特征

#### 1. 以效益为核心

作为体育产业管理的重要目标和衡量标志，体育产业管理必须以效益为中心，既重视经济效益，又重视社会效益。只有这样，体育产业才能取得协调、快速的发展，为国民经济和体育事业发展创造更好的条件。

### 2. 以市场为导向

市场作为配置资源的基础手段，用其无形之手调控经济的发展。体育产业作为国民经济的一部分，必须坚持以市场为导向，注重信息反馈，及时调整经营战略，优化投资结构，改进产品功能，不断满足消费者的不同需要。现阶段的体育产业管理工作应以培育体育市场、规范各类体育参与者和监督体育市场运作为工作重点。

### 3. 以法律为保障

市场经济是法制经济，法律对市场经济的发展起着保驾护航的作用。体育产业作为市场经济的必然产物，依法经营管理是其发展的客观要求。我国的体育产业起步较晚，市场发育不成熟，市场规则不健全，市场中介无序。所以，为了使体育产业能健康、稳定地发展，体育产业管理必须强化法制观念，逐步建立和完善各项体育市场管理法规，以法律为准绳，维护市场秩序，促进体育市场良性发展。

### 4. 以经济方法为主要管理手段

在市场经济中，市场主体的各种经营行为都是以经营组织或个人的利益为出发点的。体育产业管理的目的是使体育企业实现自我经营、自负盈亏，获得良好的经济效益和社会效益。因此，体育产业管理活动应以经济方法为主要手段，建立利益激励机制，鼓励多劳多得，实行奖优罚劣，充分调动市场参与者的积极性，从而提高体育产业管理工作的效率和效益。

## 二、体育产业管理的内容

体育产业管理的内容非常广泛，不仅包括对体育主体产业的管理，也包括对体育相关产业以及体育管理部门办的其他产业的管理；体育产业管理的好坏直接关系到体育产业的全面、可持续发展。体育产业管理主要有以下内容。

### 1. 体育俱乐部管理

在各类俱乐部中，体育俱乐部无论是从规模还是从发展的速度都是最大和最快的，它包括了公益性体育俱乐部（如社区体育俱乐部、学校体育俱乐部、单位体育俱乐部、青少年体育俱乐部等）和非公益性体育俱乐部（如休闲与健身体育俱乐部、职业体育俱乐部等）。

休闲与健身体育俱乐部是以提供休闲、娱乐、健身服务为目的，以商业性健身娱乐设施为活动场所，依靠市场机制和利益机制运作的会员制群众体育俱乐部。职业体育俱乐部是指为满足人们体育竞赛表演的观赏需要，将职业体育竞赛及其相关产品作为商品组织生产经营并追求营利、自主经营、自负盈亏、具有独立法人资格的体育经济实体。

由于两者都是以商业性经营为目的，所以不同于公益性体育俱乐部的管理模式，需要按照体育产业的发展规律和市场开发的经营模式来管理。

### 2. 体育赛事运作管理

体育赛事运作管理是指体育赛事活动系统的管理者，为保证体育赛事的正常进行，实现体育赛事的既定目标，而对体育赛事所进行的计划、组织、协调、控制等综合活动过程。体育赛事运作管理的实质是在举办赛事的整个过程中，对各种与开展体育比赛活动有关的要素和资源（如人、财、物）等进行合理的计划、协调与控制，以求充分利用这些资源的潜力，实现体育赛事成功的总体目标。

体育赛事运作管理一方面通过组织各类赛事，为社会提供高水平的体育劳务产品，满足广大体育消费者观赏和精神的需求；另一方面又通过充分挖掘体育赛事的商业价值，积极引导和规范各类体育赛事的市场化运作。

对体育赛事运作管理必须吸收和借鉴国际体育赛事市场运作的经验，探索和完善国内主要赛事（如全运会、农运会等）的市场开发和运作模式；积极引进国际知名的品牌赛事，认真研究、探索职业体育赛事的发展规律，为国内开展体育赛事创造更好的条件。

### 3. 体育场馆经营管理

体育场馆经营管理是一项复杂的综合性工作，它涉及的内容非常多，主要包括赛事协调、市场开发与营销、维护保养和后勤工作、安全保卫、财务管理和风险管理等。体育场馆的经营者不仅需要有渊博的知识，包括预算、成本控制、市场策划等，还要有熟练的管理技能，熟悉服务产品的经营特点和经营模式。

当前，体育场馆经营管理正处于快速发展之中，如何充分发挥体育场馆的设施功能，开发体育场馆的各种资源，不断提高其经济效益和社会效益，是落实科学发展观，加快我国体育产业发展的重中之重。

#### 4. 其他体育产业管理

除上述之外，体育产业管理还包括体育中介服务业、体育彩票业、体育旅游业等的管理。体育中介服务业包括的内容较多，从广义上有体育公正仲裁、体育资产评估、体育信息咨询、体育经纪等服务；从狭义上有运动员经纪、体育赛事经纪和体育组织经纪。体育中介服务业作为体育产业的重要组成部分，对培育与规范体育市场，提高体育产业的运营水平起到了积极作用。

体育彩票是一种以筹集体育资金为目的，采用抽签给奖方式发行的凭证。发行体育彩票是筹集经费的一种有效手段，政府是发行体育彩票的唯一合法机构。体育彩票业管理要从规范发行工作、提高体育彩票发行效益着手，逐步建立具有中国特色的体育彩票发行与管理制度。

体育旅游业是体育与旅游交叉融合而产生的新型服务产业。我国的体育旅游业最初以登山旅游为主，逐步扩展到江河漂流、汽车拉力赛、热气球等其他运动项目。作为一个新兴行业，体育旅游业需要进一步加强行业管理，规范其运作，确保其健康发展。

## 第四节　我国体育产业管理的实践与改革

我国体育产业历经改革开放20多年的发展，无论从规模还是结构上都发生了较大变化。一方面，体育产业已经成为推动我国经济增长的新动力；另一方面在改革与实践过程中也暴露出诸多问题，需要引起我们重视。

### 一、我国体育产业管理中存在的主要问题

#### （一）产权关系不明，资产管理不顺

产权关系不明，主要是指体育部门中的各级体育组织现有的有形资产和无形资产的所有权不明确。

资产管理不顺，指由于产权关系不明所导致的对资产经营权、处置权及受益权不明晰，造成部分资产多头管理或无人管理的现象。多头管理，导致权责不清，相互扯皮；无人管理，则造成资产闲置或资源浪费。

目前，在体育系统内部大多数企业由于没有建立起有效的公司治理结构和现代企业运行机制，导致了比较严重的产权不清和责任不明的情况，直接影响

了体育产业的健康发展。

### （二）无形资产开发重视不够，知识产权保护有限

尽管这些年体育系统对无形资产的开发取得了一定的成绩，但是与实际的潜力相比还存在着较大的差距。一些组织和机构由于重视程度不够，或者是短期行为，重开发、轻保护，重收益、轻服务，经常发生无形资产开发纠纷，不是违规就是侵权，影响较坏。另外，由于不重视知识产权的保护，使得参与体育产业赞助的企业积极性不高，体育市场的资源价值没有真正体现。

### （三）产业经营人才缺乏，专业运作程度不高

由于体育产业工作相对竞赛组织和群体活动而言有其特殊性，加上我国体育领域长期不重视对体育经营人才的培养，导致了一些体育产业工作的效率下低，或者盲目开展，存在很大资源浪费问题。目前，人才的缺乏主要体现在专门的市场运作与企业管理层面，一些单位要么是没有足够数量的人才，要么是数量足够但不符合要求，真正既懂体育产业经营又熟悉体育规律的人才数量非常有限。

体育产业经营人才的匮乏已成为影响行业发展的瓶颈，需要有关单位和机构重视，继续加大人才的培养与引进力度。

### （四）产业结构不合理，地区内发展不平衡

我国体育产业结构不合理，首先表现在主体产业（包括竞赛表演业和健身娱乐业）发展滞后，体育相关产业和体育部门开发的其他经营活动相对超前。其次，竞赛表演业和健身娱乐业发展不平衡，前者投入较大，后者投入不足。第三，体育设施建设落后且分布不平衡。第四，各地区体育产业发展模式单一，表现为“大而全”“小而全”的格局，缺乏特色。

从我国各地区体育产业发展水平来看，存在着不平衡的现象，具体表现为东部和沿海地区发展较快，西部和内地发展较慢；城市发展较快，农村及城镇发展缓慢。

## 二、我国体育产业管理的目标、任务与措施

### （一）我国体育产业管理的目标

“十一五”期间我国体育产业管理的目标是：初步建成与社会主义市场经

济体制相适应的，符合现代体育运动发展规律，门类齐全、结构合理、规范发展的体育产业体系；形成以体育服务业为重点、相关产业为补充，多业并举，全社会共同参与的新格局；体育消费在居民日常消费中所占比例明显提高，体育产业增长速度明显高于国民经济增长速度，把体育产业培育成为国民经济和社会就业新的增长点。

### （二）我国体育产业管理的任务

围绕上述目标，现阶段我国体育产业管理的主要任务是：基本建立以政府宏观管理为主导，以行业协会自律机制为基础的体育产业管理模式。加强体育市场准入、市场竞争及监管方面的法规与制度建设，完善体育服务标准体系，建立起开放透明、规范有序、公平竞争的市场秩序，初步形成各类体育市场相互交织、共同促进的完善体系。发展多种形式的体育产业组织和各类经营实体，积极引导社会资本进入体育产业领域，鼓励私营、个体及国外投资者参与体育产品的生产经营活动，基本形成全社会共同兴办体育产业的格局。培育一批具有国际市场竞争力的明星企业与品牌，显著提高体育产业的国际竞争力，初步实现体育产业管理的科学化。

### （三）我国体育产业管理的措施

为了完成上述任务，我国体育产业管理应采取的相应措施如下。

#### 1. 进一步深化体育体制改革，加速体育社会化、产业化进程

政府的体育行政部门要切实把建立多元化体育服务体系作为当前工作的重点。首先，要积极协助政府经济管理部门开展体育产业政策研究，通过政策杠杆引导产业发展方向和布局，营造良好的投资环境，引导各类资本进入体育产业领域；其次，要建立开放透明、规范有序、公平竞争的体育市场秩序，保护消费者和经营者的合法权益，并积极协同工商、质量技术监督和安全生产监督等部门，共同建立市场管理体制；第三，要立足于转变政府职能，为投资者提供信息、咨询等公共服务。

#### 2. 正确处理体育产业发展过程中社会效益和经济效益的关系

在市场经济条件下，社会效益和经济效益的联系是十分密切的。在体育产业实践中，要坚持社会效益与经济效益并举，既立足于当前又考虑长远发展的需要，实现体育产业与社会、经济、体育事业协调发展，这是树立和落实科学

发展观的需要，也是建设和谐社会的需要。

### 3. 促进各具特色的区域体育产业协调发展

我国幅员辽阔，各个地区在经济发展、文化背景、地域资源等方面有很大的不同，体育产业发展的规模和水平也不平衡，因此在发展体育产业方面，各地区也不可能采取统一的发展模式。各级政府体育行政部门要根据本地区体育资源的条件和特点，制定适合本地区发展的区域体育经济政策，以本地区内的首位城市为中心，以点带面、分层推进，形成各具特色的区域体育产业发展模式。

### 4. 建立体育产业发展的税收政策和投融资政策

对于新兴体育产业项目和民族的、大众的体育产品和服务逐步实行税收优惠政策；建立健全促进体育产业发展的投融资政策，制定相关政策降低准入门槛，鼓励各种社会资金投入体育产业；鼓励组建各级各类体育产业基金组织、体育投资公司，形成多元化投资主体的新格局；创造有利于发展体育产业的综合型投融资手段和方式，成立国家级体育产业发展基金和体育资产经营公司。

### 5. 加大以竞赛资源为重点的体育无形资产开发力度

积极探索赛事运作的新模式，探索赛事推广与开发的新模式，不断提升赛事的品牌价值；积极探索和推动电视转播权的开发工作，协调与媒体的合作，形成互为依存、互动双赢的关系；积极探索以全运会为代表的无形资产开发运行机制与管理体制的改革，借鉴奥运会开发的成熟经验，整合资源，培育品牌，实现市场开发的可持续性和资源的良性循环。

### 6. 实施品牌战略，提高我国体育企业国际竞争力

扶持一批在国际体育市场上具有一定竞争力的知名企业和品牌。按照建立现代企业制度的要求，规范各类体育产业经营实体的组织形式，形成科学的法人治理结构和经营管理制度，建立开放性的创新发展机制。

### 7. 积极做好体育系统场馆资源的综合开发利用

随着国家投入力度加大，体育系统场馆数量快速增加，要切实做好综合开发利用，坚持正确使用方向，提高使用率，提高社会效益和经济效益，发挥公共体育场馆在满足人民群众基本体育需求方面的优势和引导作用。通过建立体

育场馆商业圈、产业链，实现产业互补，增强持续发展能力。探索场馆冠名等无形资产开发形式，拓展场馆收入补偿渠道。健全场馆协会组织建设，发挥其纽带作用。

**8. 规范体育市场，积极推进体育服务标准化工作**

按照体育法的要求，培育体育市场、服务体育市场、规范体育市场、监管体育市场；根据行政许可法和市场管理职能职责的划分，优先做好体育服务标准化工作。通过建立科学、严谨的体育服务质量管理体系，创造一个体育服务业健康发展的环境，形成规范有序、良性循环、充满活力的体育市场。

**9. 建立体育彩票有效监管机制，进一步做好体育彩票各项工作**

抓好体育彩票的发行销售工作，完善各项管理制度，立足细节抓落实，确保安全运行。加强廉政建设，建立对社会公开的监督机制，维护体育彩票在人民群众心目中的公信度，使体育彩票事业健康发展。

**10. 积极推动社会各方面加强体育产业管理的基础工作**

重视体育产业研究工作，充分利用社会团体、科研单位、企业等多方面的力量，加强对体育产业的基础研究和应用研究；重视体育产业人才培养工作，切实提高体育队伍中体育产业人才的数量和质量，大力培养和引进既懂经济又懂体育的复合型经营管理人才；重视体育产业统计工作，通过多种方式，建立完善的工作和研究信息交流渠道，及时沟通情况。

**【思考题】**

1. 如何理解体育市场的含义？体育市场的主要特征是什么？
2. 体育市场主要分为哪几类？分类的依据是什么？
3. 试分析体育市场开发的过程。
4. 试述体育产业管理的含义和主要内容。
5. 请分析现阶段我国体育产业管理的目标、任务与措施。

# 第十章　体育俱乐部经营管理

体育俱乐部是开展体育活动的重要组织形式，根据体育俱乐部的性质可分为公益型体育俱乐部和商业型体育俱乐部两种。本章重点围绕商业性体育俱乐部的两种形式——健身体育俱乐部和职业俱乐部进行介绍。重点介绍健身俱乐部经营管理的内容与营销管理的方式等问题；阐述职业体育俱乐部的特性、职业体育俱乐部的组织体系、职业体育俱乐部经营等专题。

## 第一节　体育俱乐部经营管理概述

体育俱乐部作为当今世界各国普遍盛行的一种体育组织形式，既是一种高水平的竞技体育组织形式，也是一种有效开展社会体育的组织形式。

### 一、体育俱乐部的概念

俱乐部（club），意为“总会”。在欧美等西方国家是社交团体和公共娱乐场所的通称。在我国是机关、团体、学校中文化娱乐场所的通称（辞海. 上海：上海辞书出版社，1979）。这种有着共同兴趣爱好、志趣相投的亲朋好友聚集的活动场所，明显表现出一种特殊的满足成员间精神需求的社交功能。所谓体育俱乐部是人们为了欣赏和参与体育活动而组成的体育社会团体。

体育俱乐部的历史可以追溯到18世纪中叶。早期的体育俱乐部与其说是一个体育组织，不如说是上流社会人士业余消遣与社交的沙龙，是社会地位高贵的象征。在当时的英国，一些贵族聚集起来成立体育俱乐部，为俱乐部的成员提供体育活动的服务，俱乐部的成员仅限在政治上、经济上享有显赫地位的人士。进入19世纪，现代化大工业的发展不仅引起生产技术的根本变革，也使社会政治、思想、生活方式发生了变化，新的文化需求不断产生，也包括对体育的需求，体育俱乐部快速发展。在西方国家，体育俱乐部成为面向社会大众开展体育健身娱乐的最基层的载体，体育俱乐部制度也是社会体育普遍实行的运行机制。随着社会政治、经济、文化的发展，以及各国政府对大众体育的重视和支持，体育俱乐部不断涌现，越来越多的人将它作为参加体育活动、进行社交娱乐的重要场所。

20世纪初，随着西方体育的传入，体育俱乐部制度被引入我国，在上海、广州、香港等大城市相继出现了社团性质的体育俱乐部，但这些俱乐部主要是上层社会休闲、娱乐和交往的场所。当时著名的有大通体育会、南华体育会、松口体育会、精武体育会等。新中国成立以来，为发展体育事业，我国建立了一些军事体育俱乐部，但数量不多，规模不大，且具有事业单位性质。进入20世纪90年代以来，我国体育事业发展迅速，各种类型的体育俱乐部应运而生，体育俱乐部正日益成为我国体育的重要组织形式。

## 二、体育俱乐部的类型

体育俱乐部是体育的基层组织之一，种类繁多，形式多样，根据不同的分类标准，体育俱乐部有各种类型。按体育俱乐部的经营性质及受益对象，可分为公益型和商业型体育俱乐部。其中公益型体育俱乐部包括社区体育俱乐部、学校体育俱乐部、单位体育俱乐部、青少年体育俱乐部等；商业型体育俱乐部包括职业体育俱乐部和休闲健身俱乐部等（图10–1）。需要注意的是，部分“社区体育俱乐部”也可能是面向市场的属于商业性质的健身俱乐部。

体育俱乐部还可有其他分类，如按体育俱乐部开展活动的目标任务，可分为竞技体育、社会体育和学校体育三种类型的俱乐部；按体育俱乐部的专业化水平，可分为专业体育俱乐部和业余体育俱乐部等。

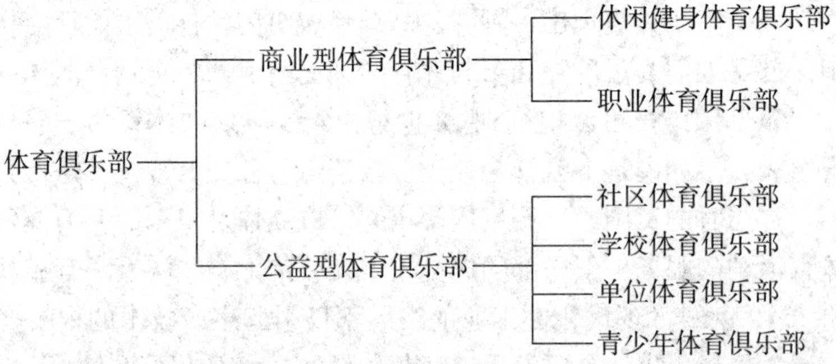


**图10–1 体育俱乐部的类型**

### 三、体育俱乐部经营管理的概念

体育俱乐部的经营管理是指管理者为实现体育俱乐部经营目标所进行的计划、组织、协调、控制等的活动过程。体育俱乐部的资源包括教练员、服务人员、营销人员、场地设施、财务、信息、关系等。

为了发挥各种资源的最佳效用，管理者不仅需要采用合理计划、组织、控制等管理的方式，还需要通过建立各种规章制度、制定各种措施方案、采用各种营销手段等促进目标的实现。

## 第二节　健身俱乐部经营管理

健身俱乐部是一种重要的群众性体育组织形式。健身俱乐部需要整合资源，以提供优质服务、满足会员需求为核心。

### 一、健身俱乐部的概念和特征

#### （一）健身俱乐部的概念

按照健身俱乐部经营的性质，可再划分为公益型和商业型两种。公益型健身俱乐部是指各种为满足人们健身要求，以开展群众体育活动、增进身体健康为主要目的的体育组织，其经营的目的在于为大众身体健康服务。商业型（也称经营型）健身俱乐部是指为满足大众健身、休闲、娱乐等需求，经营者以商业型健身设施为活动场所，依靠市场机制和利益机制运营的俱乐部，其经营的主要目的在于盈利（本节内容将针对这种经营性质的健身俱乐部进行介绍，以下所指的“健身俱乐部”均属于此种类型）。

健身俱乐部与饭店业和度假村的区别在于：俱乐部是以特定的客户（即会员）为市场；俱乐部的设施和服务带有鲜明的感情附加值。

俱乐部更强调个性化、亲情化的服务方式。另外，在营销方式上也不尽相同。

依据健身俱乐部的功能，可以分为一般健身俱乐部和高级健身俱乐部两种类型。健身俱乐部是对包括健康城、健美中心、保龄球馆、旱冰场、高尔夫球场、网球馆等在内的各种休闲健身场所的统称。健身俱乐部既有综合性的，也有单项的，均以开展群众性的体育活动为主。一些高级的健身俱乐部除了体育服务外，还开展娱乐、餐饮、旅游、度假等综合服务。有些俱乐部虽然收费较高，但由于服务项目较多、服务态度较好、服务水平较高等特点，因而能够满足较高层次及不同需求层次人士的需要。

### （二）健身俱乐部的特征

#### 1. 以营利作为俱乐部生存发展的根本目标

健身俱乐部作为名副其实的企业，面对的是市场，考虑的是满足消费者的需求。因此，必须以提供较高质量的体育服务为手段来营利，才能获得生存发展的基础。

#### 2. 以有效营销作为俱乐部生存发展的基本条件

健身俱乐部的营销包括产品、价格、渠道以及促销等传统营销手段。当前，社会营销理念已成为商家普遍遵循的基本理念，如何在满足消费者需求基础上实现生存发展则是这一理念的核心内容。大型健身俱乐部往往集游泳馆、球类馆、力量练习馆、健美体操馆、娱乐中心、桑拿浴、恢复中心甚至酒吧、餐饮于一体，以满足人们多方面、多层次的需要，来到这里健身的人士可以尽情开展体育、文娱、餐饮等消闲活动。

#### 3. 以提供体育服务作为俱乐部的核心产品

由于健身俱乐部从业人员的所有活动都是在销售“服务”，让会员满意是休闲体育俱乐部的营业宗旨，因此在俱乐部的会员管理上，俱乐部奉行的服务策略是以活动刺激消费，以服务代替营销，主动提供各种活动。在提供服务中，健身俱乐部还要注重服务互动与消费者的价值体验。互动价值体验过程中，如果消费者真实体验到了俱乐部所宣称、介绍和承诺的价值主张和价值收益，就会感到一种愉悦和满意；反之则会产生不满，进而影响与俱乐部的合作。对于俱乐部来说，价值体验是俱乐部消费者评价服务质量的一个核心标准，满足参与消费者的价值体验是商业体育俱乐部建立竞争优势的关键。

#### 4. 以较长时间营业作为满足顾客的主要方式

商业型健身俱乐部一般都从清晨到深夜甚至全天开放，周末和节假日也不例外。每个顾客可自由选择最适合的时间进入俱乐部进行消费。

高级休闲健身体育俱乐部与一般休闲健身体育俱乐部大体相同，所不同的只是高级健身俱乐部的环境更加优美，设施更加豪华、先进，服务更加个性化。这类俱乐部开展的运动项目，主要是高尔夫球、网球、桌球等比较高雅的项目，同时大都配备游泳池、力量训练房、保龄球馆等一般商业体育俱乐部常备的综合性体育设施。在辅助设施方面，除了上述一般商业体育俱乐部常备设施外，有的还有花园、钓鱼池、美容厅、按摩室、舞厅、钢琴厅、酒吧、咖啡厅、高档会客厅和豪华客房等，成为上层人士运动、游乐、社交和洽谈生意的理想场所。

## 二、健身俱乐部经营管理的基本内容

健身俱乐部经营管理是指经营管理者通过一定方式整合资源，以实现俱乐部目标的活动过程。管理者经营管理水平的高低直接关系到俱乐部的效益。健身俱乐部经营管理过程的重要任务就是吸引会员并留住会员，而影响这一过程的基本因素包括健身房选址是否准确，收费是否合理，环境是否舒适，设施是否齐全，经营品种是否具有诱惑力，健身指导是否专业，服务是否周到，俱乐部推销和宣传手段是否到位等诸多方面。俱乐部管理的主要内容在于对俱乐部的发展作出合理的经营规划、建立有效的组织、合理确定相关人员的职责等。

### （一）俱乐部选址

俱乐部经营管理的前提是场地选择。这个环节如果出现错误，可能直接断送俱乐部的发展。在美国，俱乐部选址坚持“location-location-location”的原则，因为地点的选择对于一个俱乐部的日后经营至关重要。俱乐部最好选址在人流最大但交通并不拥挤的地点，楼层不宜过高，停车方便且有通透的视线。目前在我国大中型城市中常见的选址大多是商业区某高层的顶层、原有体育场馆区内的附属建筑、居民区内等。尽管场地情况较理想，但多有欠缺，考虑更多的是低代价。这样做的确节约了成本，如果其他销售策略跟进不及时，日后跨越大发展的可能性很小。与之相反，不问价格地追求场地也不可取。

### （二）组织机构设置

组织结构对提高服务质量、提升竞争力具有重要作用。合理的组织结构、明确的职责分工有利于部门间联系与沟通、互动与支援、分工与合作，朝着共同的目标而努力。健身俱乐部的组织结构受多因素的影响，各健身俱乐部有所不同。小型健身俱乐部一般组织架构简单，主要由管理层及运营部（销售部）

组成。工作人员由教练员、场地维护管理人员、销售人员组成。作为有一定规模的高级健身俱乐部一般要有以下组织部门构成（图 10-1）。

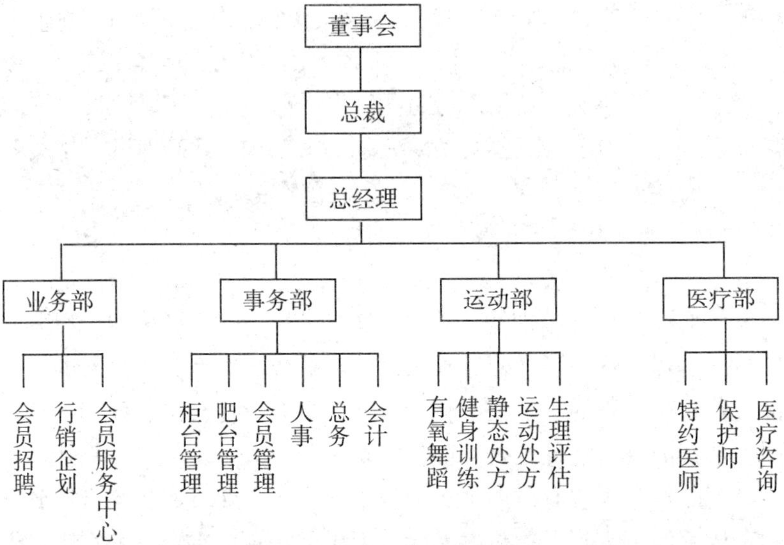


图 10-1　某高级健身俱乐部的组织结构

高级健身俱乐部一般都设有董事会和理事会。董事会由资方代表组成，是最高领导机构，决定俱乐部的经营大计。理事会为最高管理机构，设理事长一名，副理事长若干名，常务理事和理事若干名。理事长由董事会任命，副理事长经董事会推荐由理事会聘任。理事会成员协助理事长管理俱乐部的各项业务。理事会为顺利完成俱乐部的各项经营工作，可设立若干专业委员会，并吸收一些专家、名流担任理事、委员和委员会负责人。

健身俱乐部的业务部主要负责对外联络，包括发展会员、制定规划等；事务部主要负责内部运营管理，如吧台管理、柜台管理、会员管理、人事管理等；运动部主要负责健身项目及提供相关健身服务；医疗部主要负责会员的医疗咨询服务。

### （三）人力资源管理

规模较大的健身俱乐部的人力资源可以分为四类：管理人员、教练、场地设施维护人员和服务人员。作为一个企业，健身俱乐部同样要有基本的人事构架和工作分工，如财务、市场、销售、教学、服务，各个岗位的人都要经过专业的培训。

### 1. 管理人员

管理人员主要指健身俱乐部的总投资人以及各连锁点的行政管理者。俱乐部的经营理念是俱乐部企业经营管理的指导方向，是其在市场竞争中实现经济效益和社会效益最大化的行动指南，因此俱乐部企业必须主动适应环境等因素的变化，主动更新经营理念。经营理念引入健身俱乐部产业是中国健身业步入市场经济轨道的重要标志之一。20 世纪 90 年代后期，我国健身俱乐部行业的经营理念、经营目标和经营行为有了明显转变，俱乐部根据产业环境与条件的变化，结合自身情况，树立以市场为主导、以客户为中心、以人为本、以质量和服务为宗旨的市场营销理念正在形成。

### 2. 教练员

根据我国国家质量监督检验检疫总局发布的《体育场所等级的划分标准》规定，健身房从业人员必须持证上岗；不同星级健身房社会体育指导员配比各有具体规定，如五星级配备的社会体育指导师（健身类或健美操类）人数不得少于持牌上岗总人数的 50%（且不少于 4 人）；一星级的挂牌上岗指导员必须为初级以上（含初级）社会体育指导员（健身类或健美操类）。对健身教练一般要求具有相关专业学历，具备专业基础知识，获得国家颁发的相应专业证书，如社会体育指导员、专业教练等，有一定的工作经验、教学经验。健身俱乐部拥有出色的教练员队伍会为俱乐部带来源源不断的会员和良好的声誉。对于这些专业人员的再培训也是非常必要的。

健身教练应该熟悉相应运动项目的具体情况，为消费者提供正确有效的运动方案和日程安排。越来越多的健身房开始注重技术指导环节薄弱的问题。拥有各类国际级别私人教练，也成为各大健身房招徕顾客的资本之一。现阶段各类私人教练的培训机构层出不穷，专业私人教练的水平也良莠不齐。随着人们健身动机的多元化和消费的理性化，教练的指导已经不再局限于单纯的技术指导，而必须掌握保健科学、运动生理学等知识。这就对专业教练提出更高的要求。

### 3. 场地设施维护人员

一个好的健身场所离不开科学的健身计划和运动指导，人们希望到这里来不仅要得到锻炼，还要体会到一种身心放松的感觉。俱乐部的环境与服务条件使它把健身和休闲的功能集中在一起，使锻炼者和经营者之间的距离拉得更近。场地设施维护人员需要进行上岗培训，负责场地的卫生管理和器材的技术维护工作。这些维护人员要以敬业精神和责任心作为前提，他们虽然不同于管理者会作出重要的决策，但他们的工作是健身俱乐部正常运行的基础。

#### 4. 服务人员

服务人员将给予消费者对俱乐部的第一印象。服务人员的水准建立在消费者对俱乐部的期望与标准基础上，服务人员良好的服务能使消费者感到光临更有价值。服务人员的礼节规范包括主动提供服务，以表现俱乐部对其热心的照顾；对会员的要求应耐心且有礼貌地办好；不要离开你所服务的会员太远，以免会员有任何需要时没有人去服务；随时保持自然、亲切的笑容，表达俱乐部对会员的欢迎和感谢。服务人员须随时注意自己的身体语言并得体地对答。

### （四）健身器材与设施管理

对于健身俱乐部来说，设施管理是非常重要的。各种设备、器材和用具必须保持经常的检查、维修和保养，并建立正常的制度来保证各项设备都能处于良好的运转状态。

大型健身俱乐部往往需要对健身场馆进行豪华的室内外装修，一些超大型健身俱乐部还配有多种辅助服务设施，如停车场、游戏厅，也大大增加了经营成本。通过兴建多样的服务设施树立品牌形象来增加健身者的舒适度。健身设施管理混乱无疑会给俱乐部的形象打折，有些俱乐部健身器械的档次不低，但哑铃片、杠铃片、小哑铃等小配件散落一地，健身者走来走去十分危险，同时也给训练带来许多不便。作为教练员或服务生应随时随手将哑铃片等放在规定的位置，并要求会员也养成这样的习惯，以便利人利己。

俱乐部的物品和装饰时常会出现许多小问题，这些小问题虽不会影响使用或给俱乐部带来安全隐患，但会影响美观，给会员带来不舒服的感觉，管理者应格外注意。例如及时更换灭掉的灯泡，这种小事往往被忽视，但会员却记忆深刻。

### （五）会员管理

健身俱乐部的会员分荣誉会员、个人会员和团体会员三种。荣誉会员是指对俱乐部作出重大贡献的会员，这类会员往往需经理事会推荐，董事会批准，除享有荣誉称号外，在会费方面还可享受一定优惠直至全免。团体会员是指以单位名义参加的会员，会员证本单位的人均可使用。个人和团体会员的会员证有的俱乐部不分等级，有的俱乐部分金卡、银卡、铜卡三个等级，每个等级的收费标准和权利不等。会员的会费分入会费、年会费和保证金三种。入会费是入会时的注册费，一次缴纳，退会时不退款。年会费每年缴纳一次。保证金是会员在俱乐部内的信誉担保，无利息，会员如拖欠俱乐部费用时可从保证金中扣除，退会时可退还给会员。在实行等级制的俱乐部，上述三种费用均分别按三个等级的标准收取。金卡最高，银卡和铜卡递减。团体会员的这三种费用，一般均高出个人会员费用的一倍。

俱乐部在管理内部员工的同时，也应对会员进行管理。许多会员刚刚加入俱乐部，并不了解俱乐部的规则，往往给俱乐部的管理带来许多不便。俱乐部应对会员明确提出必要的要求，这些要求往往是为会员安全和卫生着想，一般会员会乐于接受。教练员和服务人员应积极配合俱乐部长期对会员监督，使之养成习惯。

目前健身俱乐部主要提供的消费方式分为会员制消费、各种培训课程和普通的日常消费。会员制是健身俱乐部提供的一种主要服务方式，它是通过引导消费者进行长期的健身消费，而为俱乐部的发展提供保证的一种普遍的营销方式。成熟的会员制同样标志着一个健身俱乐部的档次和信誉，因此，推行会员制需要有一套完善的会员管理制度。

### （六）营销管理

健身俱乐部的生存发展与其科学、合理的营销策略密不可分（本节其他部分有介绍）。

## 三、健身俱乐部的营销管理

### （一）产品营销策略

健身俱乐部的产品以无形的服务产品为主。俱乐部的服务就是俱乐部为满足健身者或会员及宾客的需求而提供的无形或有形的活动和利益。健身者在俱乐部进行消费时，他们主要关注，一是健身俱乐部的品牌形象；二是健身俱乐部的环境及器械；三是销售人员的承诺；四是对未来运动效果的预想。因此，健身俱乐部有了规模，更要重视服务，服务质量将决定俱乐部经营的成功与否，而关键的问题是满足或超过目标客户对俱乐部服务质量的期望。他们预期的服务质量是由过去的感受、口头传闻和健身俱乐部的广告宣传所形成的，在此基础上接受服务后，把感知的服务和预期的服务进行比较，如果达不到预期，客户便失去对这家俱乐部的兴趣，如果达到或超过了，顾客就会再次光顾。为此，健身俱乐部必须不断加强员工服务质量的管理。在健身俱乐部的服务产品营销策略中需特别注意以下两点。

**1. 树立市场品牌意识，使会员具有忠实的体验意识**

品牌是指企业及其所提供的商品或服务的综合标识。品牌管理对于营利性、非营利性健身俱乐部同样重要。首先，品牌传递给顾客的是一种区别其他健身企业不同的服务，这种服务是不会因为地域、人员差异而有变化，并保证高度一致性。其次，品牌附有自身的企业文化，传递不同的休闲理念，如同可口可乐与百事可乐一样，同是碳酸型运动饮料，给消费者传递的却是不同的理念。最后，高效的品牌管理有利于健身俱乐部的长远发展。当前俱乐部已步入连锁经营的时代，良好、高效的品牌管理，能帮助俱乐部扩大经营规模，迅速地扩展连锁经营、加盟经营。

市场品牌是商业运作的艺术体现和里程碑，健身俱乐部通过突出自身服务产品的专有特性，把组织形象、产品形象、甚至个人形象展现出来，从而使自身形象在消费者的心目中与其他同类组织、同类产品、同类服务有所区别，形成特有的市场品牌。一个良好的市场品牌体现着质量保障，体现着为消费者带去的利益和服务，体现着提供者向接受者作出的承诺。树立良好的市场品牌，不仅能够大大降低市场推广费用，而且能有效地吸引消费者。

**2. 提供个性化产品，为会员创造体验机会**

个性化产品主要是指俱乐部提供的各种无形服务产品，如教练员所教的各种健身运动，服务员的语言、举止、态度，销售人员的承诺等。会员购买健身卡后并不会像购物一般得到实质性的东西，这与一般消费者购物的行为有很大的差异。加入俱乐部后，消费者得到了一个进入健身俱乐部的“通行证”，只是代表了消费者拥有了使用健身设施的权利及健身俱乐部所提供的服务。服务不属于实体产品，购买前无法感觉或听到。因此俱乐部在消费者购买健身卡之前，要提供使用的机会（如教练员的技术、服务态度，健身房的环境与器材等），否则消费者无法实际去感觉或体验所购买的无形产品服务。俱乐部应根据会员不同的目的、个性特点，进行个性化的教学和服务，会员才会感到“宾至如归”，才能真正体验到服务的价值。

### （二）价格营销策略

影响健身俱乐部健身服务产品具体价格构成的因素，可以分为宏观影响因素和微观影响因素。宏观影响因素包括国家经济政策、国家体育法规和国际市场价格。微观经济因素主要包括市场需求、经营成本、市场竞争状况、消费者心理等因素。

### 1. 健身俱乐部定价策略的类型

在营销组合中，价格是唯一能体现收入的因素，其他因素表现为成本。价格应能够反映俱乐部的形象定位。通常俱乐部服务产品或服务的促销定价有以下几种：牺牲品定价、特别事件定价、代金券回扣、现金折扣、数量折扣、心理定价、季节折扣等。一旦确定了基本定价目标，并观察了解了需求、成本、竞争对手的成本和价格以及其他相关因素，俱乐部还可采取下列方法进行服务定价：成本导向定价，包括成本加成定价和计时定价；竞争导向定价，根据市场领先者的价格定价；亏损引导定价，通过大幅度打折来确立市场地位，或提供交叉销售其他服务的机会；价值导向定价，依据顾客对服务需求和价值的感知（低价、优质和物有所值）定价，强调服务定位和顾客从服务中获得的利益；关系定价，依据对顾客一生中未来潜在利润趋势的考虑定价，其基础是服务质量和顾客满意。

根据以上定价方法，不同的健身俱乐部可分别采用不同的定价模式。比如永久会员制管理模式，其硬件设施投入较大，进入市场时间较短，如采用竞争导向定价将可能使自身经营陷入被动，特别当发生价格战时更是如此。俱乐部可以根据不同时期市场和顾客需要灵活采用一种或几种定价方法组合。开业初期可采用亏损引导定价策略，大幅度打折在短时间内吸引大量顾客购买会籍，树立形象，确立独特的市场地位。俱乐部内商品和食品销售采取成本加成定价，收费项目采用计时定价。而服务则采用价值导向定价方式，通过合理定价来满足顾客对优质服务和物有所值服务的需求。

### 2. 不同层次体育健身俱乐部定价策略

（1）大型健身俱乐部应当采用高价策略

大型、超大型健身俱乐部的消费者的需求弹性较小，价格的轻微变动不会给消费需求带来多大变化。而有实际需要和消费能力的消费者，在较高的价格下也不会影响其选择高档次的健身俱乐部。高规格的健身器材，高档次、豪华的室内室外装修，富于现代气息的高品质的音响效果，甚至高价格都可以迎合高层次消费者的奢华需求和心理欲望，能够向社会显示自己的声望，使该层次的消费者在高档次的健身会所进行消费，获得更多心理上的满足。

采用高价主要是针对高收入阶层，前提是高价格不会对会员的参与产生抑制作用，并且加上看齐效应的影响，也会吸引一部分中等收入消费者的加入，从而扩大市场占有率；其次，服务质量与健身效果如果能和高价相符，就能树立起名牌形象，为连锁经营打下良好的基础；再次，高档健身俱乐部在进入市场初期，将价格定得很高，也便于日后降价，并且还会提高健身俱乐部的商誉。

高档次健身俱乐部也不应忽视中等收入、甚至低收入消费者。对于中、低档消费者，可以采用减少服务种类的方法将价格降低，以满足该层次消费者的需求。例如，北京中体倍力健身俱乐部的消费对象，是大学毕业 5 年以后、25～45 岁，平均月收入 8000 元以上的白领占主要消费人群中 75%以上，除此之外，中体倍力健身俱乐部也通过减少服务类别（只提供健身器械、健身操练习等项目）、取消附加服务的手段吸引了一部分中低收入消费者，当健身俱乐部发展到一定阶段，为了保证利润，必须对不同层次消费者有所取舍。

(2) 中档健身俱乐部宜采用中价策略（也称满意定价策略）。健身俱乐部将价格定在高价与低价之间，兼顾健身俱乐部与消费者的利益。中档体育健身俱乐部在我国的市场存量较高，所占比重较大。由于相对高档健身俱乐部资金投入小，硬件设施难以与高档健身俱乐部相比，中档健身俱乐部如果盲目采取高价格，就会遭到消费者的拒绝。而采取低价，会使利润降低，资金回收周期延长，增加企业经营的风险。所以，中档健身俱乐部宜采取中价策略，面向中低收入消费者，以高档健身俱乐部价格作为参照，调整定价。在不降低服务质量与经营收入的前提下，通过连锁经营，以平价赢得消费者，赢得市场。俱乐部应根据自身实际，把握所面向消费者群体的消费心理，分析竞争对手的实力，在不同时期灵活采用组合定价策略，以便在市场竞争中占据主动。

### （三）地点营销策略

俱乐部的服务地点或者说是物质环境，以及俱乐部提供的特色服务会吸引会员非此地而不来。一个好的健身场所离不开科学的健身计划和运动指导，人们希望到这里来不仅要得到锻炼，还要体会到一种身心放松的感觉，俱乐部的环境与服务条件使它把健身和休闲的功能集中在一起，温暖舒适像家的感觉很容易使客人和经营者之间的距离拉得很近。例如，北京浩沙健美健身俱乐部位于京鼎大厦的四层，营业面积 1300 平方米，不仅运动设施先进齐备，而且服务措施也一应俱全，水吧、更衣室、淋浴、美容室的条件一流，可与一些星级饭店的健身房相媲美。它的优越条件和整洁的环境，使它在开业的几个月时间里吸引了许多健身爱好者的目光。他们还请来多位在健美操界和大众中颇有名气的健美操教练员参与教学，整个教学过程和布局都做了科学划分，俱乐部在对学员的个人资料进行分析的基础上，使有氧健美操、形体训练课、哑铃操、跆拳道等课时合理搭配，安排具有不同教学风格的教练员供学员选择。

### （四）促销策略

促销是指企业向消费者传递商品信息和企业信息、刺激和诱导消费者购买的过程。促销的根本目的是聚集人气，吸引客流，提高销售额。常见的健身俱乐部促销方式有会员卡促销、打折优惠、广告宣传、组织竞赛及其他活动。

国内健身俱乐部的会员卡按时间一般分为年卡、半年卡、季卡及月卡等；按人数分为集体办卡、情侣卡、家庭卡等；按次数分为10次卡、100次卡等。会籍会员参加各项运动，在体育俱乐部内体育用品商场购物，消费俱乐部运动护理、推拿、足浴及水吧等乙类服务项目的，可享受打折优惠。还可通过开展竞赛活动及户外活动为会员建立交流平台。

广告宣传是现代企业最常用的促销手段之一，是运用各种手段向消费者和各类机构提供各种商品、服务与信息，传播企业形象，扩大知名度和提高销售额的一种方法。广告能引发顾客的注意、兴趣，激发顾客消费的欲望，最终导致顾客消费行为。目前健身俱乐部常使用的广告宣传媒体有：电视、报纸、杂志、展会、户外媒体、广播、互联网。一般认为，这些媒体各有优缺点。

电视：宣传效益较好，受众人群广泛，但费用昂贵，时间太短。

报纸：宣传受众人群广泛，但专业报纸太少，费用高，时效短。

杂志：宣传会直接关联到客户效益，但费用较高且受众有限，只有购买杂志的人才能看到。

展会：宣传会起到提高知名度的效果，但费用较高且带来的客户有限，客户只局限在参展的人士内。

户外媒体：户外灯箱、牌匾宣传会在一定范围内产生影响，费用虽少但带来的客户只限于周边人群。

广播：宣传只局限在收听广播的人群之中，时间过短。

互联网：宣传能直接带来经常上网的目标客户和潜在客户，具有持久性。

在做媒体广告宣传促销之前，健身俱乐部应该详细分析目前会员和长期潜在的会员对网络、电视、杂志等的认知程度，然后选择最有效的媒体，并以满足会员的需要作为促销工作的出发点。

# 第三节 职业体育俱乐部管理

职业体育俱乐部是指为满足人们体育竞赛表演的观赏需要，将职业体育竞赛及其相关产品作为商品组织生产经营并追求营利，自主经营，自负盈亏，具有独立法人资格的体育经济实体。作为与现代市场经济相适应的现代职业体育俱乐部应具备以下基本要素：一是将以体育竞赛为载体的体育文化娱乐服务作为商品进行生产经营；二是向社会提供的产品具有个人物品的性质，并将营利作为发展的重要目标；三是拥有必要的资产或经费的企业性法人实体；四是有一整套与现代职业体育发展规律、市场经济规律相适应的组织管理制度。

## 一、职业体育俱乐部的形成与发展

职业体育俱乐部是在市场经济条件下，伴随着现代工业、城市化以及商品经济的发展而发展起来的。近二十年来职业体育俱乐部这一形式已在世界范围内迅速发展，一些群众基础好、观赏价值高、竞技性强的运动项目走上了职业化的发展道路，为扩大竞技体育的社会影响、促进运动技术水平提高、满足社会公众体育竞赛观赏需要发挥了重要作用。职业体育俱乐部这一组织形式多为职业性的集体运动项目所采用。职业体育俱乐部是市场经济和社会分工的产物，其实质就是遵循市场经济的竞争、供求、价格等基本规律和竞技运动发展规律来经营竞技运动项目，使体育劳动所创造的价值得以充分实现的竞技体育组织形式。

经过一百多年的发展演变，职业体育俱乐部与其产生的摇篮——业余体育俱乐部相比，发生了本质性的变化。职业体育俱乐部在其目标、决策、组织、激励等方面与传统的业余体育俱乐部有明显不同，职业体育俱乐部由早期的个人制、合伙制发展到今天的股份制，已形成产权公众化、组织实体化、管理专业化、经营产业化的格局。在总的发展趋势上，职业体育俱乐部正朝着商业化、娱乐化、社会化、国际化的方向发展。

我国的职业体育俱乐部制度始于20世纪90年代初。1992年，国家体委召开了研讨体育体制改革的中山会议，随后发布了《关于深化体育改革的决定》，提出竞技体育要推进运动项目协会实体化，以足球为突破口，部分项目向职业化过渡，逐步与国际惯例接轨。在1992年全国足球工作会议之后，足球项目率先进入以“体制改革与机制转换为核心，以协会实体化、俱乐部制和产业开发为重点”的历史阶段，并成为我国体育改革的突破口。推行职业足球俱乐部制度的足球体制改革，是对传统竞技体育体制的根本性改革和机制转换。

## 二、职业体育俱乐部的特性

随着国际职业体育的发展与完善，职业体育俱乐部呈现出向现代企业制度发展的趋势。由于世界各国的政治、经济、文化、法律背景不同，各国的职业体育俱乐部、同一国度的不同项目的职业体育俱乐部存在许多差异，如所有制关系与财产关系的不同、俱乐部组织形式的不同、俱乐部规模与经营状况的不同等。但从职业体育俱乐部发展的总体上看，处在市场经济条件下的现代职业体育俱乐部既具有一般意义上的企业应有的特性，又表现出自身固有的特点。

### （一）职业体育俱乐部的一般特性

#### 1. 职业体育俱乐部是职业体育的基本组织形式

它是由投资者、经营者、管理者、运动员和教练员组成的集合体，尤其拥有以竞技体育运动为职业的高水平运动员。俱乐部实行分工协作，有序地从事组织管理、经营、训练、竞赛等活动，形成了一个有机的整体。

#### 2. 职业体育俱乐部是从事体育文化娱乐及其相关产品生产经营的体育产业组织

它以人们观赏体育竞赛需要为生存发展空间，从事创造体育竞赛观赏价值的生产经营活动，并通过一系列服务手段在市场上与消费者交换，使商品价值得到实现，获得相应的利益回报，以此维持俱乐部的正常运作。

#### 3. 职业体育俱乐部是有其自身经济利益的经济实体

任何职业体育俱乐部的投资者都要考虑经济利益，把追求经营利润最大化、使资本在运作过程中不断增值作为俱乐部的运作目标，由此形成了企业化的经营管理方式，建立起特有的运行机制。

4. 职业体育俱乐部是经注册登记的、具有独立法人资格的团体

它拥有明确的产权及生存发展所必需的其他各种权利，自主经营，自负盈亏，有权利、有能力以自己的名义从事各种活动，并承担相应的民事责任。

（二）职业体育俱乐部的独有特点

职业体育俱乐部作为体育竞赛表演的生产经营性企业，除具有一般企业的共性特征外，还具有区别于其他第三产业，区别于一般文化娱乐企业的特征。

1. 运动员是俱乐部最重要的资产

职业体育俱乐部的核心是拥有一批高水平运动员组成的职业运动队，它的社会效益、经济效益主要来自于职业运动员，没有运动员就没有观众，没有电视转播，更不会有赞助商。一个职业体育俱乐部可能会拥有充裕的资金、优秀的经营管理人才、设施良好的运动场地等生产要素，但它们都无法替代运动员来比赛。运动员作为俱乐部生产过程的劳动力要素，需要掌握专门的技能，其培养、训练的周期较长，处于一流水平的运动员数量近似于常数，总是供不应求的。

一个职业体育俱乐部的价值主要取决于职业队的价值，职业队的价值又源于与俱乐部签署工作合同的运动员。一个职业体育俱乐部可能因一名球星的转会，使其价值与经营收入出现巨大的起伏。因此，职业队和运动员的管理与培养对职业体育俱乐部有着十分重要的意义，俱乐部的管理工作几乎都围绕着职业运动队、运动员展开，由此产生一系列的活动，如运动员工作合同、运动员工资奖励及福利、运动员转会、运动员管理规章制度、运动员形象的包装与开发、后备人才培养等，目的都在于使这一重要资产得到充分的开发利用，使俱乐部资产保值增值。

2. 竞赛水平是俱乐部生存发展的基础

职业体育俱乐部提供的商品是体育竞赛娱乐服务，它以运动竞赛为载体。它的主要成分是运动员在竞赛中高超的运动技能，运动员在比赛中的表现直接关系到俱乐部产品的质量。因此，俱乐部的竞赛水平就成为俱乐部生存发展的基础。首先，俱乐部竞赛水平与其经营收入关系密切。从一般意义上讲，俱乐部的经营收入与竞赛活动的多少、竞赛活动的层次级别呈正比，

即竞赛次数越多、竞赛级别越高，俱乐部的经营收入越多。竞赛水平高的俱乐部不仅有机会参加各种国内外比赛，包括国内外商业性比赛，而且因竞赛活动级别高、对抗激烈、观众踊跃，故可获得较高的门票定价、销售额及理想的电视转播权售价。其次，俱乐部的竞赛水平与其社会影响相连。俱乐部的竞赛水平高、对观众吸引力大，就容易引起社会的关注，产生较大的社会影响。这将进一步提高俱乐部开拓市场的能力，丰富经营的内容，如广告赞助收入、运动员转会的市场价值，使俱乐部无形资产等方面收益增加。俱乐部经济收益最佳时期也往往是俱乐部竞赛水平最高、比赛成绩最好的时期。

### 3. 俱乐部生产经营活动的合作性

运动员高超的运动技能要在激烈的竞争对抗中才能得以充分表现，也正因为体育竞赛紧张激烈给人以刺激、兴奋的享受，竞赛结果的偶然性或不可捉摸性给人以悬念，赋予了体育竞赛特殊的魅力，将观众吸引到竞赛场上来。体育竞赛不同于表演，自身无法构成对抗，必须有对手的参与，而且彼此水平越接近、对抗越激烈，比赛结果越具有不确定性，对观众的吸引力也越大。体育竞赛的这一特点决定了职业体育俱乐部的生产经营活动不同于其他企业，也有别于文化娱乐企业。一家企业可能独立从事某一产品的生产经营，它所处的垄断地位不仅不影响它的发展，还可以从中获得垄断性利润。职业体育俱乐部则不然，必须由各个俱乐部共同组织起来生产经营一个共同的产品——竞赛。

俱乐部在对抗与合作中实现产品的共同生产经营，要求各俱乐部间建立起协调、合作、制约的关系，并解决一系列问题。如竞赛活动的协调就涉及竞赛规则、比赛裁判、竞赛规程、竞赛纪律等；各俱乐部利益的维护，则涉及参赛俱乐部的条件、竞赛活动的收益分配方法、俱乐部主客场的确定、俱乐部的活动范围、运动员转会制度等。这就形成了职业俱乐部联赛组织及各俱乐部必须遵守的章程、规定、合约。随着职业体育俱乐部的发展，俱乐部运作的成功越来越依赖于彼此间的合作，越来越需要联赛组织机构的监督、制约、协调作用。如果失去了俱乐部彼此间的合作，俱乐部的生产经营与运作是不可能成功的。

### 4. 无形资产的开发利用是俱乐部主要经营内容

职业体育俱乐部的经营尽管也有类似俱乐部标志性产品等实物型商品经

营，但主要经营内容是俱乐部的无形资产。职业体育俱乐部的无形资产包括俱乐部冠名权，电视转播权，场地、队服、球星的广告开发权，俱乐部标志物的使用权等。即使是俱乐部实物产品、门票销售也与俱乐部无形资产有联系。实物产品由于附着了俱乐部的社会知名度，提高了市场品位，提高了市场竞争力，因而也获得了超出实际价值的附加值。体育竞赛也同其他文化、服务商品一样，生产过程与结果的同时性以及生产与消费的不可分性，使消费者在消费前难以准确判断商品的质量，他们来看比赛是出于俱乐部良好的“商誉”，出于对俱乐部与球星的关注、信任与爱戴，是受俱乐部社会形象、声誉的驱使。俱乐部无形资产的实质就是俱乐部的社会形象与声誉。现代职业体育俱乐部已不再局限于主场门票的经营，而更加关注与包括媒体在内的社会各界建立广泛联系，树立俱乐部品牌形象，构建球迷对俱乐部的归属感。职业体育俱乐部无形资产的高低是以市场需要为基础来判断的。俱乐部社会形象越好、社会知名度越高，无形资产的市场价值也越高。绝大多数职业体育俱乐部对其无形资产开发利用的获利远远超过其他收入，反映出俱乐部经营的一个显著特点，那就是不断提高俱乐部无形资产的开发与利用程度。

## 三、职业体育俱乐部的组织体系

### （一）职业体育联盟

在国际上，大多职业体育项目设有自身的管理机构，尤其是那些社会影响面广、市场运作要求高的集体项目，如英国的足球超级联赛组织、日本职业足球联赛组织等，属于管理区域内职业体育的自治性民间社团机构，具有独立的法人资格。它因各职业体育俱乐部之间的竞赛活动的计划、组织、协调的需要而自发产生，它的基本任务是维护各职业俱乐部的共同利益，协调彼此间的各种矛盾和关系，形成自我约束，避免盲目竞争，处理违纪行为，促进该职业体育项目的健康发展。职业体育联盟通常采用委员会的组织形式，其成员由各俱乐部业主或代表组成，并成为最高决策机构。委员会推选或聘任主席（或称总裁、总干事等）作为代表负责处理涉及俱乐部的各项事务，根据联盟的管理职责下设若干职能部门或办事机构。如日本职业足球联赛的管理机构为指导委员会，内设裁判、法律等 6 个专门委员会，指导委员会下设商业、球员等 9 个办事机构，指导委员会主席由全体成员推举产生。美国职业篮球大联盟（NBA）的最高决策机构是由所有俱乐部业主或代表组成的执行委员会，它采用投票制对涉及俱乐部或联盟的重大事宜作出决策。联盟的主要任务是：确定职业俱乐部的数量和合理分布；决定运动员合理分配、流动；确定比赛规则，决定比赛日程；同全国性的新闻媒体谈判，出售电视广播转播权，并进行收益分配；协商门票等收入的分配，并制定方案，对联盟的事务进行监督。实质上职业体育联盟是“经济上的合资企业，法律上的合作实体”。各俱乐部在联盟中保持独立法人资格，为维护联盟的共同利益，俱乐部业主将本属他的一部分权力委托给联盟代为行使，但他仍保留着诸如与运动员签约、运动员转会、聘请教练员与职员、与当地媒体谈判与签约等决策权。联盟的最高行政长官为总裁，职责是以维护联盟的最大利益为原则，处理联盟范围的日常事务。在行政总裁的领导之下，美国 NBA 设立了两大管理部门，一是训练竞赛管理部门，由竞赛、传播、法律、安全、行政管理、运动员服务、专项活动 7 个办事机构组成；二是经济部门，由顾客产品部、市场与赞助、运动队服务、艺术服务、法律、经济、国际、娱乐、电视 9 个办事机构组成。在这些部门中集中了擅长经济、法律、商业、体育的 600 多名雇员，其中 80%以上属法律、经济、电视方面的专门人才，为 NBA 科学决策、周密计划等方面工作的顺利实施提供了保障。

### （二）职业体育俱乐部

职业体育俱乐部是职业体育最基础的组织形式，是具有法人资格的经济实体，能独立承担民事责任。职业体育俱乐部有明确的组织结构，一般情况下其组织结构为：俱乐部主席领导俱乐部董事会，俱乐部总经理管理运动员、经营部、财务部、办公室等部门，并直接对董事会负责。俱乐部董事会主要由俱乐部投资者或代表组成，对俱乐部发展的重大问题作出决策。俱乐部主席由董事会推选或指派，通常由出资最多的一方或由其指定代表担任。董事会聘请总经理负责俱乐部的日常事务和运作。俱乐部设有主管具体业务活动的职能部门（图 10—3），它们的职责分别为：行政管理部主要负责俱乐部财务方面的工作；宣传公关部主管宣传、公共关系、广告业务等；运动管理部负责俱乐部球队的竞赛训练工作；办公室主管俱乐部的行政性事务；市场开发部负责俱乐部的经营开发；会员部负责俱乐部与球迷之间的联系。

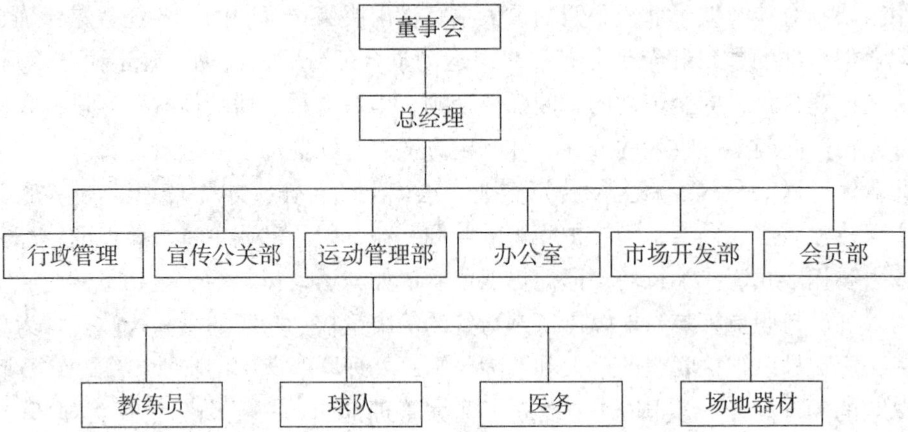


图 10-3 俱乐部的组织结构图

## 四、职业体育俱乐部的经营

职业体育俱乐部是自主经营、自负盈亏的经济实体，无论它的投资形式如何，都采用独立的经济核算。它要在激烈的竞争中求得生存，必须以市场需求为导向，提高服务质量，拓宽资金来源渠道，经营机制不健全、经营水平不高的俱乐部不可能成为一个成功的职业俱乐部。

职业俱乐部的经营一般由门票、电视转播费、赞助与广告、商务开发、运动员转会五大方面构成。

### （一）门票

门票收入是俱乐部的主要收入来源之一，它反映了观众对比赛的满意程度，是衡量俱乐部经营优劣的重要标志，因而各俱乐部都十分重视研究观众上座率与门票收入情况，并采取一切可能的措施将观众吸引到比赛场上来。如实行主客场制、为观众提供各种服务与便利、为观众参与比赛创造各种条件与营造氛围、通过市场调查明确消费人群与科学制定门票价格、向球迷推出价格优惠的各类套票等。职业体育俱乐部产品市场是由球迷消费者的需求构成，比赛紧张激烈的对抗程度是俱乐部产品的核心，也是消费者观赏比赛的利益所在。美国各大职业联盟自成立以来，不断进行竞赛规则的修改，其目的不仅仅局限于体现“公平、公正”的竞赛原则，更重要的是为了增进比赛的激烈程度和观赏性，不断满足观众的需求，将观众吸引到竞赛场上来。职业体育俱乐部成功的关键在于它能否为消费者提供有效的服务，能否满足他们的需求，这不仅关系到俱乐部的票房收入，而且影响电视转播、广告与赞助、商务开发等经营活动的成效。

### （二）电视转播

电视转播费是俱乐部收入的另一个主要来源。随着电视业对职业体育的关注与竞价，电视转播费猛涨，极大地刺激了职业体育的发展与繁荣。在一些职业体育俱乐部中电视广播转播费的收入已超过门票收入，成为俱乐部最主要的经济收入。电视转播费的迅猛增长首先来自于电视机构为争取转播体育节目而展开的竞价，尤其是有线电视或收费电视网络的兴起，进一步刺激了电视转播权的竞争。其次是职业体育为适应电视转播的要求，围绕着提高比赛的观赏性，对竞赛的组织、赛制、规则、器材等不断进行改革。此外，各职业体育管理机构将各俱乐部电视转播权捆绑起来整体出售，加强了俱乐部与电视机构的竞价能力。随着媒体与传播业的发展以及职业联盟垄断地位的强化，电视转播费将在职业体育俱乐部的收入结构中占据重要位置。

### （三）赞助与广告

赞助与广告收入在俱乐部资金来源中日趋占据重要位置，对保证俱乐部收支平衡发挥重要作用。企业或公司希望通过体育比赛提高企业或公司的知名度，促销自己的产品，赢得商业上的利益。各俱乐部凭借自己在所处地域的知名度以及体育项目特有的宣传效果，想方设法吸引众多企业或公司向俱乐部投入高额的赞助费用。如德国拜仁慕尼黑足球俱乐部有众多的合作者和赞助商，包括欧宝汽车公司、阿迪达斯公司、索尼公司、可口可乐公司、柯尼卡照相器材公司等国际著名企业，也有当地的啤酒公司、运动营养饮料食品公司、软件公司、奖券公司、电信公司、商业银行等。

### （四）商务开发

商务开发主要涉及俱乐部标志物的转让使用、俱乐部标志产品（如运动服装、纪念品等）、会员会费、运动场地出租等体育竞赛相关产品的开发和利用。虽然商务开发在俱乐部收入中的结构比重不高，但它是俱乐部经营水平的一个重要标志。因为它相对更需要主动、冒险和开拓精神，对有目的地进行市场调查与分析以及制定完善的营销方案等有更高的要求。国外许多俱乐部为形成自身的造血机制，创造相对稳定的经济来源，都十分注重这一领域的经营与开发。

（五）运动员转会

运动员转会也是俱乐部经营的一个重要方面。从总体上看，运动员的转会有进有出，有亏有盈，故不作为日常收支而单列账目。通常运动员从弱队、收益差、小城市俱乐部向强队、高收益、大城市俱乐部流动。一些俱乐部在经费紧张、濒临破产的情况下，可能将优秀运动员转让来换取转会费，以缓解资金紧张的局面。随着运动员转会费的日趋上升，一些俱乐部把运动员转会作为生财之道，与一些有发展潜力的运动员签约，待他们具有较高的市场价值时进入转会市场以获得盈余。运动员转会更为重要的意义是利用球星效应，增强俱乐部的经营活力，如吸引观众，提高门票收入，激发赞助与广告、电视转播费与商务开发。当前各职业体育俱乐部都十分重视选手的流动，建立运动员转会及转会费制度。职业选手流动加剧，转会费提高，使转会的意义不仅仅局限于俱乐部人才配置、技战术安排的需要，实质上成为一些俱乐部的重要财源。

**【思考题】**

1. 何谓体育俱乐部及体育俱乐部经营管理？
2. 健身俱乐部经营管理的内容是什么？
3. 健身俱乐部的营销策略是什么？
4. 阐述职业体育俱乐部的国际化发展趋向及其表现。
5. 为什么说“生产经营的合作性”是职业体育俱乐部的主要特征之一？
6. 职业体育俱乐部门票经营绩效对俱乐部的其他经营活动会产生哪些影响？

# 第十一章　体育赛事经营管理

体育赛事已成为人类社会影响力最大的社会活动之一。伴随着体育赛事规模的不断扩大，对赛事的组织管理也更加复杂，如何运作和管理体育赛事越来越受到人们的关注。本章将项目管理理论与体育赛事管理相结合，重点介绍体育赛事的特征、赛事管理的特点、体育赛事管理过程以及体育赛事营销等内容。

## 第一节　体育赛事管理概述

### 一、体育赛事的本质与特征

体育赛事就是在既定的资源和要求的约束下，以体育比赛为核心要素，提供竞赛表演服务和相关产品，满足各利益主体需要的一种特殊活动。体育赛事（以下简称“赛事”）作为一种特殊活动具有以下特征。

#### （一）一次性

一次性是赛事的基本特征。一次性也被称为“时限性”，是指每一个赛事都有自己明确的起点和终点，都是有始有终的，而不是不断重复、周而复始的。当一个赛事的目标已经实现，该赛事就到达了它的终点。一次性并不意味着时间短，许多赛事的筹备要经历好几年，甚至更长时间，但在任何情况下赛事的期限都是有限的。

#### （二）独特性

独特性也被称为唯一性，即独一无二特征，是指每一项赛事都有一定的独特之处，必然与其他赛事有所区别。尽管有些赛事是循环举行的，但每一项赛事仍然可以是唯一的。某些重复性因素的存在并不改变赛事的唯一性特征。例如奥运会每 4 年举办一届，但是每一届奥运会都有不同的举办者、不同的举办地点、不同的主题、不同的赛事设计方案等。赛事的独特性体现在操作上，具有不可重复性。这就要求我们在筹办赛事过程中，既要借鉴和学习以往赛事成功的经验，同时又不能照搬以往的做法。

### （三）制约性

制约性是指每个赛事都在一定程度上受客观条件的制约。最主要的制约是资源的制约。每一赛事都需要运用各种资源来实施。资源可能包括不同的人力（如赛事经理、赛事成员）、物力（如场馆设备、器材等）、财力和时间等。例如举办一次赛事，需要大量的管理人员和志愿者、来自赞助商和政府的资金、相关的供应商提供的比赛场地器材和筹办赛事所需的物资等。显然，同一类赛事，由于不同承办者及其拥有的人力、物力、财力等资源的不同，可能会办成不同水平、不同档次的赛事。同时，赛事承办者在举办赛事时还要受到成本预算约束，即以尽可能低的成本办出高质量的、符合要求的赛事。

### （四）风险性

风险性是指每个赛事都包含一定的不确定性，即在赛事的具体实施中，由于外部环境和内部因素在发展变化，因而赛事的具体实施必然与实施前的赛事计划有所不同。例如，赛事场馆的建设可能会提前完成，也可能会拖延工期；由于经济环境的变化，这将导致实际赛事成本可能要高于或低于预算成本；更有甚者，可能会出现赛事的实施结果与预计结果不符。此类现象都是赛事风险。因此，在赛事实施之前，充分地分析影响赛事的内部因素和外部环境是必要的。在赛事的实施过程中，要进行有效的管理和控制，以防止赛事目标出现偏差。

### （五）结果的不可逆转性

赛事不像其他事情那样做坏了可以重新再来，一旦实施赛事，必须要确保其成功。这是因为人力、物力、财力等资源都具有稀缺性，都具有自身的机会成本，某一赛事一旦实施失败，就永远失去了重新实施原赛事的可能性。而且，赛事对社会造成的影响也是不可挽回的。因此，在赛事的实施进程中，要充分预计到各种可能的不确定性，以确保预期目标的实现。

此外，体育赛事还具有一些其他特性，包括赛事过程的渐进性、赛事组织的临时性和开放性等。

## 二、体育赛事经营管理的概念与特点

体育赛事经营管理是指赛事组织管理者为实现赛事目标所进行的计划、组织、协调、控制、创新等综合活动过程。

随着社会和体育的迅猛发展，体育赛事的水平越来越高，规模不断扩大，以奥运会为代表的大型赛事已成为当今世界规模最大的文化活动之一，并已形成相对稳定的制度。赛事规模的宏大化，使赛事的举办涉及众多的利益相关者，需要投入大量的资源，赛事筹办过程的复杂性大大增加。而任何赛事的举办又都面临人、财、物、时间等资源投入的有限性。因此，赛事的举办者必须重视赛事管理，提高赛事的效率和效益，在有限的时间内高效合理地使用有限的人力、物力和财力，实现既定的赛事目标。

与其他体育领域管理活动相比，赛事管理具有以下特点。

### （一）继承性

大多数体育赛事具有周期性，因此，举办一次赛事在许多方面都会继承上一届赛事的经验和做法。例如现代奥运会的发展，从亚特兰大奥运会开始已经逐渐形成了竞赛的组织模式，同时由于国际奥委会和国际单项体育联合会对赛事的要求逐渐规范化、具体化，使得各项目在奥运会比赛中的组织和筹办标准逐渐趋同。竞赛组织的人力资源要求、竞赛器材的要求和比赛场地、训练场地、竞赛辅助设施等的要求已经趋于模式化，因此任何一届奥运会的主办者在赛事筹备过程中都要认真学习往届奥运会的经验，继承性地进行筹办。

### （二）创新性

由于赛事具有一次性和独特性特点，任何一个赛事的管理都没有一成不变的模式和方法可供参考，必须通过管理创新去实现对于具体赛事的有效管理。此外还要结合东道主政治、文化、民俗、体育传统等方面特点，在借鉴往届奥运会赛事组织经验和教训的前提下，对赛事的组织和筹办进行创新。

### （三）集成性

赛事是为实现特定目标而展开的多项任务的集合，是一系列活动有机结合的完整过程。赛事管理要求必须充分重视管理的集成性。例如奥运会组织工作包括竞赛组织、场馆建设、市场开发、后勤服务、新闻宣传、文化活动等各个方面的工作，这些工作之间相互作用与制约，牵一发而动全身，形成整个赛事活动。重视赛事管理的集成性就是强调赛事的系统性、整体性，在赛事筹备和进行过程中要加强各部门、各项工作之间的协调，使各项活动相互配合、共同完成。

### （四）复杂性

赛事的举办一般涉及诸多方面，工作跨越多个组织，需要运用多种学科的知识来解决问题。同时由于赛事的一次性和独特性特点，赛事举办过程中存在很大的不确定性，会遇到许多未知因素，还要在成本、进度和质量的约束下实现赛事目标，这些都决定了赛事管理的复杂性。

## 三、赛事经营管理的内容

### （一）赛事范围管理

赛事范围管理是为了实现赛事的目标，对赛事的规模及工作内容进行控制的管理过程。它包括赛事范围的界定、赛事范围的规划、赛事范围的调整等。

### （二）赛事组织管理

赛事的组织主要体现为赛事的组织形式、人员配备、工作职责、管理流程以及组织文化。

### （三）赛事时间管理

赛事时间管理是为了确保赛事按时完成的一系列管理过程。它包括具体赛事活动的界定、活动的排序、时间估计、赛事进度安排以及赛事时间控制等项工作。

### （四）赛事费用管理

赛事费用管理是为了保证完成赛事的实际成本、费用不超过预算成本、费用的管理过程。它包括资源的配置，成本、费用的预算以及费用的控制等项工作。

### （五）赛事质量管理

赛事质量管理是为了确保赛事达到客户所规定的质量要求所实施的一系列

管理过程。它包括质量规划、质量控制和质量保证等。例如奥运会赛事的质量，就是为不同的外部客户群（运动员和随队官员、国际单项组织技术官员、奥林匹克大家庭、媒体、观众、赞助商、工作人员等）提供标准化的服务。

### （六）赛事人员管理

赛事人员管理是为了保证提供赛事所需人员，以及调动其积极性、主动性和创造性所实施的一系列管理过程。它包括组织的规划、团队的建设、人员的选聘、培训和赛事的班子建设等一系列工作。

### （七）赛事沟通管理

赛事沟通管理是为确保赛事信息的合理收集和传输所需要实施的一系列管理过程。它包括沟通规划、信息传输和进度报告等。

### （八）赛事风险管理

任一赛事的举办均可能遇到各种不确定因素，为了将它们有利的方面尽量扩大并加以利用，而将其不利方面所带来的后果降到最低程度，需要采取一系列的风险管理措施。它包括风险识别、风险评估、制订应急预案和风险控制等。

# 第二节　体育赛事经营管理过程

按照项目管理理论，赛事经营管理过程由下列五个过程构成，即赛事启动、赛事计划制定、赛事组织、赛事控制、赛事收尾管理。

## 一、赛事启动

赛事启动主要指赛事的选择与确定。赛事选择是对一个复杂的多因素的赛事系统进行逻辑分析和综合判断的过程，包括赛事举办的必要性和可行性的分析论证、对赛事方案的制定与选择以及赛事申办等。

### （一）赛事选择的概念与过程

组织与个人需要对各种赛事机会作出比较与选择，将有限的资源以最低的代价投入收益最高的赛事，以确保个人或组织的发展，这就是赛事选择。在赛事选择阶段，筛选掉那些不太有希望或不会产生效益的赛事，以避免在赛事以后的阶段浪费大量的资源。

赛事选择涉及一系列复杂的决策活动。赛事的确立必须按照系统工作方法有步骤地进行。尤其是大型赛事投资大、规模大、组织工作复杂，其影响大且深远，它们的确立过程更加复杂，需要慎重对待。赛事选择一般经过以下几个阶段。

#### 1. 赛事构思的产生和选择

赛事构思产生于为解决赛事的上层组织（如国家、地方、企业、部门）问题的期望或满足上层组织的需要，或为了取得投资收益等。

#### 2. 赛事的目标设计和赛事定义

这一阶段主要通过对上层组织的进一步研究，提出赛事的目标因素，进而构成赛事的目标系统，通过对目标的书面说明形成赛事定义。

### （二）赛事可行性研究

赛事可行性研究也称赛事论证，是赛事启动阶段的核心内容。赛事论证是赛事确定的基础，赛事论证强调客观性、科学性与规范性。赛事论证对于赛事的成败与价值实现具有重大意义。

#### 1. 赛事论证的概念与作用

赛事论证是指对拟实施赛事技术上的先进性、适用性，经济上的合理性、营利性，环境上的安全性以及实施上的可能性、风险性进行全面科学的综合分析，为赛事决策提供客观依据的一种围绕赛事进行的技术、经济、政策、资源、环境分析研究的活动。

赛事论证应回答以下问题：赛事在技术上是否可行；赛事在经济上是否有利可图；对社会是否有益；赛事需要多少资金；赛事能否筹集到全部资金；赛事需要多长时间能完成；赛事需要多少物力、人力资源等。

#### 2. 赛事论证的阶段与步骤

（1）赛事论证的阶段

赛事论证一般分为一般赛事机会研究、特定赛事机会研究、方案策划、初步可行性研究和详细可行性研究五个阶段。各个阶段的工作内容和侧重点有很大不同。

一般赛事机会研究主要是通过基本面调查研究与分析，鉴别与发现赛事机会，形成举办赛事的意向，提供可供选择的赛事方向。

特定赛事机会研究主要是根据大量的一般赛事机会研究报告以及进一步深入的研究分析，筛选赛事，提出赛事建议。比一般赛事机会研究更具体、更深入。

方案策划是根据特定赛事机会研究的成果，对赛事的目标与要求进行具体研究，进行赛事的总体规划与设计，作为可行性研究的前提与实施依据。

初步可行性研究是对赛事进行初步的论证和估计，分析关键技术与管理问题，判断赛事是否能盈利，确定相关研究与工作。

详细可行性研究是在决策前对赛事有关技术、经济、政策条件作详尽、系统的全面调查、研究与分析，对各种可能的方案进行选择，评价各种效益，是赛事评估与决策的主要依据。

(2) 赛事论证的一般步骤

赛事论证是一个连续的过程，包括明确赛事范围和目标；进行实地调查、技术研究以及经济研究；拟定多种可行的并且能够相互替代的方案；多方案分析与比较；选择最优方案，即进一步的市场分析、工作流程、设施、志愿者与培训、组织与经营管理、财务分析等；编制赛事论证报告；编制资金筹措计划与赛事实施进度计划七个步骤。

## (三) 国际体育大赛的类型与申办形式

### 1. 国际体育大赛的类型

(1) 综合性体育赛事

综合性体育赛事一般指奥运会、洲际运动会、世界大学生运动会等，它是全球影响力最大的体育赛事，其申办一般受国际政治气候、国家经济的发展形势与该国所处的地理位置、该国的国际地位，以及国际影响力等综合因素的影响。由于这类体育赛事对城市、地区甚至国家的影响力巨大，涉及的范围广，要求和标准较高，竞争对手众多，再加上申办周期较长，准备工作相当复杂。

(2) 商业化程度较高的职业体育赛事

此类体育赛事目前主要有 NBA 篮球赛、F1 赛车赛及世界汽车拉力锦标赛等。商业化程度较高的职业体育赛事活动周期长、体育赛事水平高，拥有稳定的观赏群体。因此，申办这类体育赛事往往在很大程度上取决于该城市或地区的经济实力和市场开发程度，以及人们对该项体育赛事的认同状况。

⑶ 世界单项组织的、具有较好市场前景的高水平体育赛事

如大师杯网球赛、国际田径大奖赛。这类体育赛事与申办城市的文化传统、体育文化氛围、单项体育赛事的影响力有着密切的关系。其申办的难度相对较小。但是，由于此类体育赛事的市场认同情况差异比较大，因此这类体育赛事的申办往往要考虑到国家和地区的经济、文化、宗教、传统习惯等影响。

⑷ 跨国公司创办的传统型体育赛事

如日本的丰田杯足球赛等。这类体育赛事对企业或当地经济迅速发展的拉动作用十分明显。申办这类体育赛事的成本相对低，且制约因素不多，一般取决于企业自身所具有的经济实力，及其目标定位与市场需求的一致性。

**2. 国际体育大赛的申办形式**

国际体育大赛的申办大体可分为如下三类。

⑴ 征询申办

这类体育赛事的申办，通常是在国际体育组织对某一地区已有明确的意向，或者在体育赛事承办方情况发生了变化的情况下，所采取的申办方法。如2002年世界杯足球赛，日本是在当时的国际足联主席阿维兰热先生的征询下，才有了申办的想法。又如中国承办2003年女足世界杯赛，因“非典”导致体育赛事风险增高，于是国际足联临时转向美国和瑞典等国家征询申办。

⑵ 购置申办

这类体育赛事的申办，通常必须通过出资购置承办权。而承办权的属性则又分为三种形式：一次性购置申办，如2001年在上海举行的世界斯诺克锦标赛和2004年 F1摩托艇世界锦标赛（中国站）等，这是属于一种流动性的体育赛事；多次性购置申办，如 F1赛车赛上海站比赛（2004—2010年）和上海大师杯网球赛（2005—2007年）等，其有约定的期限；长期性购置申办，如上海喜力网球公开赛和北京中国网球公开赛等，均是以一次性价格购置申办之后，便在某一地区和城市形成了一个长期固定的传统体育赛事。

⑶ 竞争申办

当今国际体育大赛的申办，无一不是通过激烈竞争而获得。除国际体育大赛的资源配置正在逐步形成一个按地域轮回承办的规律之外，赛事竞争申办完全是国家及其城市之间的综合实力大比拼。2002年世界杯足球赛的申办，韩国和日本的激烈竞争之残酷，称得上是空前的。

不同分类标准又可划分为多种赛事类型。国内体育赛事的类型亦可分为综

合型和单项型，其申办形式与程序正逐步与国际接轨。

## 二、赛事计划制定

赛事计划是为完成赛事目标而进行的系统的任务安排。赛事计划围绕着赛事目标，系统地确定赛事的工作任务、安排赛事进度、编制资源预算等，从而保证赛事能够在合理的时期内，用尽可能少的成本和尽可能高的质量完成。

### （一）赛事计划的分类

**1. 按照赛事计划的范围不同，可以分为赛事专项计划和赛事综合计划**

赛事专项计划是指对赛事筹备中某一特定工作的目标与任务的安排。例如赛事竞赛计划、赛事安全计划、赛事风险计划、赛事后勤计划、赛事宣传计划等。

赛事综合计划是对各专项计划进行综合平衡所制定出的，用于指导赛事实施和管理的集成性、综合性、全局性、协调统一的计划文件。

**2. 按照赛事计划的内容不同，可以分为赛事范围计划、赛事进度计划、赛事资源计划**

赛事范围计划就是确定赛事范围，形成赛事的基本框架，使赛事管理者能够系统地、逻辑地分析赛事关键问题及赛事形成中的相互作用要素，使赛事的有关利益人在赛事实施前能就赛事的基本内容和结构达成一致。

赛事进度计划是表达赛事各项工作的开展顺序、开始及完成时间及相互衔接关系的计划。进度计划是根据实际条件和合同要求，以赛事的开始和完成时间为目标，按照合理的顺序所安排的实施日程。其实质是把各活动的时间估计值反映在逻辑关系图上，通过调整，使得整个赛事能在时间和预算允许的范围内最好地完成。

赛事资源计划就是要决定在每一项工作中用什么样的资源以及在各个阶段用多少资源。资源计划必然和费用估算联系在一起，是费用估算的基础。费用估算是完成赛事各项工作所需资源（人、材料、设备等）的费用近似值，是赛事财务管理的重要组成部分。

## (二) 制定赛事计划的步骤

### 1. 确定赛事目标

在制定计划时对赛事目标的各种指标要有明确认识。赛事目标的制定通常会受到一定的工作范围、进度计划和成本、资源约束。例如 2000 年悉尼奥运会的目标是于 2000 年 9 月 15 日在悉尼举办奥运会,成本不超过 14 亿美元。

### 2. 建立赛事工作分解结构

根据工作分解结构(WBS)确定赛事的工作内容,并将之绘制成正式的工作分解结构图。例如 2000 年悉尼奥运会的工作分解结构包括以下主要领域:竞赛;比赛地点和设施,包括食宿、交通;媒体设施和协作;电信;安全安排;医疗保健;人力资源,包括志愿者;奥林匹克文化公园;奥运会前训练;信息技术赛事;开幕式和闭幕式;公共关系;财务;测试赛;赞助管理和营销的控制。

### 3. 为各项任务确定时间

可以根据经验对各项任务完成时间作出估计,也可以向每一项工作的负责人员询问,得知完成每一项任务所需的时间。

### 4. 分配资源

为每项工作分配人力、物力和财力。

### 5. 制定最初计划

利用关键路线法(CPM)或计划评审技术(PERT)建立赛事网络,确定管理重点,并在综合考虑资源限制及其他因素之后,将赛事网络转化为日程安排,即确定每项工作开展的具体日期。

### 6. 征求意见,修正计划

召开会议以听取各方关于计划的意见,并对所做计划进行调整。

### 7. 最终确定计划

最终计划是建立在调研和反复征求各方意见的基础之上的,最终计划应该制成书面文件，并发给赛事高层管理者和赛事工作人员，使与赛事有关的每个人都能十分清楚计划的内容。

## （三）制定赛事计划的方法

### 1. 甘特图

甘特图是美国学者甘特在 20 世纪初发明的一种最早的赛事计划方法，这种方法使用棒图（或称条形图）表示赛事活动顺序并安排和计划赛事的工期。甘特图把赛事活动按照纵向排列展开，而横向则表示赛事活动时间与工期，并将每项活动持续时间的长短用棒图的长短来表示。甘特图法简单、明了、直观、易于编制，至今还在赛事管理的进度计划中被普遍使用（图 11–1）。

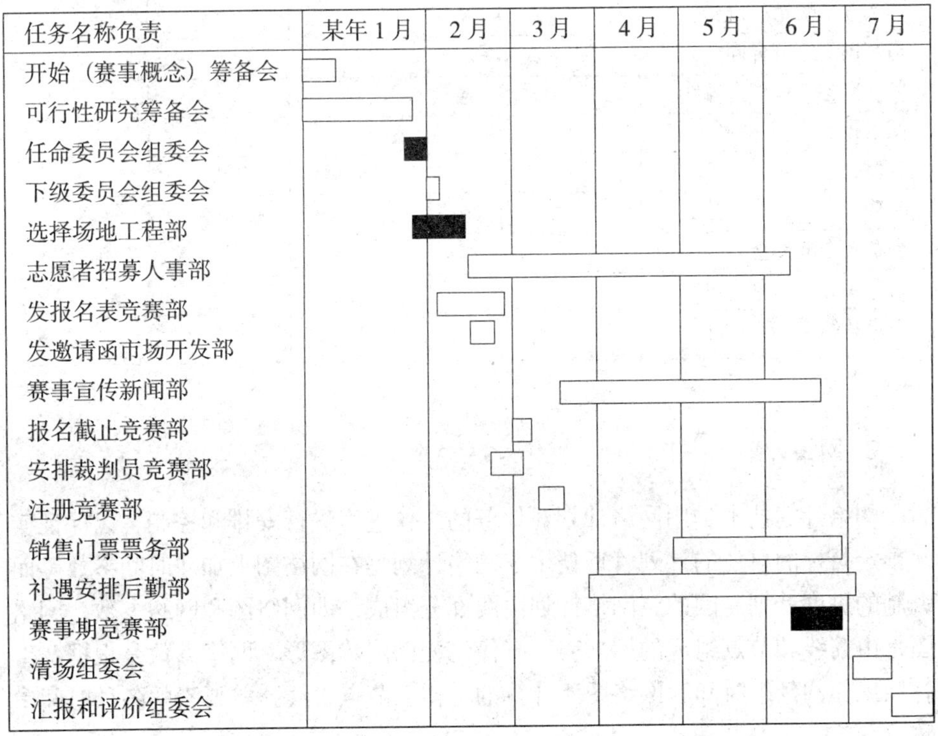


**图 11–1　赛事进度安排的甘特图**

### 2. 里程碑计划

赛事中的里程碑事件是对整个赛事有重大影响、决定赛事成功与否，并对其他工作有重要参考价值的重大事件。里程碑计划是以赛事中某些重要事件的完成或开始时间作为基准形成的计划，是一个战略计划或赛事框架。通过里程碑计划可以对赛事进度有宏观上的把握，是编制更细的进度计划的基础。在赛事管理中会有很多里程碑事件，如赛事目标的制定、营销计划的制定、场馆的建设、运动会会徽吉祥物的征集、开幕式等（表 11–1）。

**表 11–1　里程碑计划表**

| 里程碑事件 | 赛前筹备阶段 | | | 赛时运行阶段 | | | 赛后收尾阶段 | | |
|---|---|---|---|---|---|---|---|---|---|
| 制定赛事规程 | ▲ | | | | | | | | |
| 组建赛事组织领导机构 | ▲ | | | | | | | | |
| 市场开发工作启动运行 | ▲ | | | | | | | | |
| 运动员、运动队报名结束 | | ▲ | | | | | | | |
| 落实赛事场馆、设施 | | ▲ | | | | | | | |
| 与赞助商签订合同 | | ▲ | | | | | | | |
| 各项准备工作基本就绪 | | | ▲ | | | | | | |
| 试运行 | | | | ▲ | | | | | |
| 开幕式 | | | | | ▲ | | | | |
| 闭幕式 | | | | | | ▲ | | | |
| 参赛者全部离会 | | | | | | | ▲ | | |
| 财务决算 | | | | | | | | ▲ | |
| 赛事总结 | | | | | | | | | ▲ |

### 3. 网络计划

网络计划技术是用网络计划对任务的工作进度进行安排和控制，以保证实现预定目标的科学的计划管理技术。网络计划是在网络图上加注时间参数等而编制的进度计划。因此，网络计划由两部分组成，即网络图和网络参数。网络图是由箭线和节点组成的用来表示工作流程的网状图形。网络参数是根据赛事各项工作的延续时间和网络图所计算的工作、节点、线路等要素的各种时间参数（图 11–2）。

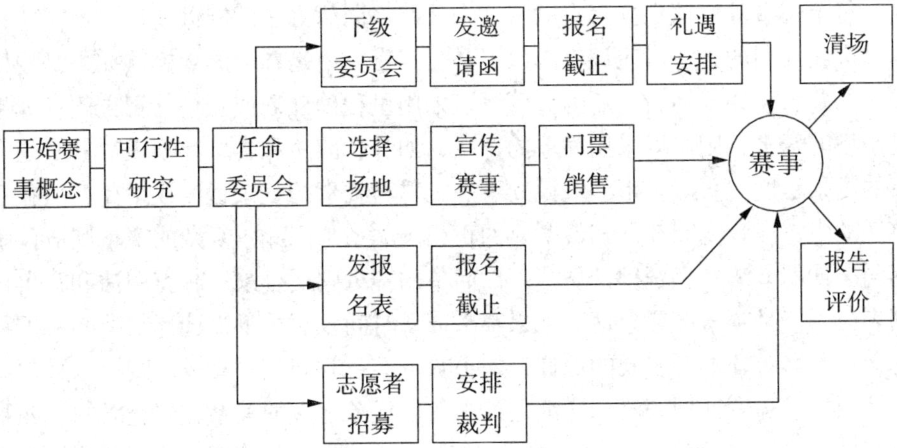


图 11–2　用网络计划技术表示的进度计划

### 4. 赛事计划表

赛事进度除了用以上几种图形表示之外，还有一种非常主要的方法就是编制赛事计划表（表 11–2）。赛事计划表是赛事进度的详细安排，表中给出了每项工作的持续时间、开始时间和完成时间。

表 11–2　赛事计划表

| 任务名称 | 开始时间 | 工期（天） | 完成时间 |
|---|---|---|---|
| 成立筹委会 | 07/10/16 | 1 | 07/10/17 |
| 确定组织方案 | 07/10/17 | 4 | 07/10/20 |
| 制定下发竞赛规则 | 07/10/21 | 3 | 07/10/23 |
| 建立竞赛组织委员会 | 07/10/24 | 3 | 07/10/27 |
| 人员选聘 | 07/10/28 | 3 | 07/10/31 |
| 制定工作目标和方案 | 07/10/28 | 5 | 07/11/02 |
| 组织参赛单位筹备会 | 07/11/10 | 1 | 07/11/10 |

每个赛事都应该根据自身的特性来选择不同的方法编制进度计划。在选择编制进度计划的方法时应该考虑以下几个因素：一是赛事的规模。如果是规模较大的赛事，如奥运会、亚运会等可以采用里程碑计划或网络计划方法；如果是小型的赛事，则可以采用简单的方法，如甘特图法和赛事计划表法。二是赛事的复杂程度。一般赛事的规模并不一定总与赛事的复杂程度成正比，但在赛事活动中，二者之间却存在着明显的正相关关系。因此，复杂的赛事则应该采用网络计划方法和里程碑计划法，而简单的赛事则适合采用甘特图法和赛事计划表法。三是赛事的紧急性。如果赛事准备时间较短，可以选择甘特图或里程碑计划法，对赛事有宏观的把握；如果赛事准备时间相对充裕，则应该采用网络计划法或赛事计划表法，详细地列出各项任务之间的关系和起止时间。四是对赛事细节的掌握程度。如果对赛事的每一任务都非常清楚，则可以采用赛事计划表法，以标出每项任务详细的起止时间；如果只对赛事的大概情况有所了解，则应该用甘特图或里程碑计划法编制进度计划。

事实上，任何一个赛事都是利用多种方法编制赛事计划的，因为不同的方法具有不同的优点和缺点。一般来说，甘特图清晰、直观；里程碑计划可用于全局控制；网络计划既可以对整个赛事有宏观上的了解，又能充分表现各项任务之间的关系和每项任务的持续时间；赛事计划表法则能够非常清楚地表示出各项任务的起止时间。作为赛事计划制定者，应根据具体赛事的不同情况，采取不同的方法编制进度计划。赛事计划制定者可以选择几种方法组合在一起，取长补短，以形成一个清晰、直观并对赛事控制有指导意义的计划。

## 三、赛事的组织

组织是一切管理活动取得成功的基本要素。赛事组织的主要目的是充分发挥赛事管理的功能，提高赛事管理的整体效率，以达到赛事管理的目标。

### （一）赛事组织的特点

赛事组织与传统的职能组织相比，最大的区别就在于赛事组织具有临时性，更强调负责人的作用，更强调团队的协作精神，其组织形式具有更大的灵活性和柔性。针对不同的赛事类型和管理模式，赛事组织也会存在多种形式，表现出很强的差异性。与传统的职能组织相比，赛事组织具有以下特点。

#### 1. 适应赛事的一次性特点

赛事组织因赛事的临时性而具有临时性特点，通常为任务而设。赛事组织与赛事一样，具有生命周期，是一个建立、发展和消散的过程。

#### 2. 适应柔性的特点

赛事组织没有明显的组织边界，赛事的利益相关者之间的契约关系决定了赛事具有机动灵活的组织形式和用人机制，讲求专业化与复合化的统一。

#### 3. 注重借助外部资源

赛事的效率与效益指标是衡量赛事成功与否的主要指标。因此，赛事组织必须注重借助外部资源，保证赛事组织精简高效，同时借助外部资源，也是降低赛事风险、提高赛事成功率的重要手段。

#### 4. 团队精神发挥更大作用

由于赛事组织的临时性特点，使组织成员对组织的忠诚度不像常设组织那么高，因此，树立团队精神是赛事管理组织发挥有效作用的基础。

#### 5. 讲求跨职能部门横向协调

赛事是一个综合的系统，赛事组织内部需要多领域专业人员的协作与分工，拥有多种技能，赛事成员来源于多个部门，注重跨职能部门的横向协调。

### （二）赛事组织结构形式

由于赛事的一次性与独特性的特点，在决定举办一个赛事以后，就需根据这个赛事的具体情况，建立赛事机构，负责赛事的筹备、实施、控制和管理等工作。赛事结束之后，赛事机构完成了自己的任务，也就不复存在。经常采用的大型赛事的组织结构模式主要有职能型组织结构、项目型组织结构和矩阵型组织结构。

#### 1. 职能型组织结构

职能型组织结构是按管理职能以及职能的相似性来划分工作部门所组成的层次性管理组织。职能组织结构中的职能部门在自己职能范围内独立于其他职能部门进行工作，职能工作人员接受相应的职能部门经理的领导。在这种组织系统中进行赛事工作时，需要各职能部门的共同配合，承担各自职能范围内的工作，共同完成。

职能型组织结构适用于中小规模的赛事以及规模较大、复杂性较高的赛事的赛前筹备阶段。例如中、小型赛事的组织机构和奥运会赛前组织机构见图11-3、图11-4、图11-5。

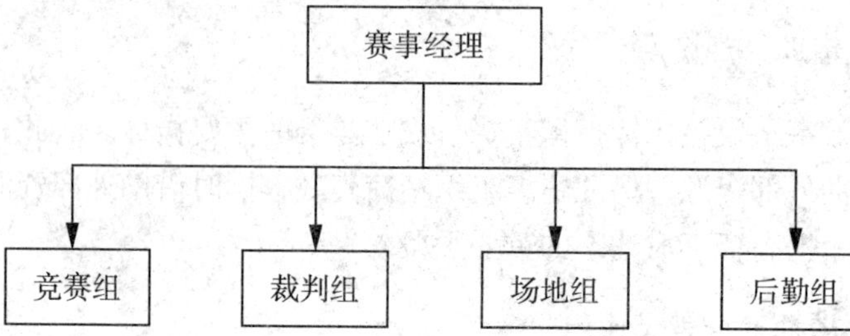


**图11-3　小规模赛事组织机构**

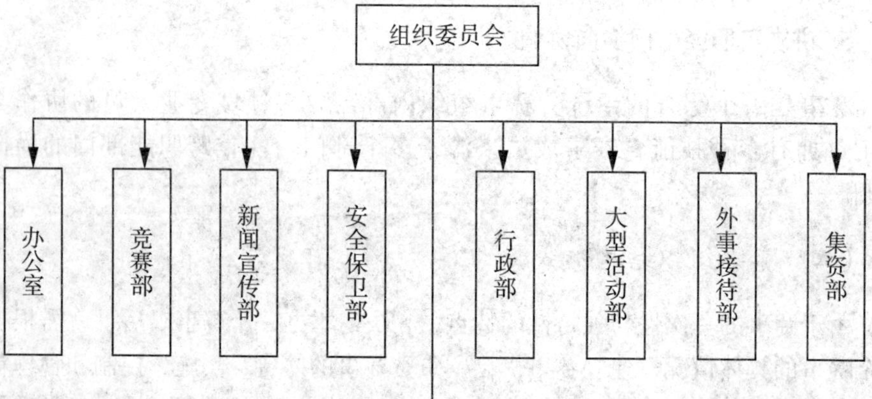


**图11-4　中等规模赛事组织机构**

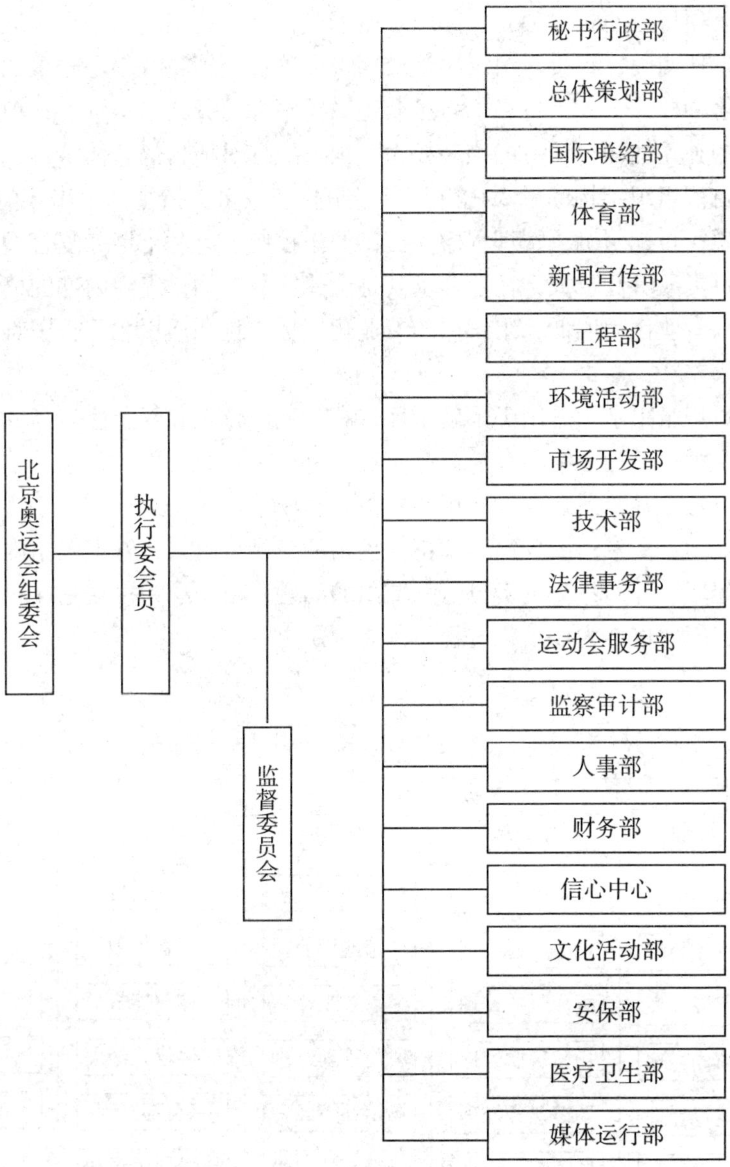


**图 11-5　北京奥运会组委会组织结构（赛前 2005 年 3 月）**

### 2. 项目型组织结构

项目型组织结构中的工作部门一般是综合的、按项目进行设置的，这种组织结构按项目来配置组织的所有资源；组织的经营业务由一个个项目组合构成，每个项目之间相对独立。部门隶属于项目，具有明确的项目经理或项目负责人，责任明确，直接对组织决策层负责，项目经理具有举足轻重的作用和地位。在这种模式下，项目可以直接获得系统中大部分的组织资源，项目经理具有较大的独立性和对项目的绝对权力，项目经理对项目的总体负责。

项目型组织结构的最大优点是可以防止产生多头指令、政出多门；对各个项目来说，目标明确，管理程序简捷，便于控制；有利于培养复合型人才。其缺点是负责人责任重大，往往要求其是全能式的人物；组织内部的资源难以充分利用，专业化程度低；组织内的专业化、标准化和通用化比较困难；组织的稳定性较差。

项目型组织结构适用于不确定性较高、规模较大和复杂性较高的赛事运行阶段。由悉尼奥运会组委会在筹办奥运会进程中研究探索、归纳总结出来，并被雅典奥运会赛时运行阶段采用的场馆管理模式就属于这种结构。这一模式可以被描述为：由专门的场馆经理担任场馆的最高负责人，管理场馆内的全部事务，其他职能部门只需负责自己领域内的问题。由于这一模式是在赛时运行中被采用，因此也称为场馆化过程（图 11–6）。

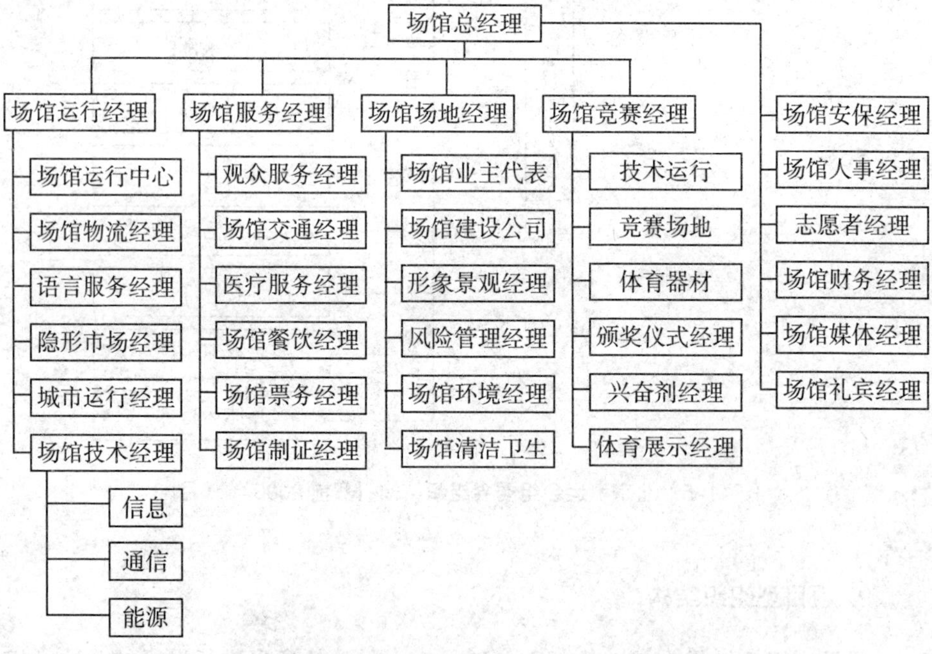


**图 11–6　雅典奥林匹克体育场场馆组织结构**

这种项目型组织结构有利于充分利用奥运会场馆的有形平台，统筹规划、协调各方、整合资源，为体育竞赛提供安全、有序、高效的综合保障，保证问题尽可能在场馆层面上得到解决。

#### 3. 矩阵型组织结构

由于职能型和项目型组织结构在项目管理方面各有互补性的优缺点，矩阵型组织结构将纵向职能型组织结构与按横向划分的项目型组织结构相结合，可有效解决纵向控制与横向协调的矛盾。矩阵型组织结构融合了项目型和职能型组织结构的优点，在组织资源合理配置与利用方面显示出巨大的优越性。其缺点是容易造成多头领导，决策不统一。

悉尼奥运会的场馆运行管理模式：建立场馆运行部、区域场馆管理中心和单个场馆三层管理机构，实行场馆运行部总经理负责制和场馆经理负责制，推行一元化领导的垂直指挥体系和场馆双向汇报工作制度，基本上属于矩阵型组织结构。

## 四、赛事控制

### (一) 赛事控制的特点

在赛事筹办过程中，由于种种不确定性因素的干扰，使得赛事实施必然会偏离预先设定的计划轨道。为了保证赛事成功和赛事目标的实现，应对这种偏离采取必要的、有针对性的措施加以纠正，此过程即为赛事的控制过程。其特点如下。

#### 1. 具有过程控制的阶段性特点

为了达到赛事目标，管理人员对赛事行为状态进行全面控制，由于赛事活动具有明显的阶段性，使赛事控制具有过程控制的阶段性特点。

#### 2. 具有多目标控制的特点

赛事控制包含有进度控制目标、质量控制目标、投资成本目标等众多目标，使赛事控制具有明显的多目标性特点。

#### 3. 有相对准确性特点

由于赛事的复杂性，影响赛事目标的诸多因素又具有复杂的可变性或不确定性，对赛事目标的控制难以达到最优控制的境界，赛事目标的规划值与实际值之间必然会存在着一定的偏差。赛事控制的目的是使实际达到的目标值与规划值的偏差在允许范围内。

### （二）赛事控制的主要内容

#### 1. 赛事的成本控制

赛事成本控制是指赛事组织为保证在变化的条件下实现其预算成本，按照事先拟订的计划和标准，通过各种方法，对赛事组织过程中发生的各种实际成本与计划成本进行对比、检查、监督、引导和纠正，尽量使赛事的实际成本控制在计划和预算范围内的管理过程。随着赛事的进展，根据赛事实际发生的成本额，不断修正原先的成本估算和预算安排，并对赛事的最终成本进行预测的工作也属于赛事成本控制的范畴。

#### 2. 赛事的进度控制

赛事进度控制是指对赛事各阶段的工作内容、工作程序、持续时间和衔接关系编制计划，在实际进度与计划进度出现偏差时进行纠正，并控制整个计划的实施。进度控制在赛事实施中与质量控制、成本控制相互影响、相互依存、相互制约。赛事进度控制主要包括事前进度控制、事中进度控制、事后进度控制。

事前进度控制是指赛事组织工作正式开始前对进度的控制。具体任务是编制赛事进度控制工作细则，编制或审核赛事组织总进度计划，编制年度、季度、月度赛事进度计划。

事中进度控制是指赛事组织过程中进行的进度控制，这是赛事进度计划能否付诸实现的关键过程。进度控制人员一旦发现实际进度与目标偏离，必须及时采取措施来纠正这种偏差。

事后进度控制是指完成整个赛事任务后进行的进度控制工作。具体内容是及时组织评估工作，整理赛事进度资料，将资料归类、编目和建档，根据实施进度，及时修改和调整验收阶段进度计划及监理工作计划，以保证下一阶段工作的顺利开展。

## (三) 赛事风险管理

### 1. 赛事风险的类型

赛事风险是指由于赛事所处的环境和条件本身的不确定性，使赛事的最终结果与当事者的期望产生背离，并存在给当事者带来损失的可能性。体育赛事风险一般包括如下几种。

(1) 人员风险

一项体育赛事的参与人员一般有运动员、教练员、裁判员、官员、观众、志愿者、体育赛事管理人员和中介人员等。大型体育赛事如奥运会，上述人员可达万人甚至数十万人。这些人员从事的活动内容不同，因而给体育赛事的组织活动带来的潜在风险亦不相同。

——体育赛事内部管理者风险。体育赛事内部管理者分为赛事管理人员和志愿者两个层次。体育赛事管理人员，无论是体育赛事高管人员还是一般工作人员，都是接受体育赛事组委会的委托，代理组委会展开各项工作的。这种委托代理关系的产生，有可能由于委托人与代理人之间利益不一致、追求目标各异，导致代理人以牺牲委托人的利益为代价而最大化自己的效用价值的委托代理风险的产生。

招募和使用志愿者的过程中，体育赛事组委会可能会面临以下风险：招募不到数量足够的志愿者，无法满足完成工作的需要；招募的志愿者素质过低，不能胜任所承担的工作；志愿者临时无法到场，缺少替补人员，影响工作的完成；招募的志愿者过多，增加赛事成本。

——体育赛事外部合作者风险。大型体育赛事工作千头万绪，仅凭体育赛事组委会自身的力量往往难以圆满完成体育赛事的全部任务，并且风险也过于集中。因此，为了完成工作任务，同时规避组织风险，体育赛事组委会经常把一部分工作任务交由赛事以外的机构或人员完成。这些机构和人员就构成了体育赛事的外部合作者。但是体育赛事组委会对外转移工作任务，其选择的外部合作者能否胜任并如约完成所承担的任务，必然具有一定的不可预见性。因此，体育赛事组织者在转移风险的同时，也可能会产生对外包工作控制不力和受承包者负面行为连带影响的新风险。

——体育赛事产品生产者风险。体育赛事提供的是一种以观赏为主的服务产品。这一服务产品是由运动员、教练员、裁判员在各司其职又共同合作的基础上生产出来的。因此，教练员、裁判员和运动员是体育赛事产品生产的直接生产者。他们能否参加比赛，并按照规则的规定安全地完成比赛，是体育赛事组织者必须考虑的问题。一般而言，来自体育赛事产品生产者的风险主要有三种：一是缺席风险；二是人身安全风险；三是侵害无形资产风险，即赛事在未经运动员、教练员和裁判员的许可下，擅自使用其肖像等无形资产，而必须面临承担侵权责任的风险。

——体育赛事产品消费者风险。现场观众是体育赛事产品最直接的消费者。一场大型体育赛事往往相当于一次大型观众集会，具有人员高度密集的特点；并且受赛场内激烈竞争的体育赛事气氛的影响，观众往往处于狂躁、非理性、自控能力相对低下的状态，因而极易发生安全事故。而对观众在消费体育赛事产品的过程中发生的安全事故，体育赛事组委会负有谨慎义务。即体育赛事承办者应当采取任何可能的行动，预防任何可能对观众造成的可预见性伤害，否则，体育赛事承办者就是有“过失”，必须承担相应的法律及赔偿责任。在某些事故情况下，体育赛事组委会还有可能承担无过失责任，也就是说，即使体育赛事组委会在安全事故中没有过失，也要对事故中观众所受的伤害承担一定的赔偿责任。因此对于体育赛事组委会而言，观众的安全问题是其所要面临的一个重大风险。

(2) 场地器材风险

场地器材是进行体育赛事不可或缺的硬件条件。通常场地器材风险表现为以下两个方面：

一是场地器材自身安全风险。场地器材自身处于危险之中，即一切与体育赛事有关的建筑物、仪器设备、体育器械等各种财产，在建筑、安装、维修和使用期间由于意外事故、自然灾害或人为损坏，发生损毁、灭失等。

二是场地器材导致他人危险的风险。场地器材导致他人危险的风险，即场地器材由于设计、使用等的不合理而给他人造成危险。例如由于体育场馆质量问题，看台发生坍塌，导致观众伤亡；体育场通道设计过于狭窄，致使观众在入场、出场时因拥挤而发生伤亡；场地内未配备足量的安全保障设施如灭火器、安全通道提示灯等，从而在危险发生时，观众缺乏足够的救援设施，而导致伤亡进一步扩大；体育赛事器材由于质量低下或设计不合理而导致运动员受伤等。

(3) 财务风险

财务风险是指赛事所从事的与货币有关的或者能以货币计量的各种活动中存在的风险。体育赛事财务活动包括筹（融）资活动、资金回收活动，由此，体育赛事财务风险相应地表现为筹资、资金回收等财务活动的未来实际结果偏离预期结果的可能性，而产生筹资风险、资金回收风险。在进行外汇资金结算中，受汇率变动的影响，赛事还有可能面临外汇风险。

(4) 时间风险

通常体育赛事的时间管理包括两个方面的内容，一是体育赛事的时机选择；二是体育赛事的时间安排。这两项时间管理内容出现问题，可能导致赛事面临以下时间风险。

——时机选择风险。时机选择，即确定举办比赛的适当时间。体育赛事时机选择不当，有可能导致以下风险。

第一，体育赛事时机选择不当，忽视天气等自然因素对比赛的影响，则可能影响比赛按时正常举行；即使照常举办的比赛，也可能因为天气影响，降低比赛的精彩程度和观众的参与热情，甚至可能因为恶劣的天气状况而增加比赛意外事故的发生。第二，在体育赛事频繁时段举办比赛，或者同其他体育赛事同时举办，则可能面临体育赛事场馆、器材、参赛运动员、裁判员等生产资源和观众、赞助商、媒体等消费资源的激烈竞争，从而可能导致资源获得难度增大和资源成本提高的风险。第三，在没有进行必要的宣传，体育赛事的市场接受度，包括观众、媒体、广告商、赞助商对体育赛事的认可和接受程度不高的情况下，仓促上马，则有可能使体育赛事承办者面临较大的市场风险。第四，同其他重大活动发生冲突，则有可能面临被取缔的风险，如体育赛事与某些重大政治活动同时举行，则体育赛事有可能因为气氛与政治活动不协调或者因体育赛事的重大集会可能给政治活动带来安全隐患而被取缔。1992 年北京职业拳击拳王争霸赛因为选择在第 14 届全国人民代表大会期间举办而被取消即是一例。

——时间安排风险。时间安排是指对体育赛事中的各项具体工作任务的时间编排。时间安排如果不精确，没有明确规定体育赛事中各项任务或活动的明确起、止时间，则无法统一各关系方的行为时间，导致整个体育赛事活动的混乱。而时间安排如果过于紧凑、精确，缺乏弹性，则一旦发生意外事故，不但发生意外的工作无法按时完成，与之相联系的一系列工作也可能受到影响，产生恶性循环。而且时间安排如果过于紧张，缺乏弹性，还可能会对工作人员造成极强的心理压力，影响正常工作水平的发挥。

(5) 信息风险

信息的传输与交换在管理的任何时候都十分重要，缺乏有效的信息传输和交换，任何管理行为都无法有效实施。

### 2. 体育赛事风险的识别

赛事风险识别可以采取以下的技术和工具。

(1) 风险核对表

风险识别实际是关于未来风险事件的设想，是一种预测。如果把人们经历过的风险事件及其来源罗列出来，写成一张核对表，那么管理人员就容易开阔思路，容易认识到本次体育赛事有哪些潜在风险存在。核对表可以包括多种内容，如以前此类的体育赛事成功或失败的原因、体育赛事其他方面规划的结果、体育赛事工作人员的技能、体育赛事可利用的资源等。涉及保险的，可以到保险公司去索取相关资料，研究其中的保险例外，这样就能够发觉有哪些风险还未考虑到。赛时竞赛工作主要风险见表 11–3。

**表 11–3　竞赛组织赛时主要风险核对表**

| |
|---|
| 1. 由于客观因素致使比赛变更、延迟、取消； |
| 2. 由于对判罚结果的不满而诱发的比赛场地与观众区域的混乱； |
| 3. 因交通服务保障等原因导致国际技术官员、运动员不能按时参加比赛； |
| 4. 国际技术官员、运动员在比赛场地或训练场地出现生病、受伤的情况； |
| 5. 颁奖时运动员不能及时到场。 |

(2) 工作分解结构

风险识别要减少体育赛事结构的不确定性，就必须明确体育赛事的组成及各个组成部分的性质、它们之间的关系、体育赛事同环境之间的关系等，并且将其制作成不同类型的工作分解结构图来辅助风险的识别。工作分解结构是完成任务的有力工具，也是风险识别的有效措施。

(3) 常识、经验和判断

将以前举办过的体育赛事所积累起来的资料、数据、经验和教训，以及工作团队成员的个人常识、经验和判断进行总结和归纳，这在风险识别时是非常有用的。此外，将体育赛事各个部门聚集在一起，就风险识别进行讨论，仔细分析和预测可能性的风险特征，也会发现在一般工作计划中未曾或不可能发现的风险。

(4) 演习或测试结果

利用实验或试验结果进行风险识别是一种十分有效的方法。实验或试验的方法包括数学模型、计算机模拟、市场调查或文献调查等。

### 3. 体育赛事风险控制的方法

(1) 风险回避法

即在组织任何体育活动前分析该活动是否存在有重大事故的隐患和发生的可能性。如果答案是肯定的而且活动组织者不能或不愿意承担相关事故责任，就应该取消该活动或采用其他活动代替。这种方法适合于易产生严重后果并且发生频率较高的风险类型中。

(2) 风险转移法

即体育赛事经营者通过购买保险、签署合同等方式将风险尽可能转移给其他组织与个人的方法。前者指体育赛事经营者或体育活动参办者支付一定的保险费用给保险公司，保险公司则负责承担事故发生后的经济赔偿。后者则包括两种不同的情况，一是体育赛事经营者同有关责任人员如教练、医护人员等签署合同，由他们对自己的过失行为所造成的损失负责；二是通过让某项体育活动的参与者签署免除责任协议，使伤害事故的可能受害者放弃追究体育赛事经营者法律责任的办法。但在签署这类合同时，一定要遵守有关法律规定。

(3) 减小风险法

这种方法是体育赛事经营中风险管理的核心。人们应充分认识到风险的存在，并采取各种有效的、合法的预防措施和处理方法，从而减小伤害事故发生的可能性和因事故造成的负面影响和损失。具体内容包括加强员工的安全教育与培训，全面检修、维护场地器材，加强安全监督与管理等。

## 五、赛事收尾管理

当体育赛事结束的时候，赛事组织应当做好赛事的收尾工作。由于收尾常常是零碎、繁琐、费时且费力的工作，故容易被人轻视和忽略。因此，体育赛事收尾的重要性应当特别强调，否则会给体育赛事的运营带来后患。体育赛事收尾的基本内容包括以下方面。

### (一) 赛后管理工作

体育赛事在结束时，必须做好管理收尾工作。管理收尾工作就是汇编、收集和散发有关信息、资料和文件，正式宣布体育赛事或体育赛事阶段的结束。主要包括以下方面。

1. 办理各队离赛的各种手续，确保及时离去。

2. 用于比赛的场地、器材、服装、用具等物资设备的及时归还、转让、出售和处理。

3. 财务决算。

4. 汇编、寄发比赛成绩册和其他技术资料。

5. 移交、整理有关文档资料。

6. 向新闻单位发布运动竞赛的有关情况。

7. 评比表彰工作。

8. 赛事相关人员的善后工作。

9. 庆祝赛事结束。

10. 总结经验教训。

### (二) 赛事评价

赛事评价是指对体育赛事实施仔细观察、测量和监视，以便正确评估结果的过程。体育赛事评价可以提供体育赛事的基本轮廓和重要的统计结果，为体育赛事参与者提供反馈，为进行赛事分析和提高赛事质量提供借鉴。例如根据国际奥委会的要求，北京奥组委《奥运会总结报告》共四卷，即《申办文件及分析》《奥运会盛况》《奥运会筹备情况总结》《奥运会总体影响研究报告》。赛事评价一般包括赛事实施过程评价，即对照立项评估或可行性研究报告预计的情况和实际实施的过程进行比较和分析，找出差距，分析原因；赛事效益评价，即财务评价和经济评价，主要分析指标是赛事直接成本、收入、利润等赛事盈利能力的指标；赛事影响评价，包括经济影响评价和社会影响评价。

# 第三节　体育赛事营销

## 一、体育赛事营销的概念

营销学家菲利普·科特勒教授认为，市场营销是个人和群体通过创造并同他人交换产品和价值以满足他们自身需求的一种社会管理过程。赛事营销是赛事组织者通过创造并与他人交换赛事产品和价值以满足他们自身需求的一种赛事管理过程。

体育赛事的核心产品主要有竞赛表演服务以及伴随竞赛表演的生产与交换

所形成的赛事无形资产，主要包括赛事广告权和赛事转播权。

## 二、体育赛事门票营销

电视转播权的出售、商业性广告收入和专有权的开发，虽然降低了体育赛事门票收入所占的比重，但其仍然是一个重要的营销渠道收入。精彩、热门的体育赛事往往吸引着众多体育爱好者亲临现场去观看，而现代体育赛事门票已绝不是一张纸票，入场即扔掉那么简单。它既可以做成套票、一卡通形式，方便观众，也可设计成富有创意、图案精美、具有收藏价值的纪念票，提升门票附加值，以便收藏爱好者收藏，还可作为一种有效的广告载体负载信息。因此，作为经营中较为稳定的门票销售只要整合营销策划做得到位，其所面对的消费市场极大，带来的收入也较为丰厚。

### （一）售票方式

可以综合使用多种方式来出售门票。最普通的方法有直接邮寄、电话订票、电视导购、直接售票、经销。各种方法适用于不同的目标顾客，只要运用正确，每种方法都很有效。

### （二）赛季期间的门票销售

除了大量的广告之外，团体票、移交、打折和赠票能有效地增加销售和提高上座率。

团体票。体育组织在有大量剩余座位时可以考虑销售团体票。这样既可以在短时间内卖出大量门票，也有助于提高体育场内的上座率。

移交。赛事组织者也可以通过另外一个群体或组织来销售门票。最常见的是把门票移交给拉拉队和慈善组织。拉拉队一般需要一些门票以便利于他们观看比赛；慈善组织通常会把票价的一部分作为对他们的捐款。

打折。体育组织也可能会决定为一些特殊的比赛而给门票打折。但应该注意打折的时机，不要在仓促的情况下进行打折。首先这会降低门票的预期收入；其次，如果在比赛当日对门票打折，会造成观众拥挤；再次，可能会引起已经买票的人失去心理平衡并要求退款。如果打折过晚，会增加组织者的工作负担（因为他们要处理大量的退款），同时会使门票收入减少。

赠票。为了增加观众，售票处可能会发放比正常情况下要多得多的赠票。这样的好处是能够增加赛场气氛，同时可以在特许权和停车场上收到更多的钱。另外，把门票赠送给慈善组织也有助于改善公共关系。

### （三）比赛当天的门票销售

为了及时有效地完成比赛当日的所有任务，售票处必须做好准备并按既定程序办事。许多准备工作必须在售票窗口开放之前完成。首先，组织应雇用足够的经验丰富的售票者。这样可以避免出现体育爱好者排长队和买不到票的现象发生；其次，售票处窗口应该有明显标志的，还要有足够的人员来快速地把票分发出去。为了减少排长队，应设置不同的售票窗口，并雇用足够的工作人员。可以要求购买者提前付款，这样在窗口处就可以避免临时的现金来往。第三，应尽可能地预备些机动人员来处理可能发生的情况。

## 三、体育赛事无形资产营销

### （一）广告权经营

赛事广告权主要包括比赛冠名权、冠杯权、比赛场地广告权等，是赛事无形资产的重要内容。赛事广告权营销的过程是赛事组织者与一些企业达成赛事赞助协议即完成体育赞助的过程。体育赞助是指向某一体育资产（体育赛事、体育场馆、公益性体育活动等）付出一定数额的现金或实物，作为与该体育资产合伙参与开发，以达成各自组织目标的一种特殊商业行为。体育赞助是现代企业营销的一种行之有效的方式，是提升企业形象、扩大产品销售、提高市场竞争力的实际需要。在传统大众传播媒体电视、报纸、广播、杂志等影响下，体育已成为当代社会人们日常生活中的一部分。众多企业为提高其品牌的知名度和产品的市场占有率，极为乐意通过赞助体育赛事来达到自己的市场目的。与此同时，许多职业运动员、体育赛事组委会、职业俱乐部等也都希望通过企业的赞助来获取巨额的资金，从而使体育赛事得以圆满举行，也使合作双方在市场的行为互动中获取双赢。

由于体育赛事与赞助商之间的这种双向活动关系，对于体育赛事运作主体来说，决定需要赞助时，就必须考虑体育赛事自身的财政情况和外界潜在的赞助商情况。体育赛事运作者认为体育赛事将来可以为潜在赞助商提供回报、体育赛事利益主体同意寻求赞助投资、体育赛事有足够资源保证在运作中完成赞助相关任务时，就具备了寻求赞助的条件。寻求赞助可以分为计划阶段、销售阶段和回报阶段。

### 1. 计划阶段

没有准备充分的计划会导致丧失赞助和收入的机会，与潜在赞助商产生不协调以及发生可能的冲突（赞助商之间存在的品牌竞争）和造成不良的印象。体育赛事营销组织者需要收集赞助商信息，包括政策和过往记录，考虑有实力的个人、公司、基金会、风险资金、公共实体成为潜在赞助投资的来源，寻求体育赛事组织形象与赞助商企业形象一致的结合点，同时体育赛事组织要有回报服务赞助商的成本预算。

（1）如何吸引赞助商

通常赞助商会注意，参加的人数和类别、媒体转播的效果程度、社区支持和联系网络（可获得附加回报）。赞助具有竞争性的特点，可以列出投资的不同水平和类别，仔细描述赞助商会获得的回报收益，将赞助力度区分为不同的水平（金、银、铜）和相应不同水平的回报，供潜在赞助商选择而达到沟通目的。与潜在赞助商进行沟通，传递体育赛事组织有能力提供有益服务和机会的信息，使赞助商明白这种关系的建立有利于双方，展示先前的成功记录非常有帮助。

（2）赞助意向书

体育赛事组织者要尽早寻找赞助和准备有吸引力的赞助提议，赞助往往涉及合同和具体的条款，关键是明确赞助如何帮助双方达到各自的目标，内容应该包括：体育赛事组织的背景（历史、形象、成员关系）；计划的细节（场地、时间、参与运动员、观众）；体育赛事组织的目标；预算计划；赞助经费的用途；体育赛事组织提供的回报措施（广告、推广机会、电视转播、贵宾礼遇）；对潜在赞助商的实际回报（新闻报道数量、电视报道时间）；其他信息（包括周期报告、财政说明和相关信息）。寻找赞助投资，需要创造一个包含资本投入和成功盈利体育赛事程序的商业计划。体育赛事商业计划内容包括描述资本投入、市场营销、运作和获得收益性商业方法的详细计划，也包括营销者本人的操作能力和推荐书。

### 2. 销售阶段

销售阶段是对可能赞助商的接触和进行筛选，包括对潜在赞助商公司年度和互联网信息情况的检索，提出赞助提议，然后根据寻求赞助原则选定赞助商。选定赞助商后，就是进行谈判和合同的签订。

### 3. 回报阶段

回报是基于平等交换和双边利益，给予承诺和连续的支持要比不断地寻找新赞助商容易。体育赛事组织要积极与赞助商保持联系。

体育赛事市场营销计划的实施必须与体育赛事的日程相一致。赞助商应得到体育赛事组织者的指导，这包括体育赛事时间表、体育赛事手册和对服务和捐助的规定等。体育赛事赞助回报要与新闻媒体和体育赛事推广、礼遇活动等结合起来，统一在体育赛事市场营销活动之下，整合体育赛事赞助到整个体育赛事的战略市场营销计划之中去，即通过在市场综合营销模式中与其他任务领域的横向联系，捆绑运作，完成体育赛事赞助回报操作。

对赞助商而言，合同最重要的是赞助商与体育赛事之间的排他性——对每种产品或服务的唯一赞助权利，因此，体育赛事营销应该注意隐性营销的存在。隐性营销是指某些公司的一些活动，诸如广告、促销和公关活动等，虽然他们不是正式的赞助商，却试图通过使消费者或公众推测认为他们与体育赛事有某种关系而达到公关的目的，实际上没有正式关系的存在。赞助商和体育赛事管理者都必须考虑到所有不同隐性营销的存在可能性并采取措施。

赛事组织者从事体育赛事赞助时，应注意以下方面。

(1) 利用好优势项目和体育明星效应

利用我国在世界级和奥运会中获得奖牌的优势项目和著名体育明星进行媒体宣传，以吸引赞助者投资，使双方均获得效益。如美国的篮球用品的赞助和开发就是一个典型的例子。他们利用篮球比赛的巨大影响，赞助、开发、经营各种篮球系列用品，同时利用乔丹等著名球星的名声，创造了数百亿美元的神话，而我们中国所特有的武术等民族传统体育项目有着广泛的群众基础和优势，可以利用这种优势让赞助者来设计生产这类体育系列用品，并与民族文化交流相结合，以推动赞助市场的向前发展。

(2) 吸引外资与国际接轨

赞助市场是一种开放经济，国外体育资源进入中国已成为体育赞助市场的一个不可忽视的方面，特别是近几年，体育赞助市场开始出现赞助社会化、经营企业化、场馆市场化、体育用品大众化、无形资产商业化的趋势，已引起国外更多的跨国公司和体育机构的重视。对此，我们要迅速作出反应，进行准备，规范操作，使之与国际接轨。

(3) 发展和完善中介组织

中介曾经是国人很排斥的一个行业，目前我国中介市场还比较薄弱，经纪人才也很匮乏，影响了赞助市场的发展进度，因此我们要创立、发展和完善各类中介组织，并使之向着规范化、规模化方向发展。同时要多渠道、多形式、多层次地培养中介人才，以推动整个体育赞助市场的发展。

(4) 赋予赞助文化内涵

赞助企业在整个营销过程中，项目的设置和产品的表达等应尽可能附于文化价值，因为体育营销最基本的功用体现在：卖方（企业）和买方（消费者）改善或重建彼此关系的重要工具，双方藉奥林匹克的文化与企业品牌文化的融合而形成了共鸣，这有别于厂商主导式的传播，由此塑造出来的企业形象更为消费者接受。所以在赛事行销时拥有一些充满特有的情调和人情味的文化活动，把产品的硬特征与营销过程的软文化管理结合起来，营销就能更加吸引人，也有助于产生良好的运动行销效果。

### (二) 转播权经营

体育赛事电视转播权是指体育委员会或体育赛事组委会举办体育比赛时，允许他人利用电视进行现场直播、录播，并从中获取一定报酬的权利。出售电视转播权一直是体育赛事组织者的一项支柱性收入，其收入所占的比例在很大程度上是衡量一项体育赛事经营好坏的参考指标。

在国际上，电视报道权一般分为三种。

——新闻报道权：电视机构凡是播出 3 分钟以上的赛事画面，就要购买新闻报道权。

——赛事集锦权：集中播出 15 分钟以上的集锦画面，就要购买赛事集锦权。

——赛事实况转播权：对赛事进行全程转播，就要购买电视转播权。

按照电视媒体的性质可分为有线转播权、无线转播权和卫视转播权；按地域可分为全国转播权和地方转播权。

目前全球各地转播体育赛事的电子媒体（包括广播、电话、互联网等）及机构越来越多。我国体育电视转播的主要机构见表 11–4。

**表 11–4　我国体育电视转播的主要机构**

| 类别 | 机构 |
| --- | --- |
| 国际转播机构卫视 | 卫视、ESPN、NBC、BBC |
| 全国性转播机构 | 中央电视台 |
| 全国性体育转播机构 | 中央电视台 5 频道 |
| 地方性转播机构 | 各省、市、区等地方台 |
| 有线电视体育转播机构 | 全国有线电视网、各地方有线电视台 |

虽然体育转播机构的增加扩大了对体育赛事的需求，但并不是每一项体育赛事都能引起转播商的兴趣。如果转播机构认为某一项体育比赛不能吸引广告商们所认为足够多的观众的话，便不会购买这一比赛的转播权。所以提高体育比赛的影响力，扩大观众市场是销售赛事转播权的关键。

体育组织或体育机构销售赛事转播权的方式主要如下。

### 1. 买卖双方相互协商

这种销售方式无论过去还是现在，无论是单项赛还是综合性的比赛，也不分规模大小都是经常采用的方式。这种方式的优点之一在于保证电视转播权销售过程中取得最大经济利益的同时，还应使体育比赛得到最广泛的报道，包罗最广泛的观众，从而使体育运动更广泛地深入人心，促进体育运动的健康发展。我国在2000年年初，国家广播电影电视总局下发了《关于加强体育比赛电视报道和转播管理工作的通知》。通知规定，奥运会、亚运会、世界杯足球赛、全运会、城运会和少数民族运动会在我国境内的电视转播权统一由中央电视台负责谈判和购买，其他体育比赛的电视转播权，各电视台应本着公平、合理的原则购买和转让。该通知一方面使体育市场规范化，另一方面体育比赛电视转播权得到重视，由中央电视台宣传推广体育运动，可以强化国民的体育意识，激发国民参与体育的愿望和动机，培育和开发体育市场，从而加快我国体育产业化、社会化的进程。

### 2. 广告置换

广告置换是指体育赛事组织者不直接收取电视机构的资金，而是以等价的广告时段来交换，广告内容可以是体育赛事宣传，也可能是赞助商的商家广告(技术、产品等)。一般来说，这种方式是在体育赛事市场运作不太成熟的情况下所采用的营销策略。

### 3. 招标

当今，购买精彩体育比赛电视转播权已成为电视机构展现自我形象、证明自身实力、赚取高额利润的好机会。赛事组织者面对各洲、各国和地区多家电视机构的竞争局面，多采取招标的方式来出售电视转播权。尤其在美国，这一点显得非常突出。如1992年奥运会电视转播权在美国是通过招标的形式出售的，在美国三大广播公司的竞争中，NBC公司以4.01亿美元中标。这种销售方式以市场经济发达、体育市场成熟为前提，否则，通过炒作以招标方式也可使体育比赛电视转播权销售取得成功，但只能是暂时的，对体育市场健康持续的发展很可能产生消极影响。

4. 集中销售

在全球化理论的影响下，在集团化趋势的促使下，体育比赛电视转播权的销售也显示出集中销售的趋势。其优势在于可使体育赛事变得更精彩，从而提高赛事的社会影响力，同时可使体育赛事的组织者有足够的实力和能力与电视机构打交道，获得理想的销售价格。另外，通过这一方式，可缩小职业俱乐部的贫富差别。如欧洲和美国职业体育比赛电视转播权由职业联盟与电视机构洽谈，销售电视转播权，并将收入大部分平均分给参赛俱乐部。各地方台电视转播销售收入归各俱乐部所有。

5. 中介运作

从追求经济利益的角度，体育比赛电视转播权的销售纯属商业运作，这是一项复杂的工程，就体育赛事组织者而言，实现理想的商业运作目标是极其困难的。因此，目前许多国际单项体育组织和国家体育协会委托中介机构销售电视转播权，使所有权和经营权相分离，由此一来，大大促进电视转播权的经营和销售。这种方式对体育赛事规模小、社会影响力小和极具市场潜力的体育项目电视转播权销售比较适当。

（三）标志性产品的生产与销售

体育比赛注册商品的生产与销售是指印有该项比赛标记、名称等各种纪念品的生产与销售。它是赛事无形资产有形化的一种表现形式，因此只有具有较高知名度和广泛群众基础、无形资产价值较高的赛事，才能通过生产和销售标志性商品而获得商业上的利益。奥林匹克运动会、NBA 职业篮球赛等在全球享有盛名的一些体育比赛，其标志性产品在世界范围内有着极其广阔的市场。这些标志性商品在全世界的销售与流行，不仅为这些比赛的组织者增加了收入，也为扩大比赛的影响起到了很好的宣传作用。而中小型体育比赛的组织者们在决定生产销售标志性商品时，一定要非常慎重，要做好市场调研工作，认真分析生产销售标志性产品的成本与收益。

【思考题】

1. 体育赛事与赛事管理有何特点？

2. 如何制定体育赛事计划？
3. 不同类型赛事组织机构有何特点？
4. 体育赛事的产品有哪些？它们之间有何联系？
5. 赛事组织者应如何寻求赛事赞助？
6. 体育赛事有哪些风险？如何进行管理？

# 第十二章　体育场馆经营管理

任何一项体育项目的开展，首先要解决的是举行体育活动的场所和空间，必要的体育场馆不仅是开展体育活动的前提，也是实施《全民健身计划纲要》、不断提高竞技体育水平和推动我国体育产业发展的重要物质基础。因此，体育场馆经营效益的好坏将直接影响到我国体育事业和体育产业的健康发展。

## 第一节　体育场馆经营管理概述

### 一、体育场馆的概念及分类

#### （一）　体育场馆的概念

体育场馆是指为了满足运动训练、竞赛和大众体育健身需要并按照一定标准建设的户外或室内专用场地。通常把室外的运动建筑叫做场，把全封闭式的室内运动场称为馆。

#### （二）体育场馆的分类

不同体育活动对空间场地、体育装备的要求不一，参与体育运动的对象、人群不同，体育场馆也呈现出多种多样、功能不一的类型。按不同的分类标准可划分为以下类型。

**1. 根据体育场馆的使用性质进行的分类**

可分为体育比赛场馆、体育教学训练场馆和体育健身娱乐场馆。

（1）体育比赛场馆

这类场馆是严格按照国际奥委会和世界各单项体育协会制定的竞赛规则对场地、器材的要求进行建设的体育场馆，供各种比赛使用，一般有看台（坐席）和必要的辅助设施。

(2) 体育教学训练场馆

这类场馆是按照运动训练或体育教学的需要而建设的体育场馆。有的没有观众席位，或只有少量看台，辅助设施也比较简单。有的场地虽然在空间和材质等方面距竞赛规则要求有一定差距，但能满足训练和教学的需要。

(3) 体育健身娱乐场馆

这类场馆是为满足大众健身娱乐的需要而建设的场馆，主要包括各种健身房、健身馆、康体中心等。这类体育场馆不仅能够提供健身设施，一般还提供健身指导、体质评价与运动处方等多方面的体育服务。

### 2. 根据体育场馆用途综合程度进行的分类

根据体育场馆用途的综合程度，可以将体育场馆分为两大类：专用性体育场馆和综合性体育场馆。

(1) 专用性体育场馆

专用性体育场馆是指那些只适用于一类或一个项目的场馆，如游泳馆只适用于游泳、跳水、水球和花样游泳等项目，有一套供水、水处理、排水、水温和水质控制等设备。棒球场、曲棍球场只能用于棒球、曲棍球，其他项目难以使用。自行车场是专供自行车比赛使用的场地，场地呈盆形，外高内低，并有一定的倾斜角度。射击比赛的专用场地，设施与其他项目有很大不同，有靶壕，两侧要用围墙围起来，靶壕后面还要设置挡墙或利用土坡作挡墙，还需要有靶纸更换、靶子移动等设施。这类体育场馆在名称上多已标明其用途，如北京射击馆、丰台棒球场等。

(2) 综合性体育场馆

综合性体育场馆是指那些能适用几个不同类型运动项目的场馆。例如，首都体育馆的比赛场地可用于篮球、排球、手球、乒乓球、体操、滑冰等运动项目；北京工人体育场可用于田径、足球等运动项目的比赛。综合性体育场馆多用体育场、体育馆命名，如首都体育馆、北京体育馆、上海虹口体育场等。

### 3. 体育中心的分类

集中修建的体育场馆是竞技体育高度发展的产物。为举办大型的综合性运动会，举办城市将各种体育场馆、运动员和工作人员的住所、新闻中心、记者村等集中建设，通常把这类集中修建的综合性体育场馆的所在地，称为体育中心、运动中心、奥林匹克体育中心、体育公园等。

体育中心一般必须具备“三大件”，即体育场、体育馆和游泳馆（或室外游泳池），体育中心根据占地面积可分为小型、中型、大型和特大型四种类型。

（1）小型体育中心

占地面积在 20 公顷以下的称为小型体育中心，我国南京五台山体育中心就属于这种类型。它占地 13 公顷（195 亩），拥有一个体育场（4.5 万个座位）、一个体育馆（1 万个座位）、一个游泳跳水池（0.2 万个座位）、一个旱冰场。英国伦敦水晶宫体育中心也属于小型体育中心，它占地 14.6 公顷，拥有一个体育场（3.8 万个座位）、一个体育馆（0.2 万个座位）和几个网球场。从以上两个例子中可以看到，具备“三大件”的体育中心，至少要 15 公顷左右的面积，如果再加上辅助设施和停车场等，一般应具有 20 公顷左右的土地面积。

（2）中型体育中心

中型体育中心占地面积为 20~60 公顷。我国的南宁体育中心占地 50 公顷，拥有一个体育场（6 万个座位）、一个体育馆（5.45 万个座位），以及游泳馆、篮球馆、手球馆、综合训练馆和其他体育项目训练辅助场地。此外，还有运动员住所和招待所等建筑。举办 1976 年奥运会的加拿大蒙特利尔奥运会体育中心占地 50 公顷，建有主体运动场（5.5 万个座位）、游泳跳水馆（0.9 万个座位）、自行车赛车馆（0.7 万个座位），还有小体育馆、田径场和网球场等。

（3）大型体育中心

大型体育中心占地面积在 60~200 公顷。我国为举办第 11 届亚运会兴建的国家奥林匹克体育中心，占地 97.5 公顷，其中有供比赛使用的体育场、田径场、综合馆、游泳馆、曲棍球场、网球场、足球场等，有供记者、运动员使用的亚运村、会议中心、旅馆、公寓、办公楼、康乐宫等，还有人工湖、体育博物馆、武术研究院、中国运动医学研究所、体育档案馆、电子信息中心等建筑，属于大型体育中心。2005 年投入使用的南京奥林匹克体育中心占地 89.6 公顷，是目前国内功能最全、标准最高的综合性大型体育建筑群。

（4）特大型体育中心

特大型体育中心占地面积在 200 公顷以上。例如北京的奥林匹克公园，其中的国家体育中心占地面积达 405 公顷，容纳了北京奥运会 44%的比赛场馆和为奥运会服务的绝大多数设施，这些场馆和设施包括：14 个比赛场馆，可进行 15 个项目的比赛；占地 80 公顷、建筑面积约 47 万平方米的奥运村，可供 16000 名运动员、教练员及其随行人员居住；占地 30 公顷、建筑面积约 40 万平方米的记者村。

目前世界上最大的体育中心，是伊朗德黑兰的阿里亚梅尔体育中心，占地 500 公顷，可称为“体育城”。它在德黑兰市西 14 公里处。这个巨大的体育中心拥有主体运动场（10万个座位）、体育馆（1.075万个座位）、排球馆（0.45万个座位）、篮球馆（0.45万个座位）、击剑馆（0.2万个座位）、乒乓球馆（0.3万个座位）、射击场（0.04万个座位），此外还有篮球场6个、排球场15个、网球场10个、曲棍球场2个及新闻中心、直升飞机场、人工湖等。

#### 4. 根据承办竞赛的级别进行分类

根据不同层次的比赛要求，我国将体育场馆分为特级、甲级、乙级、丙级四个等级（表12-1）。

表12-1 体育场馆等级

| 等级 | 主要使用要求 |
|---|---|
| 特级 | 举办亚运会、奥运会及世界级比赛的主场 |
| 甲级 | 举办全国性和单项国际比赛 |
| 乙级 | 举办地区性和全国单项比赛 |
| 丙级 | 举办地方性、群众性运动会 |

注：引自中华人民共和国行业标准. 体育建筑规范. JGJ31-2003

## 二、我国体育场馆的建设现状与发展趋势

体育场馆设施是人民群众进行体育健身活动、运动训练、教学和举行体育竞赛的基本物质条件。随着我国人民群众物质文化需求的不断增加，人民群众的体育意识也在不断提高，对体育场地设施的需求也越来越旺盛。新中国成立以来，我国政府十分重视体育场馆建设，特别是改革开放以来，国家投入巨资建设了大批的体育场馆，其中有一些大型的项目已经达到国际水平，如北京奥体公园、上海八万人体育场、广州天河体育中心、广州体育馆、广东奥体中心、南京奥体中心、苏州体育中心、长沙贺龙体育中心、武汉体育中心、重庆奥体中心等。

### （一）我国体育场馆的建设现状与存在问题

#### 1. 非标准体育场馆的建设

非标准体育场馆就是未达到标准体育场馆要求，但可供群众开展体育健身活动使用，较为固定的室内外体育场馆。如室外的体育健身路径、羽毛球场、

乒乓球场及半边篮球场等。改革开放30年来，非标准体育场馆无论是数量还是质量，都获得了快速发展。根据第五次全国体育场地普查的结果，1949—1978年30年间，全国共建设非标准体育场馆22802个。改革开放后的1979—2003年25年间，全国共建设非标准体育场馆272987个，相当于前30年建设数量的12倍；平均每年建设10919.5个，相当于前30年平均每年建设760.1个的14.4倍。到2003年末，全国共有非标准体育场馆302902个（含新疆生产建设兵团、解放军和铁路系统），占地面积7.3亿平方米，建筑面积1111万平方米，场馆面积2.1亿平方米，累计投入271.7亿元，与改革开放初期相比，发生了巨大变化。1949—1978年平均每年建设非标准体育场馆760.1个；1979—1995年平均每年建设非标准体育场馆5043.8个，相当于1949—1978年平均建设数量的6.6倍；1996—2003年平均每年建设非标准体育场馆23405.3个，相当于1949—1978年平均建设数量的47.4倍，相当于1949—1978年30年建设数量的1.6倍。

更为突出的是建在城乡居民身边就近就便开展体育健身活动的体育健身路径、健身园/苑、健身中心等非标准体育场馆。1949—1978年30年间，全国只建设这类体育场馆535个。改革开放后的1979—2003年25年间，全国共建设这类体育场馆42373个，相当于前30年建设数量的79.2倍。仅2003年一年的建设数量就是12627个，相当于1949—1978年每年平均建设数量的709.4倍，相当于1949—1978年30年建设数量的23.6倍。

### 2. 标准体育场馆的建设

根据第五次全国体育场馆普查结果，1949—1978年30年间，全国共建设固定看台灯光篮球场491个、篮球场20289个、排球场1651个、门球场98个、地掷球场5个、室外网球场33个、室外游泳池188个、高尔夫球场0个。改革开放后的1979—2003年25年间，全国共建设固定看台灯光篮球场4538个、篮球场293553个、排球场33058个、门球场15074个、地掷球场1051个、室外网球场6239个、室外游泳池2793个、高尔夫球场162个，固定看台灯光篮球场、篮球场、排球场、门球场、地掷球场、室外网球场、室外游泳池分别相当于前30年建设数量的9.3倍、14.5倍、20倍、153.8倍、210.2倍、189倍、14.9倍。而到1978年末，我国尚无一个高尔夫球场。1984年我国建成第一个高尔夫球场。到2003年末共建成162个。如果以1979—2003年每年平均建设数量与1949—1978年每年平均建设数量比较，则改革开放前后每年建设数量的增长幅度更大。具体见表12-2。

表 12-2　1979—2003 年全国室外标准体育场地增长情况

| 序 | 场地名称 | 建设数量 | 时期 | | 相差倍数 |
|---|---|---|---|---|---|
| | | | 1949—1978 年 | 1979—2003 年 | |
| 1 | 固定看台灯光篮球场 | 合计 | 491 | 4538 | 9.3 |
| | | 年平均 | 16.4 | 181.5 | 11.1 |
| 2 | 篮球场 | 合计 | 20289 | 293553 | 14.5 |
| | | 年平均 | 676.3 | 11742.1 | 17.4 |
| 3 | 排球场 | 合计 | 1651 | 33058 | 20.0 |
| | | 年平均 | 55.0 | 1322.3 | 24.1 |
| 4 | 门球场 | 合计 | 98 | 15074 | 153.8 |
| | | 年平均 | 3.3 | 603.0 | 182.7 |
| 5 | 地掷球场 | 合计 | 5 | 1051 | 210.2 |
| | | 年平均 | 0.17 | 42 | 247.3 |
| 6 | 室外网球场 | 合计 | 33 | 603.0 | 182.7 |
| | | 年平均 | 1.1 | 249.4 | 226.8 |
| 7 | 室外游泳池 | 合计 | 188 | 2793 | 14.9 |
| | | 年平均 | 6.3 | 111.7 | 17.7 |
| 8 | 高尔夫球场 | 合计 | 0 | 162 | — |
| | | 年平均 | — | 6.5 | — |

这种发展态势在群众体育常用的室内标准体育场馆中表现更加突出。以群众体育常用的健身房（馆）、乒乓球房（馆）、羽毛球房（馆）、台球房（馆）、保龄球房（馆）、棋牌房（馆）、室内游泳池、室内网球场（馆）8 种室内标准体育场馆为例，根据第五次全国体育场馆普查结果，1949—1978 年 30 年间，全国共建设健身房（馆）94 个、乒乓球房（馆）175 个、羽毛球房（馆）43 个、台球房（馆）39 个、保龄球房（馆）1 个、棋牌房（馆）126 个、室内游泳池 33 个、室内网球场（馆）5 个。改革开放后的 1979—2003 年 25 年间，全国共建设健身房（馆）10512 个、乒乓球房（馆）6926 个、羽毛球房（馆）1416 个、台球房（馆）7024 个、保龄球房（馆）1588 个、棋牌房（馆）7200 个、室内游泳池 1529 个、室内网球场（馆）477 个，分别相当于前 30 年建设数量的 111.8 倍、38.4 倍、32.9 倍、180.1 倍、1588 倍、57.2 倍、46.3 倍、95.4 倍。如果以 1979—2003 年每年平均建设数量与 1949—1978 年每年平均建设数量比较，则改革开放前后每年建设数量的增长幅度更大。具体见表 12-3。

### 3. 目前我国体育场馆设施建设中存在的主要问题

(1) 体育场馆建设缺乏整体规划

从整体上看，我国体育场馆设施建设缺乏宏观管理整体规划，造成了投资结构失调、重复投资建设现象比较严重的问题，尤其在中、东、西部之间，城乡之间、项目之间、竞技体育与社会体育之间等方面，这种整体规划缺失、项目结构失衡、投资结构失调等现象日趋严重。

(2) 体育场馆建设融资方式较单一、人均场馆拥有数量不足

融资方式简单，资金来源渠道单一，不能满足体育场馆建设需要。改革开放以来，体育场馆的建设虽采取了一些灵活的融资方式，但总体上还是以国家投入为主，尤其是中、西部经济落后地区问题更加突出。同时，随着我国城市化进程加快、人口增长，对体育场馆的需求也越来越大。目前，我国有40多个大、中城市提出要建成国际化都市。我国国际化都市发展过程中都存在经济实力不强，第二、三产业落后，城市设施不足的问题。第五次全国体育场地普查结果显示，我国每万人拥有的体育场馆数约为6.58个，而在1990年，意大利每万人拥有21.1个体育场地，芬兰45.7个，德国24.8个，瑞士22个，日本26个，韩国10.6个，与发达国家存在巨大的差距。

表12-3　1979—2003年全国室内标准体育场馆增长情况

| 序 | 场地名称 | 建设数量 | 时期 | | 相差倍数 |
|---|---|---|---|---|---|
| | | | 1949—1978年 | 1979—2003年 | |
| 1 | 健身房（馆） | 合计 | 94 | 4538 | 9.3 |
| | | 年平均 | 3.1 | 420.5 | 135.6 |
| 2 | 乒乓球房（馆） | 合计 | 175 | 6926 | 38.4 |
| | | 年平均 | 5.8 | 277.0 | 47.8 |
| 3 | 羽毛球房（馆） | 合计 | 43 | 1416 | 32.9 |
| | | 年平均 | 1.4 | 56.6 | 40.5 |
| 4 | 台球房（馆） | 合计 | 39 | 7024 | 180.1 |
| | | 年平均 | 1.3 | 281.0 | 216.1 |
| 5 | 保龄球房（馆） | 合计 | 1 | 1588 | 1588.0 |
| | | 年平均 | 0.04 | 63.5 | 1588.0 |
| 6 | 棋牌房（馆） | 合计 | 126 | 7200 | 57.2 |
| | | 年平均 | 4.2 | 288.0 | 68.6 |

续表

| 序 | 场地名称 | 建设数量 | 时期 | | 相差倍数 |
|---|---|---|---|---|---|
| | | | 1949—1978 年 | 1979—2003 年 | |
| 7 | 室内游泳池（馆） | 合计 | 33 | 1529 | 46.3 |
| | | 年平均 | 1.1 | 61.2 | 55.6 |
| 8 | 室内网球场（馆） | 合计 | 5 | 477 | 95.4 |
| | | 年平均 | 0.17 | 19.1 | 112.2 |

(3) 场馆设施功能单一化

我国体育场馆建设的功能单一化，限制了其开发与利用率，影响体育场馆经营的可持续发展。我国现有的体育场馆绝大多数都是按照体育训练和比赛的要求设计的，功能比较单一，缺乏相应的配套服务设施。例如，现有的体育场馆大多数按观赏功能设计，很少考虑大众使用体育场馆锻炼的要求，可用于体育锻炼的最大场地面积往往不到其建筑面积的 10%，且往往缺乏体育锻炼配套设施，大部分场馆建设经费花在看台等附属设施上，使用效率低。巨额的常年维修管理费用也成为体育场馆的沉重包袱。国外公共体育场馆的维修费用一般控制在经费支出总额的 20%以上，如法国是 21.8%，德国是 23.38%。我国 1991 年为 20%，1995 年为 14.5%，低于国际水平，并呈下降趋势，使得有些场馆年久失修，更新改造不力，这无疑对国有资产的使用和保值、增值不利。功能单一化，限制了体育场馆的利用率，很难满足大众体育健身的多样化需求。

## (二) 我国体育场馆设施建设的发展趋势

我国各级政府部门重视以往场馆建设过程中存在的种种问题，体育场馆建设呈现出新的发展趋势。

### 1. 体育场馆设施的设计理念更新、更先进，注重赛后综合利用效益

体育场馆设施建设、设计理念在不断更新，呈现了一些新的特点，如体育场馆复合化、多功能化设计，大型体育场馆的建设在赛前设计过程中就更加注重场馆赛后的综合利用。许多场馆外表朴实而简单，内部装修亦较平淡，但非常突出人性化，注重使用功能的多样化，而且在建设阶段就为多功能的使用预留设施条件。

### 2. 体育场馆的规划布局将以国家宏观管理规划为主导

体育发达国家的体育场馆规划布局，主要是以国家统一规划为主，并且已取得了很好的成效。如新加坡实施的“体育设施蓝图计划”，该计划把新加坡全国按人口分布划分为13个体育设施区，规定20万人左右的居民区必须建有一个体育中心。我国各地也正将体育场馆建设规划布局纳入到城市建设的整体规划之中。

### 3. 体育场馆建设更加注重突出民族文化特色与高科技产品的应用

我国体育场馆的建设和规划设计中将更加凸显中华文化的特色。如奥运场馆的“水立方”与“鸟巢”就体现了我国儒家文化的“天圆地方”的建设理念。还有广州体育馆，主馆与附件是反扣的“龙舟”，代表着广东地方文化民俗。

随着科技的发展，许多新技术和新材料不断涌现，体育场馆建设科技含量越来越高，各种材料越来越先进。场馆结构变化更加灵活，不再是建成后不可变化。民族文化的彰显与高科技产品的应用为大型场馆赛后的经营管理奠定了坚实的基础。

### 4. 投资以政府为主体，呈现多元化发展趋势

由于体育场馆设施具有典型的公共产品性质，因此，我国政府一直承担着体育场馆设施建设投资主体的角色。1978—2003年，国有经济成分的体育场馆设施数量为598286个，占体育场馆设施建成总数的78.9%；集体经济成分的体育场馆设施数量为118809个，占体育场馆设施建成总数的15.7%；私有经济、港澳台经济和外商经济三种经济成分的体育场馆设施数量为41477个，占体育场馆设施建成总数的5.4%（表12–4、图12–1）。

如果将2003年数据与1978年相比，国有经济成分的体育场馆设施增长了近103.3倍，而集体经济成分的体育场馆设施则增长了119.2倍，但增长速度最快的还是其他经济成分的体育场地设施，增长了1256.9倍，这说明私有经济、港澳台经济和外商经济成分投资的体育场馆设施在我国体育场馆设施建设中的比重稳步提高，我国体育场馆设施的投资正逐渐呈现出多元化的发展趋势。

表 12-4 1978—2003 年不同经济成分历年体育场地设施建成情况

单位：个

| | 国有经济 | 集体经济 | 其他经济 | 合计 |
|---|---|---|---|---|
| 1978 | 5789 | 997 | 33 | 6819 |
| 1979 | 3019 | 446 | 38 | 3503 |
| 1980 | 9477 | 1777 | 98 | 11352 |
| 1981 | 3417 | 576 | 33 | 4026 |
| 1982 | 7580 | 1195 | 75 | 8850 |
| 1983 | 5899 | 952 | 48 | 6899 |
| 1984 | 9277 | 1532 | 108 | 10917 |
| 1985 | 13306 | 2178 | 193 | 15677 |
| 1986 | 12406 | 1958 | 161 | 14525 |
| 1987 | 10098 | 1510 | 139 | 11747 |
| 1988 | 11101 | 1722 | 198 | 13021 |
| 1989 | 12222 | 1957 | 242 | 14421 |
| 1990 | 20180 | 3680 | 350 | 24210 |
| 1991 | 10455 | 1720 | 181 | 12356 |
| 1992 | 19744 | 3403 | 410 | 23557 |
| 1993 | 14789 | 2651 | 562 | 18002 |
| 1994 | 19262 | 3502 | 714 | 23478 |
| 1995 | 28439 | 5409 | 1167 | 35015 |
| 1996 | 38324 | 6831 | 1701 | 46856 |
| 1997 | 36293 | 6524 | 1931 | 44748 |
| 1998 | 52091 | 9752 | 2946 | 64789 |
| 1999 | 39187 | 7599 | 2961 | 49747 |
| 2000 | 54084 | 11419 | 5243 | 70746 |
| 2001 | 45885 | 10511 | 5305 | 61701 |
| 2002 | 53669 | 13023 | 7012 | 73704 |
| 2003 | 62293 | 15985 | 9628 | 87906 |
| 合计 | 598286 | 118809 | 41477 | 758572 |

注：其他经济包括私有经济、港澳台经济和外商经济三种经济成分。

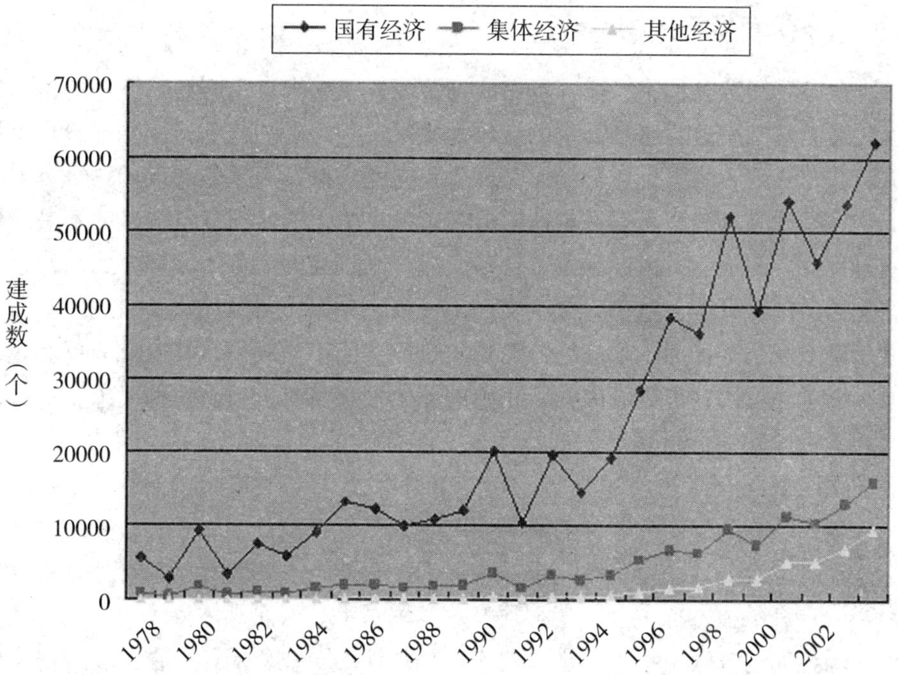


图 12-1　1978—2003 年不同经济成分历年体育场地设施建成情况统计图（单位：个）

## 三、体育场馆经营管理的概念与基本原则

### （一）体育场馆经营管理的概念

体育场馆经营管理是指体育场馆管理者为了有效地实现体育场馆的规定目标，根据体育场馆所处的经营环境，遵循一定的原则，运用一定的方法，对体育场馆所拥有的人、财、物、时间和信息等资源进行计划、组织、协调、控制和创新等一系列活动的总和。

### （二）体育场馆经营管理应遵循的基本原则

#### 1. 彰显公益性目的原则

目前我国体育场馆主要是由政府投入公共资金建设和开发的，因此，体育场馆的经营管理过程中追求经济效益不应是其最终目标，实现公共利益是体育场馆设施多元化供给机制改革的根本目标而非副产品。

### 2. 树立市场竞争意识原则

在市场经济条件下，体育场馆的资源配置主要来自于市场，体育场馆的生存和发展基础来自对市场需求的认识及满足这种需求的程度，优胜劣汰是市场机制铁的法则。所以，体育场馆管理者首先就应该具有强烈的市场竞争意识。

“商场如战场”，人们经常这样形容市场竞争，误认为竞争就是“不是你死就是我亡”的战斗，由此导致了价格大战、不正当的竞争手段和方式以及过度竞争的出现。其实，竞争（拉丁文 concurrere）本来的意思是“一起赛跑”，也就是说市场是赛场而不是战场，而竞争是比赛而不是战争，其追求的目标是更强、更优、更快、更高。因此，正确的竞争理念实质上就是一种忧患意识和优势意识，即胸怀危机感，创造新优势。体育场馆的管理者在参与市场竞争中，应确立以下竞争理念。

(1) 要立足于研究服务对象，而不要立足于打败竞争对手

优胜劣汰，这是竞争的一个基本法则。对此，一些体育场馆管理者就理解为要想在竞争中占据主动，就必须打败竞争对手。因而，体育场馆的竞争战略往往围绕如何打败对手而制定。其实这是片面的。众所周知，在市场经济条件下，只要有利可图，永远不可能没有竞争对手，体育场馆经营中也是如此。因为体育场馆在经营过程中不可能像工厂、商店那样容易转产，其本身的建筑结构、功能和设施布局的特殊性决定了服务功能的相对稳定性。所以，当一家体育场馆由于受到强烈冲击无法生存时，一般不会改变其体育场馆的功能，而只能换一个更强的业主或经营者，即换一个更强的竞争对手。不仅如此，面对势均力敌的竞争，传统的竞争力量已不能确保获胜，没有任何一家体育场馆拥有竞争胜利所需的全部资源，为了持久的生存发展，对抗竞争开始向协作竞争发展。优胜劣汰的竞争法则，只是告诉体育场馆经营管理者要想掌握竞争的主动权，就必须比别人做得更好。而要达成目的，就必须立足于研究服务的对象——目标客户。

(2) 要致力于创造品牌，而不要热衷于价格竞争

体育场馆之间的竞争可分为三个层次。第一个层次的竞争是价格竞争，这是最原始、最残酷的竞争，其危害性也最大。如果单纯地采用价格竞争可能会带来以下弊端：一是低品质陷阱。消费者可能会认为低价格的品质要比高价格的品质差，同时，由于低价格产生低效益，可能导致服务质量下降的状况；二是脆弱的市场占有率陷阱，采用低价格也许可暂时取得市场占有率，但却无法获得市场的忠诚度，因为一旦有更低价格的产品出现，消费者会立刻转而他

去；三是高财务风险陷阱。低层次的价格竞争有可能导致应收账款的增加和坏账损失的提高，而且，高价格的竞争者也可以降低其价格，由于竞争者拥有雄厚的财力，因此能支撑得较久。第二个层次的竞争是质量竞争，即努力通过提高体育场馆的服务质量进行的竞争，这是比较理性的竞争。第三个层次的竞争是品牌竞争，这是最高层次的竞争，也是体育场馆整个行业健康发展的趋势。

(3) 要着眼于创造市场，而不要局限于现有市场的争夺

一家体育场馆要求得生存，首先必须去适应和占领现有的市场，而一家体育场馆要得到发展，则必须去创造新的市场。只有不断引导消费，创造新的市场需求，才能创造新的市场机遇，体育场馆也才能确立真正的优势而不断发展。

确立创造市场的经营理念，关键必须强化三种意识：一是引导消费的意识，即必须注意通过宣传，倡导新的消费观念，使顾客的消费行为成为体育场馆所希望的消费行为；二是创造需求的意识，即必须注意通过宣传和引导，刺激顾客的需求，把潜在的客户变成现实的客源，从而为体育场馆开辟新的、更为广阔的市场，可以通过增设新的服务设施和体育运动项目，扩大消费者的选择范围，以创造新的市场需求；三是培育市场的意识，即必须注意在新的地区与领域，采取卓有成效的推销手段和策略，培育和开发新的市场。

### 3. 诚信经营原则

市场经济是法制经济。在市场经济条件下，无论是经济运行，还是社会生活，都离不开法律的保障。法律规定着市场经济主体的权益，保护着个人和体育场馆的合法权益不受侵犯；规定着市场交易者的权利和义务，以及享有权利、履行义务的方式；交易过程中产生冲突，交易双方也需要按照法律规定的途径加以解决；政府行政部门管理市场经济秩序的行为也是由法律赋予，并受法律约束的。因此，体育场馆的经营行为也同时受到法律制度的制约。

市场经济是信誉经济。建立良好的市场经济秩序，除了运用法律手段作保证，更需要经营者的自律行为作基础。经济领域中的信用、信誉度在市场经济中极为重要。因为法律不可能规定到经济及社会生活的每一个细节，同时，市场经济的基本规律之一是等价交换，顾客购买某种体育场馆的产品或服务，是出于对这个体育场馆或这项服务的良好感受，出于某种信任、荣誉、偏好等方面的要求，体育场馆之间的交易，也是出于自愿并获取特定的利益，所以，如果体育场馆不讲信誉或不能达成双赢，交易活动必然会出现障碍。讲诚信、讲双赢，这是市场经济的客观要求。

#### 4. 合作共赢原则

体育场馆的经营活动，从某种意义上说，是一种包括供应商、分销商以及竞争对手在内的系统合作行为。在市场经济中，竞争是不可避免的。随着市场的日益成熟，那种“你死我活”式的争斗只会带来两败俱伤的结果，并造成忠诚客户的大量流失。事实上，商场既存在利益分割矛盾，也存在共创市场、做大蛋糕的互惠可能。许多看似竞争对手的体育场馆，其实正是有较大发展潜力的合作伙伴。在新世纪，各体育场馆必须抛弃非理性竞争的错误做法，而应以“共赢”的思想指导体育场馆的经营活动。在稳固合作关系的前提下，相互传递市场信息，共同组织和开展一些活动和经营项目，共同抵制一些有碍于体育场馆发展的行为，形成互补互利的共同优势，从而获取更为理想的经济效益。这样在合作的基础上竞争，在竞争的过程中合作，既促进了体育场馆自身效益的提高，也促进了整个体育场馆市场的健康发展。

#### 5. 立体营销原则

体育场馆的营销活动是复杂的、立体的，体育场馆的营销理论也必须是全方位、多角度、立体化的。从总体上来说，体育场馆营销涉及三个层面，即先进的营销理念、科学的营销战略和卓越的营销策略的协调统一。在营销观念的指导下，根据营销的基本理论框架，设计出合适的营销战略方案，并据此采取相应的营销策略，是体育场馆立体营销的根本指导思想（图 12–2 ）。

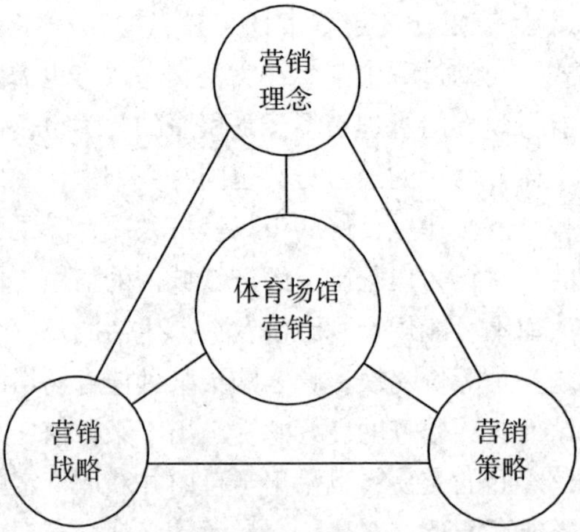


**图 12–2　体育场馆立体营销的基本框架**

立体营销，就是用立体思维方式来指导市场营销，等于“立体思维＋市场营销”。它既是一种营销思维方式，也是一种营销方法。市场营销要求立体思维，除了是一种发展趋势的要求，也是有其客观基础的，即市场和营销环境都是立体的。市场营销活动的对象——市场是一个立体空间，是一个多角度、多侧面、多层次的多维综合体。任何体育场馆只有用立体的思维方式与观察方式来密切注意营销环境等各种因素变化，才能及时采取适当措施，使本体育场馆的营销活动与环境的变化相适应，设计出科学的营销方案，实施合适的营销策略，拓展自身的市场空间。

## 第二节　体育场馆的经营管理模式

体育场馆是开展体育活动、发展体育事业的重要物质保障条件之一，尤其是在当前我国政治、经济体制改革的背景下，广大人民群众对体育场馆的需求急剧增大，选择切实可行、卓有成效的经营管理模式对提高体育场馆的使用效率、经济效益和社会效益有着重要的作用和意义。

### 一、影响体育场馆经营管理模式选择的因素

长期以来，国内外体育场馆，特别是体育场馆的前期投资大部分都是由中央和地方政府投资，这是因为修建体育场馆被视为政府的一项责任和义务，是对纳税人生活权利的尊重和保护。另外，体育场馆属基础性投资，具有投资规模大、回收期长的特点，较难吸引社会和个人资金。因此，体育场馆的经营管理一般是采用由政府直接管理的方式。但随着场馆的不断增多，管理不善、经营乏术、经费不足、利用率不高、设备年久失修等问题，越来越成为困扰政府的难题，因而，各国政府不约而同地采取了针对体育场馆管理体制的改革。目前国内外体育场馆经营管理模式灵活多样，按照经营产权归属的不同，可分为政府管理、体育行政部门管理、法人管理、私人管理等多种经营管理模式。而具体采用哪种经营管理模式则必须考虑以下几个方面因素的影响。

#### （一）体育场馆所在城市的经济发展水平

体育产业发展的基本条件是由经济发展水平决定的，而体育产业的发展又可进一步促进经济的发展，呈现出良性互动的关系。作为体育产业的重要组成

部分，体育场馆的建设与发展与当地经济发展水平也有着十分密切的关系。

### （二）体育场馆自身的状况

体育场馆在规划设计中已基本确定了其功能定位，如是为体育比赛、运动训练还是为全民健身和休闲娱乐服务的。这种自身的状况将影响到该体育场馆经营管理模式的选择。

### （三）体育场馆的经营定位与潜在服务对象

体育场馆经营管理模式的选择与该场馆的经营定位是密不可分的，而体育场馆的经营定位又与潜在服务对象的需求是密切相关的，主要可分为：一是围绕经营业务配套的服务，如小卖部、商场（运动实物产品、球迷用品）、宾馆、商务餐饮、沐浴等；二是利用场地的衍生服务，如停车场、展销会、超市等；三是开发创新的项目，如演唱会、游泳池冬季钓鱼等。

### （四）体育场馆的地理环境

体育场馆的地理位置、道路交通条件、气候气象、环境景观、水文地质等因素都将对体育场馆经营管理模式的选择产生重要影响。

## 二、体育场馆经营管理模式

### （一）承包经营管理模式

在不改变所有制性质的前提下，按照体育场馆所有权与经营权完全分离的原则，以承包经营合同形式确定所有者与经营者间的责、权、利关系和承包年限，使承包人能根据公共体育场馆的自身条件和体育市场发展的基本规律，做到自主经营，自负盈亏。承包人按合同书规定，每年向所有者缴纳一定的租金，并负责大型体育场馆日常管理和设备的基本维护、维修。而大型的设备更新、维修责任仍由所有者负责。

对于承包后的体育场馆，要求承包经营者不能改变其为大众提供体育健身服务的性质，必须保证为全民健身、运动训练和教学提供场地服务，但可对所提供的各种服务收费，其收费标准应由场馆主管部门会同物价管理部门共同制定，并在合同书中予以明确，承包人必须严格执行。对场馆原有职工，承包人有选择是否留用的权利。这种经营管理方式，虽然减轻了所有者的负担，也提高了场馆的使用率，但承包经营者往往会改变体育场馆的用途，如进行马戏表演、大型活动等，这些活动可能破坏场馆的原有结构和设施，造成无法挽回的损失。因此，大型体育场馆的所有者，必须定期对场馆的经营内容和管理情况进行检查和监督，防止违反合同规定的行为发生。

### （二）租赁经营管理模式

实行体育场馆所有权与经营权分离的租赁经营方式，是指产权人授权给承租方，将体育场馆有期限地交给承租人经营，承租方向出租方交付租金，并根据合同规定对场地实行自主经营；也可以采取合作的形式，即所有者以场馆资产入股并控股（股权高于50%），租赁经营者（经营公司）投资参股最多不超过49%，并与所有者签订经营协议。经营收入除日常支出和负担小型维修外，盈余由所有者与经营者按股份分成。显然，这种管理模式不仅使所有者具有控股的权利，而且降低了经营成本，提高了经营效益；既扩大了体育场馆对外开放程度，满足了广大居民日益增长的体育健身需要，也提高了职工的待遇和积极性。

### （三）委托经营管理模式

这是体育场馆所有权与经营权分离较小的一种经营方式，即场馆所有者，通过一定的方式选派经营者作为体育场馆的负责人，代理所有者经营体育场馆，所有者不直接参与经营管理。

受委托的经营者与所有者签订经营合同，划清相互之间的责、权、利关系。经营者受所有者委托，作为场馆的法人代表，负责场馆的日常经营管理工作，场馆内的重大战略问题仍由所有者直接负责决策。原有的职工要留用，但必须服从委托经营者的安排和调度。在经费管理上，经营者与所有者签订合同协议，规定全部收入要上交，经营者没有支出经费的权利。所有者不仅核定场馆的年度支出预算，也下达收入预算项目和收入指标，以加强经费预算管理的计划性和约束力。

委托管理方式并不改变体育场馆为大众体育健身、运动训练、竞赛提供场地服务的性质，仅是变换了体育场馆的经营主体，其结果是把新的经营管理理念和管理方式带进体育场馆的经营活动之中，提高了管理效率，也提高了社会效益和经济效益。委托经营管理是目前我国体育场馆管理体制改革较为现实的选择方式，如宁波市游泳健身中心的委托管理就具有典型意义和一定的代表性。

### （四）企业化管理模式

中共中央办公厅、国务院办公厅关于印发《中央机构编制委员会关于事业单位机构改革若干问题的意见》（中办法〔1996〕17号）指出："要推进有条件的全额拨款的事业单位按照有关规定开展有偿服务，逐步向差额补贴过渡。"因此，暂不具备建立现代企业制度条件的体育场馆，作为过渡性措施，也可采用事业单位企业化管理的方式，加强经营管理，努力提高经济效益。

体育场馆实行企业化管理需要解决以下几个层面的问题。首先，理顺体育场馆管理的体制，给予场馆更大的经营管理自主权，为今后整体的发展打下坚实的基础。其次，明确国有资产的授权经营责任。可对原有非经营性资产进行清产核资，按规定和程序转换为经营性资产；确定投资方式与投资程序，明确场馆对经营资产处置的权限，对国有资产变更和增值，经营利润和收益、利润分配方案，都须按照企业经营管理程序依法进行财务管理等措施进行控制。其三，参照企业法对企业化场馆实行规范化管理。

### （五）公司治理模式

公司治理模式是指由企业的所有者、董事会和高级管理人员组成的一种组织结构，通过这一结构，所有者将自己的资产交董事会托管，董事会是公司的最高决策机构，拥有对高级管理人员的聘用、奖惩以及解雇的权利。将企业改组为公司，可达到几个目的：筹集资金；通过分权制衡的法人治理结构，实现科学民主管理；理顺政企关系，转换经营机制；降低投资风险。

体育场馆实行公司治理结构的改造，特别是进行股份制改造，是比较彻底的改革模式。虽然目前我国体育场馆的公司化改革还处于探索阶段，但部分社会投资兴建的体育场馆，如长春五环体育馆、成都龙泉阳光体育城等由上市企业或房产公司所建体育场馆基本是按此方式进行市场运作的，这些公司化经营的体育场馆为我国体育场馆经营管理向公司治理转化提供了一些有价值的、可资借鉴的教训和经验。尽管公司治理模式在许多地方显示了其合理性，反映了社会和市场经济发展的趋势，但目前将其应用于体育场馆的管理体制改革仍然有一定的困难和局限性，还需要从理论到实践进行积极的探索。

### （六）BOT和TOT模式

BOT为建设—运营—转交的英文缩写，即在一定的经营期内，将基础设施项目（主要是市政设施项目）交由国内或国外承包者建设、经营，特许经营期结束后，此项目设施完整地转交给国有部门管理经营。这对于解决基础设施建设瓶颈矛盾、缓解资金紧张以及加快经济发展都起到了一定的作用。BOT模式的运用主要是针对新建体育场馆而言。该模式虽可在一定程度上缓解国家在体育场馆投资上的资金不足，但在操作上仍存在项目投资量大、周期长、有较高的风险等问题。

TOT即转让—运营—转让。TOT投资模式是指政府部门融资建设城市基础设施，建成后政府将经营权出售给民间投资者，投资者在约定时间内通过经营收回投资并取得回报后，再将经营权无偿交给原产权所有人的经营方式。对政府来讲，通过TOT方式出让特许经营权，可以最大限度地筹集相关建设所需资金；而对于投资者来讲，由于其受让的是已建成且正常运营的项目，建设期的风险完全不用承担。对已建成的大型体育场馆而言，TOT模式对那些体育竞赛表演市场发育程度较高的城市来讲，是一种较佳的选择。以合同的方式将现有体育场馆的经营权长期转让给竞技项目俱乐部，既可减轻政府部门直接管理的压力，又可节省场馆维修保养方面的开支，还可保证其用于体育活动。

### （七）星级酒店式经营管理模式

星级酒店式管理模式是指体育场馆的运营应该像星级酒店一样，运营程序涉及选址、设施规划、投资结构、后期的商务管理、行销计划、人才资源计划、项目创新以及公共安全等问题，整个运营程序完全是由专业的管理团队来运营的一种管理模式。

星级酒店式经营管理模式并不仅仅指场馆建成后的酒店管理，还包括改变投资结构，通过市场手段多渠道筹资、融资；以项目法人招标等方式，甚至政府以其投资作为股份，吸引社会（国内外）资金融资控股，从而使体育场馆在可行性研究阶段就基本确定了产权多元化方向，扭转了以前场馆建设资金投入单一化的局面。

体育场馆实行星级酒店式经营管理的优势是：其一，投资结构多元化；其二，满足体育场馆功能的多元化需求，突出“以人为本”的人性化理念；其三，培养高素质的员工队伍，树立正确的经营理念；其四，有利于把握市场定位，进行项目创新，经营专业化；其五，采用品牌营销策略，并利用品牌延伸产品，拓展市场。体育场馆实施星级酒店式经营管理模式使得其经营管理真正实现从制度型经营管理向人本型经营管理转变，从以财务为核心的经营管理向以现代营销为核心经营管理转变。

# 第三节　体育场馆经营管理实务

体育场馆的经营管理是一项综合性强、横断面宽的管理工作。体育场馆经营管理过程中，必须根据其接待能力，目标市场的客源对象以及当地市场环境和需求预测来合理安排经营项目，合理选择康体娱乐类服务项目以及规模结构、接待能力，合理进行场馆设施的日程管理，加强风险管理意识，有效开发其无形资产，才能使得体育场馆经营管理获得成功。

## 一、体育场馆的日程管理

日程管理是场馆设施管理工作的主要内容。日程管理以日程为管理主线，根据体育场馆的需求，对场馆设施设备的使用时间、空间、人力资源和活动事件进行合理分配的工作过程。

### （一）日程管理的类别

在体育场馆日程管理过程中，有四个重要方面需要进行全面综合的计划协调：场馆设施的使用者、工作人员、场地空间区域和活动事件。每一类都有其独特的特征，且在场馆设施的安排存在着交互影响。

#### 1. 场馆设施的使用者

场馆设施使用者既可能是来自于体育场馆的内部成员，也可能是来自于场馆外部的消费者。了解并分析场馆设施使用者的消费特征，如年龄、体育水平、性别、健康状况、社会地位、收入水平、特别爱好和需求、支付能力和意愿，以及当地体育项目的普及程度和可能的使用者等特征信息，对于合理地布局场馆设施空间区域和体育装备有重要的意义。

#### 2. 工作人员

场馆设施的日程管理受到参与项目管理、场馆维护与维修人员及志愿者的影响，因此，将工作人员和志愿者在合适的时间和地点安排到合适的岗位是日程管理过程中十分重要的工作。

### 3. 场地空间区域

无论是球场、田径场、教室、观众席、停车场还是游泳池，每个场地空间都有其特有的特征，因此，不同空间区域对应开展的体育项目也是不尽相同。在统一安排前充分考察各场地空间的适用性是十分必要的。

### 4. 活动事件

场馆设施管理过程中最复杂和最有挑战性的管理工作是涉及场馆设施每个部分都有需求的大型活动事件的日程管理。这类活动事件通常需要大型的室内或室外的场地以举办不同时间长短的活动，比如音乐会、大型体操表演、体育锦标赛、俱乐部活动、大型舞会以及讲座等。活动事件日程管理除了设施的安装、拆卸和维护外，还需要特别的监督和安全管理措施等一系列管理工作。

## （二）场馆设施日程管理的业务程序

### 1. 场馆预订工作

负责场馆业务联系的工作人员承担场馆日程的预定工作。场馆使用需求所需要确定的内容通过预订表来提交（表 12–5）。该表是联系场馆管理者和潜在使用者的重要环节。

**表 12–5 场馆预订需求**

**场馆需求预订单**

至场馆协调员　　　　　　　　　　日期 ____________

姓名 ____________　　　　　　　　电话 ____________

组织 ________________________________

地址 ________________________________

该组织需要预订：

1. 场馆
2. 活动
3. 日期
4. 时间
5. 人员数量
6. 负责人

签名 ____________

注：预订需求必须提前 ____ 天以书面形式提交。

### 2. 场馆预订管理程序

预订管理程序是一系列连续的步骤，用来指导和控制场馆预订工作安排的整个过程。体育场馆经营管理者应该重视该程序的正确步骤和应用。场馆预定管理程序见图 12-3。

| | |
|---|---|
| 通　　告： | 通告潜在的场馆使用者，哪些场地是可以使用的。 |
| 申请表格： | 填写表格正式申请感兴趣的场地。 |
| 场馆预订日志： | 记录已经被预订场地的使用日期和时间。 |
| 审　　核： | 对每项场馆需求进行全面分析。会见使用场馆团体的代表，以确定活动的目的并评估其可行性。 |
| 答　　复： | 场馆管理者应该及时以书面或口头形式对申请做出答复。 |
| 申　　诉： | 如果场馆使用的申请被拒绝，申诉有助于缓解被拒绝而产生的负面感受。 |
| 正式协议： | 场馆被预订后，最后应签署有关场馆安排具体细节的协议。 |
| 后续措施： | 在场馆使用后要核实一下使用过的物品没有被带走，做必要的清洁，防止损坏和被盗。 |

图 12-3　场馆预订管理程序

## （三）场馆设施使用费用的规定和制度

体育场馆管理者有必要让体育活动的参与者和感兴趣的使用人群了解与场馆使用费用有关的规定和制度。这些规定和制度应该是事先被制定并由管理者

表 12-6　场馆安排的规定和制度

| 项目 | 内容 |
|---|---|
| 收费 | 不同场馆和时间段收取不同的费用 |
| 订金 | 需要表示出预订诚意的费用 |
| 退款 | 已经收取的费用的退还 |
| 时间选择 | 场馆使用的时间和日期 |
| 重新安排 | 根据事先确定的条件，对场馆重新安排 |
| 预订放弃 | 预订却没有使用的罚金 |
| 取消 | 预订取消的规定条件 |
| 损害 | 对场馆和体育设备保护的解释 |

批准实施的。无论是使用 1 小时、1 天、1 周还是更长的时间，明确的费用规定和制度有助于经营者与顾客建立良好的沟通和增进相互理解，尤其是在场馆使用中涉及一些特别费用时，这种沟通和相互理解对提高顾客满意度是非常重要的，表 12–6 列出了场馆经营管理中需要明确的不同制度。

### （四）场馆日程管理方法和技巧

场馆日程管理包括年度总体日程计划、季节性计划、月和周计划、时段计划等配套计划。总体日程计划包括地点、日期、时间期限等内容，应由负责整个场馆系统正常运作的管理人员指定。各项具体计划的制定应以总体日程计划为参照，这样才能保持各部门的组织有条不紊，避免发生冲突和矛盾。

#### 1. 季节性计划

季节变化是影响体育场馆日程安排的重要因素。有些地区到了冬天一些体育项目就需要转移到室内开展，而当温暖天气到来的时候，这些体育项目又要转移到室外。因此，季节性的安排要和各季节可利用的场馆相协调，以便易于安排时间较长的场馆日程计划。同时，根据传统的场馆日程安排的做法，季节变化前后体育场馆需要进行大部分重要的维修保养工作。

#### 2. 月和周计划

在一个季节周期中，场馆的需求一般是固定和有规律的，此时，以月和周为单位进行场馆计划安排，对使用者养成消费习惯很有帮助。场馆在不同的时间段可以有不同用途，但是已经安排的项目将在整个月份里的固定时间开放。

#### 3. 日计划

日计划把每一天分成几个时间段：上午、下午和晚上，每一个时段又可划分为早晚两个时段。这种时间安排需要了解体育项目参加者的生活方式和兴趣，才能为特定的活动和项目量身定做。在一整天中的不同时间，同一场地也可以为不同的项目服务。

#### 4. 小时计划安排

按小时收费是体育场馆经营中通常的做法，因此，有必要划分出重要时段的场地，重要时段收费高，非重要时段收费低。例如，我国场馆经营中的惯例是在下午 18：00—20：00，周六、周日的上午 9：00—12：00，下午 15：00—20：00

等黄金时段提高体育场馆的收费标准，而在非高峰时段采取打折销售的方式。这种时间段的安排对于平衡需求、提高场馆经营效益有着重要的作用。表12–7所示的日程安排列出了某场馆8块网球场地在一天当中各小时的安排。可以将使用者的名字写在表格中的空白处完成场地的预定安排。

**表12–7　场地每小时的安排**

场地每小时的安排

星期_____

日期_________

| 时间 | 场地1 | 场地2 | 场地3 | 场地4 | 场地5 | 场地6 | 场地7 | 场地8 |
|---|---|---|---|---|---|---|---|---|
| 7：00 | | | | | | | | |
| 7：30 | | | | | | | | |
| 8：00 | | | | | | | | |
| 8：30 | | | | | | | | |
| 9：00 | | | | | | | | |
| 9：30 | | | | | | | | |
| 10：00 | | | | | | | | |
| 23：00 | | | | | | | | |
| 23：30 | | | | | | | | |
| 24：00 | | | | | | | | |

## 二、体育场馆的风险管理

风险管理是对可能产生的各种风险进行识别、衡量、分析和评价，并适时采取及时有效的方法进行防范和控制，用最经济合理的方法来综合处理风险，以实现最大安全保障的一种科学管理方法。

### （一）体育场馆风险的主要影响因素

风险管理实践和理论起始于20世纪30年代的美国保险业，于50年代发展成为一门管理科学。随着经济技术的迅速发展，到70年代以后，逐渐兴起了全球性的企业风险管理运动。至 90 年代，在发达国家风险管理已普及到许多体育场馆。如体育场馆增设了风险管理机构，专门配备风险管理经理、风险管理顾问，由他们负责体育场馆的风险识别、风险测定和风险处理等工作。

风险管理的目标包括两方面的内容：一是在风险损失产生之前，通过有效的风险管理，以最小的损失控制费用取得最大的综合经济效益，尽可能减少风险带来的损失。也就是说，风险管理者应在损失发生之前，对各种风险做出事先的识别和判定，并及时采取措施有效地规避风险，从而在保证生存与发展的前提下尽量减小风险可能造成的损失，把经营风险控制在合理的范围内。另一方面是在风险损失发生后，通过风险管理的种种努力，使损失减至最小，从而在损失发生后能够继续其生存，并促使生产和生活的尽快恢复，尽快实现稳定的收益，使生产经营持续增长。体育场馆风险的主要影响因素如图 12-4 所示。

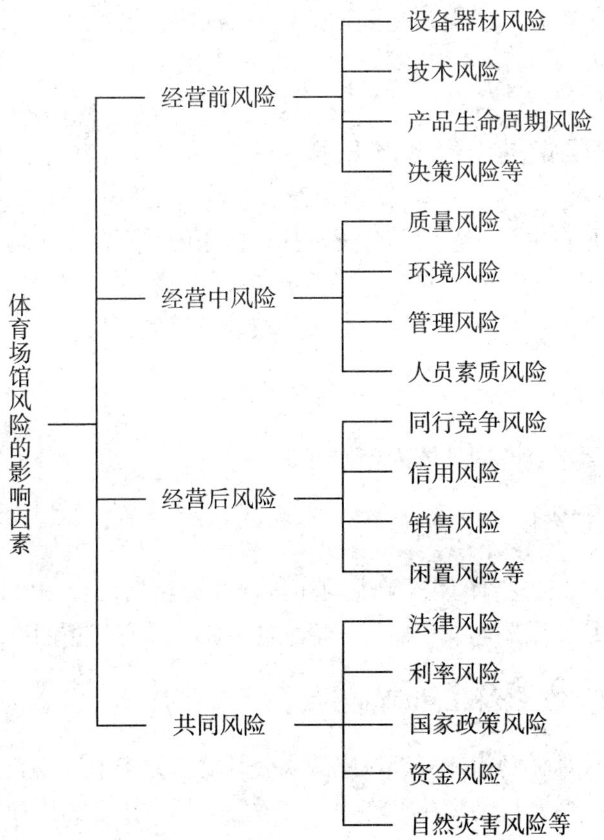


**图 12-4　体育场馆风险的影响因素**

### （二）体育场馆风险管理

由于体育行业和体育场馆经营过程中存在着高事故、高伤害的特殊性，使得体育场馆经营中除了要按照企业管理手段进行财务风险管理外，还要重点关注有关人身伤害、意外事件、紧急医疗、重大事故方面的风险管理。体育场馆风险管理的目的就是要对由于突发的、非预期的特殊事件或故意侵权事件所造成的人员、财务的风险进行控制。

由此可见，体育场馆经营管理中的风险管理具体有两项任务：一是防范，二是干预。防范是指尽量防止各种事故和问题的出现，干预则指事故和问题发生后所采取的行动计划。通过有效防范和干预，场馆经营者才能对经营中所面临的各种不确定因素加以控制，从而减少损失和法律纠纷的可能性。对体育场馆进行风险管理，其目的并不是为了要完全消除经营风险（也不可能完全消除），而是要控制风险，减少和避免损失，保证体育场馆服务经营活动的顺利进行。

## 三、体育场馆的无形资产开发

无形资产是在生产、经营和管理过程中使用的，不具有实物形态的非货币资产，具有形态的无形性、收益的不确定性等特征。在我国，无形资产包括商誉、专利权、非专利技术、商标权、著作权、土地使用权、特许权等内容。

### （一）体育场馆无形资产的具体内容

体育场馆无形资产的具体内容如下。

#### 1. 体育知识产权

体育知识产权是指体育领域内的知识产权。包括体育场馆冠名权、冠杯权、广告发布权、广播电视转播权、标志使用权、体育场馆的域名与声誉等。

#### 2. 体育场馆的技术秘密和商业秘密

体育场馆技术秘密指体育领域中的未公开的、且未申请专利的、受法律保护较低的、但在经营活动中能够产生经济效益的体育产业知识和技巧，可以呈现为技术规范、材料配方、不成文的知识和诀窍等多种形式。体育场馆商业秘密指为体育生产和经营部门所具有的未公开的信息或资料。如体育场馆经营决策、体育场馆管理方法和数据、体育领域的各种资源整合途径和关系等。这两类无形资产的共同特点是信息在一定时间范围不为公众所知，但是能够使所有者和使用者在竞争中处于有利地位，因此具有重要价值。

#### 3. 体育场馆特许经营权

体育特许经营权指出现在体育领域的各种体育产品、商标等的特许经营的权利。如奥运特许经营有一系列的不同层次的经营方式。体育特许经营权分为政府授予的特许经营权、体育产业本身享有的特许经营权、体育产业允许其他产业享有的特许经营权等。

#### 4. 其他内容

法律、法规规定的或国际惯例承认的其他体育无形资产。

### （二）体育场馆无形资产开发的一般程序与模式

我国体育场馆无形资产开发的一般程序：设立开发目标、调查实际情况（包括问卷调查、面谈咨询）、分析与预测、汇总信息、结合市场需求制定与策划切实可行的方案。体育场馆无形资产开发的一般模式包括单独开发、合作开发和委托开发三类。

#### 1. 调查和预测

对场馆设施进行无形资产开发首先要以市场需求作为开发的出发点，设立开发目标。通过调查（包括问卷调查法，面谈咨询法）进行合理的效果预测。

#### 2. 策划方案

通过调查和预测所取得的各种信息，结合市场需求制定与策划切实可行的计划方案。在制定方案时可以从下三方面着重考虑所制定的方案是否切实可行：一是该方案是否合理、可行，风险比例占多少；二是该方案是否具有竞争性，社会效益及后续发展如何；三是该方案所涉及的人员、资金条件是否具备，可为场馆创造多大利润。

#### 3. 开发模式

目前我国体育场馆无形资产开发所采用的主要模式有以下三种。

⑴ 单独开发

所谓单独开发主要是指体育场馆经营者自行设置一个下属的市场部门，投入资金，组织技术力量进行无形资产开发。这种模式的无形资产开发由场馆自主决定利益的分配和权益的归属，对场馆无形资产的保护与增值具有积极的意义。

⑵ 合作开发

合作开发是指场馆由一个以上的企业或个人共同投资、共同参与进行场馆无形资产开发。可分为场馆与企业的合作开发和场馆与个人的合作开发。场馆的合作开发一般以开发特定的场馆无形资产要素为目标，如冠名权、广告发布权等，组建专门的经济实体进行负责，合作各方依据合同从该实体的利润中获得红利。合作开发与独立开发相比，其益处在于可以减少场馆的财政压力和投资风险，同时由于合作双方权益的牵制也会促使彼此更好地协作以取得更好的经营业绩。

⑶ 委托开发

委托开发是将场馆无形资产委托给受托方按照预先规定的合同进行开发、经营管理。根据受托方的不同可将此种开发方式分为内部委托与外部委托两种。内部委托是将场馆无形资产委托给下属公司（该公司具备独立的法人资格）；外部委托是将场馆的无形资产委托给专业公司按照预先规定的合同进行开发、经营管理。

**【思考题】**

1. 简述体育场馆经营管理的概念与基本原则。
2. 简述我国体育场馆建设的发展趋势。
3. 影响体育场馆经营管理模式选择的因素有哪些？
4. 试对七种不同体育场馆经营管理模式的优劣进行比较。
5. 试对经营前风险的某一因素进行分析。
6. 简述体育场馆的无形资产开发的主要内容。

【案例 7】

# 体育市场开发的功能

随着社会主义市场经济体制的建立与完善，国内规模和影响面最大的赛事——全国运动会在举办过程中也加快了市场开发的步伐，并具体表现在筹集资金、价值发现、资源优化和品牌提升四个方面。

1. 筹集资金

通常举办全运会除了来自于中央拨款外，其余主要依赖举办地自筹。因此，市场开发工作如果能顺利进行，可以在很大程度上减轻当地政府因办赛而承担的财政压力（第 8、第 9、第 10 届全运会的市场开发收入占全运会总收入分别为 13.0%、8.7%、23.9%）。虽然全运会在筹集资金方面发展迅速，但与奥运会相比，差距依然较大（奥运会在市场开发方面的收入至少占其总体收入的 67%以上），全运会的市场开发收入还有很大的提升空间。

2. 价值发现

以十运会为例，市场开发部在对其资源进行深度挖掘的过程中就获得了价值 4000 万元的经济效益。如在全省范围推广、发行十运纪念（有奖）明信片，取得 520 万元的销售业绩；由市场开发部主办、十运会第一个合作伙伴承办的《同一首歌·走进十运》演唱会的成功举办，获得来自企业的赞助和票房收入 1800 万元。同时，市场开发部鼓励各赛区、各单项竞委会在遵循“统筹规划、统分结合、有序开放、力求效益最大化”的前提下，自主开发剩余资源，使得各赛区为十运会办赛筹集资金 1800 多万元。显然，我国全运会的市场开发过程越来越注重发掘赛事中体育运动文化所蕴含的价值及无形资产。

3. 资源优化

全运会具有丰富的资源，但不经整合、优化的资源却会因零散而贬值，反之，若注重策略、科学配置，则可令各类资源增值。全运会市场开发过程中，科学制定开发计划、最大限度提升品牌价值的过程其实也是一个资源优化的过程。以十运会为例，市场开发部对其赛事资源、媒体资源、政府资源等进行资源优化、整合后，提供给赞助企业的回报是经过整合后的可供选择的“套餐”服务，因而在经济效益和社会效益方面都取得了双赢效果。

4. 品牌提升

全运会的市场开发不仅有助于提升全运会的品牌，也有助于提升赞助企业和单位的品牌，赛事组织者和赞助商是一种互利共惠的双赢、合作关系。市场开发部门为吸引赞助商所做的宣传工作同时也有助于全运会的品牌建设；市场开发过程中，承办方和赞助商精诚合作，通过切实维护企业权益，保证赞助企业得到实惠，也是一种建立、塑造全运会品牌的过程。另外，企业通过赞助全运会实现营运和效益上突破，也是一种提升其品牌价值的过程。因此，全运会的市场开发工作无论对全运会本身还是对赞助企业，都有助于其品牌的提升。

【思考题】

1. 根据体育市场开发含义，全运会的市场开发是否还有空间？
2. 结合我国国情，分析全运会市场开发中筹集资金为何难以达到奥运会的水平。

【案例 8】

## 立足培育市场　打造金牌球市

××足球俱乐部是中国足球俱乐部中一家规模较小的俱乐部，在 1999—2001 年间创下了“超白金球市”的称号。1996 年成立时的注册资本仅有 1000 万元，通过六年时间的经营，俱乐部资产达到 14200 万元。在中国足球产业市场机制有待完善、绝大多数俱乐部都在亏损的状况下，该俱乐部奇迹般地实现盈亏平衡，反映其具备良好的经营能力。该俱乐部在打造球市的过程中，主要采取了以下策略。

第一，提高俱乐部竞技运动水平。1998 年成功冲击甲 B，成为一支甲级足球队。1999 年进一步取得甲 B 第十名的成绩。2000 年赛季，俱乐部聘请了巴西教练杰西卡洛斯执教，采用新的阵容和打法，以甲 B 第一名冲入甲A。在打造球市的整体策略中，该俱乐部走的第一步是投资建设球队，提高球队竞技运动水平，打开局面。1998 年后，媒体报道频率大幅度增加，注意力经济使其经营产生明显效果，带动了广告、企业赞助、商业合作等俱乐部收益的全面提高，俱乐部品牌价值不断提升。据评估，2002 年该俱乐部品牌价值 4 亿元人民币。

第二，控制俱乐部运营成本。即按公司化要求运作职业足球俱乐部，认真控制俱乐部的成本和费用。这一点其实同投资建设球队并不矛盾，只是该俱乐部对投入研究得更透，从未出现过乱花钱的现象。在1996—2001年的六年里，该俱乐部总投入不过1.5亿元，平均年度开支2000多万元。这在我国职业足球俱乐部中是屈指可数的。

第三，明确俱乐部营销定位。该俱乐部认为，除由中国足协掌控的电视转播权的收入外，多数俱乐部收入应建立在良好的球市的基础上，例如广告、赞助、门票收入、转会费收入等。因而，建设地方球市是俱乐部经营的核心任务，并在1998年提出了营销足球的概念。该俱乐部对球队进行了定位：即该俱乐部是一支西部欠发达地区的职业足球队，在某种意义上是一个弱势群体的代言人，技战术水平起点较低，必须自强奋斗、不折不挠、争取进步。伴随着球队实力增强并不断取得好成绩，球迷庆祝的方式花样百出，城市潜在的野性和激情在这个平台上迸发出来。据统计，1996—2001年的商业比赛上座率分别为10%、50%、100%、100%、110%、110%，该球市一跃成为全国的金牌球市，火爆的看球场面给客队留下了深刻的印象。

第四，培育俱乐部球迷文化。将球迷协会纳入该俱乐部，是该俱乐部打造金牌球市的重点策略之一。球迷协会中形成了具有很高知名度的“铁哨子”、“西北狼”、“肥狼”、“希尔顿”等一系列明星球迷团队。该俱乐部在培育球迷文化中认为，俱乐部发展无法脱离球迷的支持，俱乐部的主要任务是服务球迷，尽心尽力提供中高档次的体育竞技比赛，使足球爱好者享受到人性化的服务，感受到关爱和重视。为此，俱乐部在球迷的文化素质、球迷的年龄分布、球迷的结构划分、球迷的行为动机、球迷的心理需求、球迷的消费偏好与消费预期、球迷的文化认同、目标消费者特征、市场需求和品牌定位等方面进行研究，并对球迷实行了一系列优惠措施：每赛季门票、套票、纪念品给予会员球迷较高的折扣；在随队客场助阵时，球迷可享受到交通、门票、食宿的补贴；在主场上，俱乐部划出两个特定的看台给球迷，受到了球迷的广泛欢迎。球迷协会拥有一定的财权，在组织上更为紧密并充满活力，协会开展了一系列民间活动，创造了有声有色的球迷文化。

注：根据2002年国家体育总局信息中心《体育产业信息》中《创造金牌球市》一文整理。

**【思考题】**

1. 职业体育俱乐部的经营水平与竞技运动水平的关系如何？
2. 试分析本案例所涉及俱乐部打造球市主要策略的理论依据。

【案例 9】

# 广州天河体育中心的经营管理

天河体育中心是为承办 1987 年第 6 届全国运动会而由政府投资约 3亿元兴建的，占地 58 万平方米，建有体育场、体育馆、游泳馆三大建筑和两个副馆、一个副场等设施。以后又陆续增建了棒球场、网球场、保龄球馆、健身馆、卡丁车馆和网球馆等一批体育设施。建筑面积共达 20 万平方米，成为全市标志性建筑之一，以及最大的体育竞技和群众健身场所。

中心在改革开放和多种经营的政策推动下，从 90 年代中期起经营收入不断上新台阶，2004 年中心经营收入达到 3700 万元，实现了收支平衡，2004 年经营收入首次突破 5000 万元；按照中心经营收入目标，2006—2008 年，力争每年收入 7000 万元；2008—2010 年，利用 2008 年北京奥运会和 2010 年亚运会的良好机遇，力争年收入 8000 万～1 亿元，成为中国体育场馆经营的“航空母舰”。

中心的管理原是统一管理，从 1988 年底起实行分散经营管理。单位级别从原来的一个正处、三个正科，发展到现在三个正处、四个正科（不计武术馆）。员工共 453 人（不含离退休人员）。

天河体育中心的分散经营管理从当时和其后的发展来看有其存在的合理性。一是为了养活、搞活中心；二是调动各场馆积极性；三是培养了一批经营管理人才；四是创造了一定的社会效益和经济效益。

然而，随着时间的推移，天河体育中心分散经营管理的弊端也日益显现，主要有：1. 资源浪费，重复建设（人员臃肿、设备财产重复购置、设施重复建设（如餐厅），零敲碎打，未成规模。2. 经营水平，层次低下（多以出租物业、出租场地为主，坐享其成多，有意识、有目的、有计划培育体育产业少，突出本体项目经营也少）。3. 出租为主，易养懒人。4. 社会效益，难放首位(中心前几年违章建设、违规经营就是例子)。5. 廉政建设，屡出问题(1700 万小钱柜、以减租为名，旅游餐饮实物等补租，特别是国有资产流失或变相流失)。6. 互相扯皮，难成合力（有的单位本位思想严重，不顾全局利益，互相扯皮，互相拆台)。7. 创收水平，难再大破（几年来都徘徊在 3000 万)。8. 不进则退，竞争乏力。

为此，按照天河体育中心管理体制改革整体思路，天河体育中心改革以积极和稳妥并重为原则，并将定位调整为“集约式企业化管理的事业单位”。围绕这一新定位，天河体育中心开始面向统一化经营的改革。改革后天河体育中心的主要经营运作模式如下：

1. 实行集约式大经营、大运作方式，逐步从以资产经营为主过渡到以资本经营为主

(1) 培育体育竞赛市场。

(2) 培育健身娱乐市场。

(3) 培育体育培训、咨询市场。

(4) 培育展览业市场。

(5) 开发无形资产市场。

(6) 开展其他经营活动。

2. 实行“以体为本，讲求效益”的经营

(1) 坚持“以体为本，多种经营”原则。体育本体产业收入占总收入的比重不低于60%。

(2) 体育配套经营设施占全部体育设施的比重不超过25%。

(3) 坚持“社会效益第一，社会效益与经济效益并重”的原则。

(4) 达到“高中低档俱全，格调高，影响佳，信誉高，效益好”的效果。

3. 运作手段

(1) 硬件建设。包括以信息化带动产业化、完善配套，搞好环境等。

(2) 软件建设。主要是加强经营管理人才的培养。

**【思考题】**

1. 天河体育中心由统一管理到分散管理再到统一管理的体制变化阶段是否是我国体育场馆经营管理都要经历的阶段？为什么？
2. 所谓“集约化经营”是否指统一管理？它到底包括什么内容？

# 参考文献


[1] 赫伯特. A. 西蒙. 管理决策新科学 [M]. 北京：中国社会科学出版社，1982：33.

[2] 弗里蒙特. E. 卡斯特，等. 组织与管理 [M]. 北京：中国社会科学出版社，1985：8.

[3] 小詹姆斯. H. 唐纳利，等. 管理学基础 [M]. 北京：中国人民大学出版社，1982：81.

[4] 托尼·布洛克特. 管理理论与原则 [M]. 成都：四川社会科学出版社，1986：1.

[5] R. M. 霍德盖茨. 美国企业经营管理概论 [M]. 北京：中国人民大学出版社，1985：65.

[6] 周三多，等. 管理学——原理与方法 [M]. 上海：复旦大学出版社，1999：10.

[7] 李兴山. 现代管理学 [M]. 现代出版社，1998：3.

[8] 马克思，恩格斯. 马克思恩格斯全集 [M]. 第 25 卷. 北京：人民出版社，1971：431.

[9] 伯尼·帕克豪斯. 体育管理学——基础与应用 [M]. 北京：清华大学出版社，2003：8.

[10] 金碚. 产业组织经济学 [M]. 北京：经济管理出版社，1999.

[11] 刘燕舞. 体育产业内涵的探讨 [J]. 体育文化导刊，2006 (4)：6.

[12] 张岩. 体育产业辨析 [J]. 成都体育学院学报，1995 (2).

[13] 鲍明晓. 对我国体育产业热点问题的思考 [J]. 体育科学，1999 (7).

[14] 杨年松. 体育产业与体育事业、体育产业化、体育市场化及其相互关系 [J]. 成都体育学院学报，2005 (1).

[15] 秦椿林，等. 当代中国体育性质与结构的再审视 [J]. 北京体育大学学报，2004 (11).

[16] 鲍明晓. 体育产业——新的经济增长点 [M]. 北京：人民体育出版社，2000.

[17] 楼小飞，等. 中国体育用品业发展的瓶颈、模式与路径选择 [J].

体育科学，2007（10）.
[18] 孙汉超，等. 体育管理学［M］. 北京：人民体育出版社，2007.
[19] 国家体育总局. 我国“十一·五”体育产业发展规划［R］. 2006.
[20] 孙汉超，秦椿林. 体育管理学教程［M］. 北京：人民体育出版社，1996.
[21] 孙汉超，秦椿林. 体育管理学［M］. 北京：人民体育出版社，1999.
[22] 梁晓龙，鲍明晓，张林. 举国体制［M］. 北京：人民体育出版社，2006.
[23] 闵健，李万来，刘青. 公共体育管理概论［M］. 北京：北京体育大学出版社，2005.
[24] 秦椿林，张瑞林. 体育管理学［M］. 北京：高等教育出版社，2002.
[25] 肖林鹏. 现代体育管理［M］. 北京：北京体育大学出版社，2005.
[26] 钟天朗. 体育经营管理——理论与实务［M］. 上海：复旦大学出版社，2004.
[27] 魏礼群. 1999—2010 年我国社会全面发展战略研究报告［M］. 沈阳：辽宁人民出版社，1996.
[28] 李成勋. 1996—2050 年我国经济社会发展战略［M］. 北京：北京出版社，1997.
[29] 董新光. 全民健身大视野［M］. 北京：体育大学出版社，2003.
[30] 全民健身计划纲要（1995 年 6 月 20 日国务院发布）
[31] 奥运争光计划纲要（1995 年 7 月 6 日国家体委发布）
[32] 肖林鹏. 社会体育管理［M］. 北京：北京体育大学出版社，2005.
[33] 李宗浩，曲天敏. 体育管理学——体育经济学［M］. 桂林：广西师范大学出版社，2001.
[34] 尚东. 体育事业管理百科［M］. 第 3 卷. 长春：吉林音像出版社，2003.
[35] 秦椿林，王凯珍，肖林鹏. 体育健身活动的组织与管理［M］. 北京：北京体育大学出版社，2003.
[36] 中国群众体育现状调查组. 中国群众体育现状调查与研究［M］. 北京：北京体育大学出版社，2001.
[37] 李祥，等. 学校体育学［M］. 北京：高等教育出版社，2004.
[38] 夏征农. 辞海［M］. 上海：上海辞书出版社，1989.
[39] 陈君石，黄建始. 健康管理师［M］. 北京：中国协和医科大学出版

社，2007.
[40] 胡立君，等. 体育营销 [M]. 北京：清华大学出版社，2005.
[41] 赵炳璞，等. 体育产业政策体系研究 [J]. 体育科学，1997 (4).
[42] 查尔斯. M. 萨维奇. 第五代管理 [M]. 广州：珠海出版社，1998.
[43] 彼得·圣吉. 第五项修炼 [M]. 上海：三联书店，1998.
[44] 迈克尔·利兹. 体育经济学 [M]. 北京：清华大学出版社，2003.
[45] 孙汉超，秦椿林. 实用体育管理学 [M]. 北京：人民体育出版社，2004.
[46] 刘汴生. 管理学 [M]. 北京：科学出版社，2006.
[47] 苏东水. 管理心理学 [M]. 上海：复旦大学出版社，2002.
[48] 胡君辰. 人力资源开发与管理 [M]. 第3版. 上海：复旦大学出版社，2005.
[49] 王瑞永，周鸿. 管理学——原理与方法 [M]. 北京：人民邮电出版社，2006.
[50] 黄速建，黄群惠. 管理科学化与管理学方法论 [M]. 北京：经济管理出版社，2005.
[51] 单宝，周立公. 管理学——理论 过程 方法 [M]. 北京：立信会计出版社，2004.
[52] 褚福灵. 管理通论 [M]. 北京：经济科学出版社，2004.
[53] 吴玺玫，周思勤. 管理学基础 [M]. 北京：科学出版社，2004.
[54] 张国庆. 行政管理学概论 [M]. 第2版. 北京：北京大学出版社，2000.
[55] 李培煊. 管理学 [M]. 北京：北京交通大学，1999.
[56] 何钟秀. 现代管理学教程 [M]. 郑州：河南人民出版社，1986.
[57] 中共中央 国务院关于进一步加强和改进新时期体育工作的意见（中发 [2002] 8号，2002年7月22日）
[58] 体育院校通用教材. 运动训练学 [M]. 第2版. 北京：人民体育出版社，2000：11–12.
[59] 杜秀华. 我国运动队管理的体制和方法 [J]. 南京体育学院学报，2004 (12)：99–100.
[60] 夏征农. 辞海 [M]. 上海：上海辞书出版社，2002：1185.
[61] 曲伟，韩明安. 当代汉语新词词典 [M]. 北京：中国大百科全书出版社，2004：574.

[62] 王凯珍，等. 国家队管理模式的研究［J］. 北京体育大学学报，2006（10）.
[63] 米格尔·克雷斯波，戴维·米勒. 王正夫，译.国际网球联合会高级教练员手册［M］. 中国网球协会审定，2000：35–38.
[64] 刘青. 体育行政管理新论［M］. 北京：人民体育出版社，2006：42.
[65] 芮明杰. 管理学——现代的观点［M］. 上海：上海人民出版社，1999：56.
[66] 周西宽，吴亚初. 教练员学［M］. 成都：四川教育出版社，1993：64–78.
[67] 郝勤. 体育院校通用教材 体育史［M］. 北京：人民体育出版社，2006：393–394.
[68] 体育运动文件汇编（1959—1981）［M］. 北京：人民体育出版社，1982：61.
[69] 卢元镇. 2008年后的中国体育［J］. 体育文化导刊，2005（10）：12.
[70] 杨桦，黄亚玲. 坚持与完善竞技体育举国体制的理论思考［M］. 北京：北京体育大学出版社，2006：27.
[71] 杨再淮. 竞技体育后备人才培养［M］. 北京：人民体育出版社，2006.
[72] 课题组. 全国体育传统项目学校现状调查与研究［R］. 国家体育总局群众体育司委托项目，2005.
[73] 谭华. 关于实现体育可持续发展的若干理论问题［J］. 体育学刊，2000（5）.
[74] 鲍明晓. 竞技体育在两种经济体制下运行特点的分析［J］. 体育科学，1998（1）.
[75] 郭亦农. 竞技体育“院校化”的探讨［J］. 沈阳体育学报，2000（5）：1–5.
[76] 延烽. 俄罗斯体育运动近况［J］. 首都体育学院学报，2002（9）：12–15.
[77] 陈培德. 全运会赛制的历史功绩和时代局限［J］. 浙江体育科学，2002（8）：11–14.
[78] 秦椿林，张瑞林. 体育管理学［M］. 北京：高等教育出版社，2002.
[79] 董新光. 全民健身大视野［M］. 北京：北京体育大学出版社，2003.
[80] 张昊，等. 中国体育产业发展现状调查与研究［R］. 国家社会科学

基金项目（项目编号：00BTY007）. 2002.

[81] 张林. 职业体育俱乐部运行机制［M］. 北京：人民体育出版社，2001.

[82] 蔡俊五. 世界体育俱乐部制［M］. 北京：中国大百科全书出版社，1995.

[83] 伍绍祖. 中华人民共和国体育史（综合卷）［M］. 北京：中国书籍出版社，1999.

[84] 第29届奥林匹克运动会组织委员会. 北京奥运会工作人员读本［M］. 北京：北京体育大学出版社，2007.

[85] 肖林鹏，等. 体育赛事项目管理［M］. 北京：北京体育大学出版社，2006.

[86] 陈锡尧，曾剑岚. 国际体育大赛的申办特点、形势与成功申办的基本要素［J］. 上海：上海体育学院学报，2004，28（5）：14–17.

[87] 杨远波. 体育场馆经营管理［M］. 成都：西南财经大学出版社，2006.

[88] 赵钢，雷厉. 体育场馆经营管理概论［M］. 北京：北京体育大学出版社，2007.

[89] 陈融. 体育设施与管理［M］. 北京：高等教育出版社，2004.

[90] 秦椿林. 体育项目管理［M］. 北京：高等教育出版社，2005.

[91] 国家体育总局. 改革开放30年的中国体育［M］. 北京：人民体育出版社，2008.